薛乔珊与巴塞罗那总领馆总领事

薛乔珊与 ESADE 商学院校长 2014 年度论坛

6岁 "雪山小飞狐"

让孩子走向
成功和卓越

——薛夫子家庭教育的100个思考

薛永武◎著

中国言实出版社

图书在版编目（CIP）数据

让孩子走向成功和卓越：薛夫子家庭教育的 100 个思
考 / 薛永武著. —北京：中国言实出版社，2015.4
ISBN 978 - 7 - 5171 - 1193 - 1

Ⅰ.①让… Ⅱ.①薛… Ⅲ.①家庭教育 Ⅳ.①G78

中国版本图书馆 CIP 数据核字(2015)第 055161 号

责任编辑：周汉飞

出版发行　中国言实出版社
　　地　　址：北京市朝阳区北苑路 180 号加利大厦 5 号楼 105 室
　　邮　　编：100101
　　编辑部：北京市西城区百万庄大街甲 16 号五层
　　邮　　编：100037
　　电　　话：64924853（总编室）64924716（发行部）
　　网　　址：www.zgyscbs.cn
　　E - mail：zgyscbs@263.net
经　　销　新华书店
印　　刷　三河市天润建兴印务有限公司
版　　次　2015 年 6 月第 1 版　2015 年 6 月第 1 次印刷
规　　格　710 毫米×1000 毫米　1/16　18 印张
字　　数　278 千字
定　　价　38.00 元　ISBN 978 - 7 - 5171 - 1193 - 1

序

　　这是奉献给广大父母指导孩子成才的一束智慧之花，也是我们对孩子培养经验的总结和提升。拙著在超越具体培养经验的基础上，借鉴了人才开发最先进的理念，融入了人才学界以及我对人才开发研究的最新成果。

　　全书分为五个部分：第一部分：父母培养孩子的一般规律；第二部分：婴、幼儿期的教育；第三部分：儿童期的教育；第四部分：少年期的教育；第五部分：青年早期的教育。每个部分思考 20 个问题，其中，有的问题是对培养孩子最直接的理论思考和高度概括，有的则是从具体可感的故事入手，然后从具体到一般，进行深入研究，举一反三。由此出发，我一共提炼出了 100 个思考。

　　女儿乳名燕子，因为她的名字中有个"乔"字，所以，老师和同学们有时也喊她"小乔"。女儿 6 个多月开始说话，6 岁上小学，16 岁上大学，20 岁读硕士，22 岁读博士，表现出了优良的素质和能力。我在大学从事教育 30 多年，研究人才学 20 多年，对人才开发进行了比较系统的研究，创立了山型人才培养模式，研究了大学生的情商和潜能开发问题，创造性地探索了人才美学，提出了培养人才的"鸽子模式"等多种新的观点。

　　望子成龙，望女成凤。这是中国几乎所有父母的共同心愿。这个美好的愿望是非常可贵的，但要实现这个美好的愿望，作为父母来说，不仅要为了孩子的教育与成才付出足够的时间和精力，而且更需要有科学的育人方法，既要懂得人才培养的一般规律和方法，又要发现和掌握符合自己孩子成长的特殊规律和方法。

我常常听到一些年轻的乃至中年的父母谈教育孩子难的问题。确实，千年大计，育人为本。为了培养优秀的孩子，身为父母，无论是知识分子、公务员，还是工人和农民，都应该为孩子的成才承担父母应该担负的义务和责任。

令人遗憾的是，有些父母不太重视教育孩子，而很多父母虽然重视教育孩子，但不知道应该怎样教育孩子，甚至是溺爱孩子。这本书不仅要告诉很多父母，为什么要重视对孩子的教育，更要知道怎样教育孩子，知道为什么这样或那样教育孩子。本书站在人才开发理论的高度，针对孩子成长的不同年龄阶段，对教育孩子的不同方法和不同理念进行了具体的阐释，注重人才开发理论与人才开发实践的结合，全方位地探讨教育孩子的途径和方法，希望能够对于广大父母教育孩子成才有一些借鉴意义。

我相信，许多父母仔细阅读这本书，一定能够改变你们教育孩子的思维方式、教育理念和教育方法。

我相信，在你们的正确教育下，你们的孩子一定能够成为优秀的人才。

我要告诉广大父母很重要的几点体会：

第一，你要教育孩子成才，你必须自己先接受人才学方面的教育。每位家长都应该懂得人才开发的基本知识和基本原理，能够运用正确的人才开发理论引导孩子健康成长。可以设想：你如果不懂得人才学，不知道什么是人才，人才有哪些类型，人才成长有什么规律等，你培养自己的孩子时，就必然带有盲目性、随意性和约定俗成的一些惯性，不但没有让孩子学习事半功倍，相反很可能事倍功半，而这样非常不利于孩子的发展。

第二，你要教育孩子成才，你必须自己先接受夫妻学方面的教育。年轻人在结婚以前，男的要学会怎样当一个好丈夫，女的要学会怎样当一个好妻子，男女双方都应该学会夫妻和谐相处的艺术，因为只有夫妻和谐相处，小家庭才能和谐幸福，这样的家庭才能够做到优生优育，而优生优育这是孩子走向成功的第一步。

第三，你要教育孩子成才，你必须自己先接受父母学方面的教育。每对夫妻在为人父母以前，即在结婚以前都应该学会为人父母的艺术，作为年轻的父母，不但能孕育和诞生一个肉体的生命，而且对孩子还应该学会能养会教，能够当合格乃至优秀的父母。

第四，你要让孩子成才，你必须自己要努力成才，不管你是否成功，这里的关键不在于你是否成名成家，而在于你要真真实实地为自己、为孩子、为家庭做出不懈的努力，目的是要为孩子树立一个努力奋斗的榜样。

第五，你要引导孩子成才，你必须发现孩子的独特性和闪光点，学会因材施教，学会开发孩子潜能，掌握孩子成才的特殊规律，挖掘孩子的成才要素，学会因势利导，因材施教。天下之大，没有无用之材，只有我们不会用的东西。孩子无论智商高还是智商低，父母对高智商的孩子，要促进其锦上添花；对智商较低的孩子，父母依然可以通过情商的训练和提高，来促进智商的提高。你要坚信李白所说的"天生我材必有用"。

第六，你要指导孩子成才，你必须掌握"寓教于乐"的艺术。"寓教于乐"是古罗马美学家贺拉斯对诗歌社会作用的概括，对于我们教育孩子依然具有永恒的指导意义。作为父母，千万不能经常板起脸来把自己当权威，执掌孩子的赏罚大权，而是一定要学会寓教于乐，让孩子在快乐中潜移默化地受到熏陶和教育。

第七，你要指导孩子成才，一定要认识孩子的成长进步绝非一蹴而就，绝非排球战术中的"短平快"，绝非运动场上的百米冲刺，而是一场漫长的马拉松，需要长远的人生目标，更需要持之以恒的耐心与坚韧的意志。

十年树木，百年树人。父母们为了孩子的成长与成才，除了为孩子创造基本的物质条件以外，不但要有足够的心理准备，还要有科学的人才观，具有与时俱进的知识修养，具有科学的人才培养理念，掌握科学的育才之道。

为了培养自己的孩子成才，你们都准备好了吗？

"人皆可以为尧舜"（《孟子·告子章句下》）。祝愿广大父母实现望子成龙、望女成凤的美好愿望，祝福所有的孩子们都能够成才，实现自己的人生理想！

薛永武
2014 年 5 月于青岛观海轩

目　录
Contents

第三部分　儿童期的教育

第四部分　少年期的教育

第五部分　青年早期的教育

第一部分

父母培养孩子的一般规律

每个孩子都有自己独特的个性，也都有一定程度的共性。作为父母来说，应该了解培养孩子成长的一般规律。本部分就是根据许多父母培养孩子成长过程中最容易出现的问题，进而探讨培养孩子成才的一般规律。

1. 家长应该懂得人才开发学

薛夫子

> **寄语：** 父爱和母爱是一种能力。父母要给孩子真正的父爱和母爱，就要具备人才开发的能力，懂教育，才能会教育。

父母要教育孩子，你必须进入父母的角色，要具有为人父母的能力。为了培养孩子成才，家长应该懂得人才开发学。人才开发学是研究人才开发一般特点和一般规律的一门学科。建议读读拙著《人才开发学》（中国社会科学出版社 2008 年版）。

怎么才能具有为人父母的能力呢？在这方面，普遍存在两个方面的问题：一是许多初为父母的年轻人，根本不知道如何为人父母，更谈不上如何教育孩子。二是社会缺乏对为人父母的培训机制。甚至就连如何做丈夫，如何做妻子，许多家庭也知之甚少，很多人只是按照既定的生活习俗或者惯性结婚成家，在基本不了解如何培养孩子的情况下，就稀里糊涂地做了父母。

那么,在这种情况下,仅凭简单、本能的父爱和母爱是不可能教育好孩子的。如果你本身就不是合格的父母,你凭什么去教育你的孩子呢?岂不是让孩子一出生就输在了人生的起跑线上吗?

更有甚者,一些不到结婚年龄的年轻人如果未婚先孕,稀里糊涂的就当了爸爸妈妈,或者不懂得教育孩子,或者干脆就送人,甚至直接把婴儿扔掉等,不要说培养孩子成才了,就连孩子基本的生存权利都难以得到保障。

父爱和母爱是一种能力,作为称职合格的父母,要给予孩子真正的父爱和母爱,就要具备多种能力,懂教育,才能会教育。

根据我们培养孩子的经验和理论研究,做父母的要注意如下几点:

第一,加强学习,在做父母以前,就要掌握培养孩子的一些基本知识,从理论上了解婴儿、幼儿、儿童和青少年身心发展的一般规律和特殊规律,掌握孩子在各个不同的年龄阶段的生长发育规律以及智力和个性特点,做到心中有数,才能对孩子的成长进行科学的指导。

第二,了解优生优育的一般规律和潜能开发的特殊规律。父母不但是孩子的第一任老师,而且还应该成为孩子一生的顾问,只有了解优生优育的一般规律和潜能开发的特殊规律,才能对孩子因材施教。

第三,要了解父母的言行对孩子成长的各种复杂影响,父母在孩子面前既要亲切自然,又要谨言慎行。要时刻记住:父母对孩子具有最直接的重大影响,所谓"近朱者赤,近墨者黑"、"蓬生麻中,不扶自直",说的就是环境对人的影响。父母只有在孩子面前树立正确的榜样,才能对孩子的成长发挥积极的示范作用。孔子说"其身正,不令而行;其身不正,虽令不从",同样适合父母对孩子潜移默化的教育。

根据我的调研,目前很多父母在这三个方面普遍缺乏必要的修炼。还有一些父母"平时不烧香,临时抱佛脚",对孩子成长过程中出现的问题,往往归结为孩子"不懂事",病急乱投医,采取"棍棒式"的粗暴教育,或者采取其他偏激的教育方法,或者奢望经过一番说教能够一蹴而就。

培养孩子与科学种田具有异曲同工之妙。在科学种田的过程中,农民只有按照季节适时耕耘土地,适时播种,根据庄稼不同的生长特点,适时施肥、浇水、锄草、灭虫，只要没有大的天灾人祸，到了收获季节，一般都能够丰收。同样，父母培养孩子也是如此。付出和收获是成正比的，父母遵循孩子的成长规律，适时优生优育，根据自己孩子的特点，因材施教，孩子一般都能够成才。

我们要培养好孩子，必须具有培养孩子的本领，这是天经地义的，也是任何父母应该遵循的育才之道。因此，作为父母而言，为了自己的孩子成才，你自己首先要先接受如何为人父母方面的教育。

2. 家庭教育要学会以人为本

薛夫子

寄语：父母以人为本，要把孩子当人来看，就是要理解孩子，尊重孩子，关心孩子，促进孩子身心健康与各种能力的和谐发展。

近些年来，以人为本已经成为一种非常重要的人文思潮，也是各级领导干部应该遵循的管理原则。"百度一下"以人为本，可以见到"以人为本"的相关词条已经达到了百度显示的最大词条量1亿条，由此可见，"以人为本"的关注度显然已经超过了1亿个词条。

问题在于，既然以人为本如此重要，影响如此之大，具有非常高的关注度，那么在培养孩子的问题上，父母应该如何理解以人为本，如何遵循以人为本的原则，对孩子进行科学的培养呢？

父母以人为本，就是要理解孩子，尊重孩子，关心孩子，发展孩子。对于培养孩子来说，父母以人为本，应该注意掌握以下三点：

第一，把孩子当人来看。"把孩子当人来看"这句话看起来好像是一句多余的话，天底下哪有父母不把自己的孩子当人看的？其实不然。很多父母可能都会认为，自己非常疼爱孩子，怎么可能不把自己的孩子当人来看呢？实际上，很多父母虽然非常疼爱孩子，但并不知道怎样疼爱孩子，往往把孩子看作是自己的私有财产，父母要么高高在上，居高临下，动辄训斥孩子，这样做的结果往往是扭曲了孩子作为人的本性；要么，把孩子当成家里的小宠物，无原则地过分溺爱，混淆甚至是扼杀了孩子的是非观念。"溺"，就是"淹没在水里"的意思。溺爱，就是父母过分地疼爱孩子，用无限制的"爱""淹没"了孩子。从心理学的角度来看，这是父母懒惰和无能的表现，也是一种摧残儿童身心健康的错误行为。

那么，究竟应该怎样把孩子当人来看呢？这里的前提就是把孩子看作是一个人，是一个活生生的具有个性的人，是一个有血有肉、有思想、有感情、有尊严的人。任何孩子都有自己的个性，有自己的喜怒哀乐，并且能够希望自主的表现各种感情。同时，任何孩子都具有自己的话语权，即表达自己思想观点的权力。如果不了解孩子作为人的这些特性，父母客观上往往自觉不自觉地就会压抑和束缚了孩子的思想感情，也束缚了孩子个性的发展。美国家庭中教育孩子有若干法则，其中的声音法则要求父母做到：尽管孩子在家里没有决定权，但是一定要倾听他们的声音；其中的求同存异法则要求父母做到：尊重孩子对世界的看法，并尽量理解他们。因此，父母正确的做法是一方面学会鼓励和引导孩子能够真实的表达各种感情，另一方面鼓励孩子敢于在父母面前表达自己的思想观点。以人为本的核心是理解人，尊重人，关怀人，发展人。特别是对于孩子不同于父母的思想，无论是对错，是全面还是片面，父母都应该在认真倾听的基础上进行认真的分析，弄清楚孩子思想的形成原因及其过程，然后才能有的放矢，因势利导。父母的倾听孩子说话，这是一门大学问，对于孩子成长非常重要。

第二，把孩子当朋友。孩子在本性上一般都希望能够与老师和父母等长辈进行平等的交流，这就需要父母应该学会与孩子交朋友，把孩子当朋友来看。父母既然把孩子当朋友，那么，父母与子女之间就应该建立平等和谐的朋友关系。如果父母高高在上，就必然在心理上与孩子产生隔阂，在这种情况下，孩子做对了事情或者取得了好的学习成绩，可能会主动向父母汇报，而一旦做错了事情或者考试成绩不理想，孩子就会自觉不自觉地在父母面前回避和掩饰，那么，父母就不可能了解孩子的真实情况。尤其孩子进入青春期，开始产生"叛逆心理"以后，父母特别要注重与孩子进行平等的沟通。影响父母把孩子当朋友的一个很重要的原因是许多父母片面认为孩子不懂事，无法理解父母或者大人的一些事情。根据我的调研和观察，很多孩子几岁时就具有了与大人沟通的初步能力，甚至就连几岁的孩子竟然能够欺骗大人。《三国志》记载，曹操十几岁的时候，做中风状欺骗叔父，竟然也瞒过了父亲。所以，我的结论是千万别小看了孩子的智力，父母要学会理解孩子，平等地与孩子进行沟通和交流，真正把孩子当做自己的最亲的 朋友。

第三，孩子是与父母血脉相连的亲骨肉。父爱如山，母爱如海。父母与子女之间血脉相连，这种血缘关系是永远也割舍不断的。作为父母而言，应该从内心认识到父母有责任，有义务培养好子女，而不要把培养孩子看作是自己的负担和包袱。在这方面，有些父母是非常不合格的，也就是人们常说的"能生不能养"，"能生不能教"。当父母缺乏对孩子爱的能力的时候，一旦发现孩子学习成绩落后，往往会产生恨铁不成钢的心理，这类父母不是反思自身的教育存在问题，而是一味地埋怨和责怪孩子，甚至惩罚孩子，对孩子进行棍棒式教育，忘记了父母与孩子的血肉联系，或者不去寻找解决问题的方法，而是由孩子任性发展，忘记了父母应尽的责任。一些虐待孩子的父母，不但没有给孩子亲情的温暖，甚至失去了做人应有的底线，简直连禽兽不如，因为禽兽很少有虐待自己孩子的现象。虎毒不食子，为人父母岂能虐待自己的孩子？

根据新浪网 2014 年 4 月 17 日刊登的大洋网—广州日报消息，5 岁的小女孩小婷因为调皮，被母亲毒打入院，经抢救 5 天，最终因多器官功能衰竭而死亡。根据中国新闻网 2014 年 5 月 19 日报道："美父亲为管教 1 岁多女儿将其扔进泳池 被控虐待儿童"。为教训 23 个月大的女儿，美国亚利桑那州凤凰城（Phoenix）男子科里·麦卡锡（Corey McCarthy）将其扔进泳池中。监控视频显示，麦卡锡将不足 2 岁的女儿米娅（Mia）头部朝下扔进泳池，好在泳池里已有一名女子，她迅速将吓坏的米娅捞起来，以免其沉到泳池底部。麦卡锡称，此举是为给女儿一个"玩水的教训"。视频曝光后，麦卡锡被捕，并被控虐待儿童。凡是虐待孩子的父母，根本没有把孩子当人来看，也不可能具有以人为本的思想。

以人为本不单纯是抽象的原则，而是实实在在的管理之道、待人之道和育子之道。作为父母，以人为本就是要理解孩子、尊重孩子、关心孩子、发展孩子。

3. 正确看待孩子的学习成绩

薛夫子

寄语：孩子学习成绩的高低不是判断孩子好坏优劣的绝对标准，父母也不能要求孩子的学习成绩永远保持班级的前三名。

要正确看待孩子的学习成绩，父母应该树立正确的成绩观，不能简单的以成绩好坏高低评价孩子。当然，这并不是说，孩子的成绩不重要，而是对孩子的学习成绩要有一个正确的认识和评价尺度。

第一，许多父母要求或者希望孩子的学习成绩保持班级的前三名，从总体上来说这是根本不可能的。可怜天下父母心，望子成龙、望女成凤，这是天下一切父母的美好心愿，但这种良好的心愿大多数只能是一厢情愿，是"烟袋锅子一头热"，因为这种愿望从宏观上来说违背了孩子成绩的客观规律。可以设想，任何班级无论有多少学生，无论多少次考试，实际上每次考试的成绩只有 3 个学生是前三名。这种结论是客观的，也是绝对的，即使把全国乃至全世界最优秀的学生组成一个班级，它仍然只有 3 个人是前三名的学生。即使在一个非常差的班级，通过"矬子里拔将军"，仍然可以考出前三名；即使最优秀的班级，通过优中选优，也可以考出前三名。但前者的"前三名"与后者的"前三名"却不可同日而语，甚至具有天壤之别，因此，父母所谓孩子的前三名，就没有实际的意义。凡是超过三人的任何组织，如果要对组织成员的学习和工作进行排名，那么，任何组织就都有前三名。沿此逻辑进行推论，我们父母本身是否都是所在组织的前三名？我们父母是成人，都不是所在组织的前三名，我们又凭什么非要求孩子们当前三名不可？这不是严于律己宽以待人，而是恰恰相反：对自己宽，对孩子严。

第二，父母以学习成绩高低判断孩子是否能够成才，这个标准是不够科学的。因为学习成绩往往是应试教育的产物，许多中小学生存在高分低能的现象。因为我们的许多考试主要是针对教材或者书本知识的考察，而相应地缺乏对课外知识和能力的考察。实际上，孩子在学校里学好书本上的文化知识固然重要，但从长远的观点来看，仅靠从书本上学到的知识，对于孩子的成才来说是根本不够的。有些孩子虽然不太喜欢学习书本知识，但并不意味着他们也不愿意学习书本以外的知识。事实上，孩子的动手能力、人际交往能力、反应能力以及适应社会的能力也许对于孩子的成才更为重要。因此，父母评价孩子的时候，在重视孩子的文化课考试成绩的同时，更应该重视孩子的综合素质和动手能力。我女儿在中小学的时候，虽然成绩大部分时候在前几名，但也有考试不理想的现象，偶尔也有获得十几名甚至中等成绩的时候。对此，我们很少责怪和批评女儿，一方面分析孩子成绩不理想的原因，另一方面鼓励孩子戒骄戒躁，同时我们还特别重视孩子的综合素质、学习能力和创新意识的培养。

第三，为了鼓励孩子提高学习成绩，许多父母说了一些善意的谎言。在这方面，最突出的谎言就是许多父母总会说自己以前上学的时候，学习成绩总是"双百"或者都是"满分"，是班级的"前三名"，甚至是"第一名"。实际上这种善意的谎言可以不攻自破。其道理非常简单，父母们上学的时候，他们在班级考试中一次也只能有 3 人是前三名，全体父母绝不可能都是前三名。许多父母善意的谎言实际上并没有产生积极的效果，因为父母对孩子的期望在总体上严重脱离了实际，客观上不符合孩子学习的实际情况。

第四，要运用发展的眼光，以辨证的观点看待孩子的学习成绩，对孩子的学习因势利导。孩子具有可持续发展的后劲和活力，关键看父母能否激活孩子的学习积极性，能否激活孩子内在的发展潜力。为此，父母需要对孩子有耐心、恒心和信心，要打持久战，人才开发是一场特殊的"马拉松"，不是百米赛跑，心急吃不下热面条，不要幻想一口吃成个胖子，要鼓励和引导孩子树立"马拉松"意识，要努力再努力，要敢于笑到最后，不要以一时的成败论英雄。

此外，还有四种情况需要引起家长的注意：一是孩子在小学阶段，很多孩子的考试成绩虽然都在 90 分以上，但如果按照成绩进行排名，即使 90 分以上的孩子，也许一排名就成为班级的中游甚至是倒数多少名了。对此，父母千万不要以成绩排名来苛求孩子。二是孩子因为心态和情绪等主观因素还不够稳定，因而考试的时候可能发挥不太稳定，有时候发挥很好，有时发挥一般，有时可能发挥很差。三是教师阅卷有时候难免有误差甚至是失误，客观上也会直接影响孩子的考试成绩。四是根据我对各类学校不同年级毕业生的调研，许多学习成绩在班级比较好的学生，在未来工作岗位上往往能够脱颖而出，而不一定是只有前三名才有出息。

4. 鼓励孩子多参加社团活动

薛夫子

寄语： 孩子参加各种拓展活动的目的主要不是为了学习某些技能，而是为了提高综合素质，包括健康力、想象力、反应力、创造力和动手能力等多种能力。

随着应试教育向素质教育的转变，各类学校或多或少能够组织一些以社团活动为主要特征的课外素质拓展活动，比如中文剧社、演讲会、辩论赛、歌咏比赛、体育比赛、手工制作、训练营等。作为父母来说，要积极鼓励和引导孩子尽可能参加相应的素质拓展活动。

父母要正确认识孩子参加拓展活动的重要意义。许多学生家长担心孩子参加这些活动可能会影响专业课的学习，这种担心是可以理解的，但反映了家长对拓展活动的意义认识不足。孩子如果处理不好专业学习与拓展活动的关系，在一定程度上确实会影响专业课的学习，应该引起父母和老师的注意。但是，孩子在学校学习，绝不仅仅是学习专业知识，而是要全面发展，促进身心健康，德智体美得到协调发展，因此，学生参加拓展活动，有利于全面提高综合素质，促进孩子的身心健康。父母应该认识孩子参加拓展活动的重要意义，鼓励和引导孩子积极参加各类适合自己发展的拓展活动。从人才培养的长远角度来看，让孩子参加丰富多彩的拓展活动，非常有利于培养孩子的综合素质，而这些综合素质的培养，要比培养孩子的某种专业技能重要得多。

引导孩子参加各类拓展活动，激发孩子某些方面的潜能，促进孩子各种素质和能力的协调发展。比如孩子参加演讲比赛，可以锻炼孩子的心理素质，培养孩子的语言表达能力、逻辑思维能力和人际沟通能力，非常有利于提高综合素质和能力；孩子参加手工制作，可以培养空间想象能力和创造力，促进孩子的动手能力；孩子参加各种体育活动，不但能够锻炼身体，而且非常有利于提高孩子的情商，培养坚韧的意志，促进孩子的身心和谐发展。

在素质拓展训练过程中，要正确利用各种所谓"魔鬼训练营"的训练方式。魔鬼训练营起源于古罗马的"斯巴达克训练"。在美日魔鬼训练计划中，魔鬼训练是"磨练之路"，需要近乎野蛮、残酷的意志训练，往往超越常人生理极限、心理极限的训练模式，其宗旨是锻炼人的意志、心智和团队精神。但这种魔鬼训练营的训练方式，客观上往往违背了被训练者的身心健康发展规律，容易导致拔苗助长。因此，学校如果组织学生参加这种魔鬼训练营，应该慎重选择相关项目的难度，不要盲目跟风。

父母让孩子参加各种相应的拓展活动主要不是为了让孩子学习某些技能，也不是为了获得某项活动的成绩，因为孩子参加各种拓展活动，只是促进健康成长的手段，是为了提高孩子的综合素质，包括想象力、创造力和动手能力等多种能力。

另外，孩子参加各种拓展活动，要量力而行，循序渐进，选择适合自己身心特点的项目，有针对性地进行训练。比如孩子比较胖，在参加体能训练营的时候一定不能操之过急，操之过急反而欲速则不达，甚至适得其反。

5. 辨证看待孩子的攀比心理

薛夫子

寄语：要保护孩子的自尊心，预防和及时矫正孩子的虚荣心，引导孩子树立正确的人生观、价值观、金钱观和权力观，克服盲目的攀比心理。

孩子的攀比心理除了与同学比学习成绩、比特长以外，还有很多孩子比穿衣戴帽、比书包、比玩具、比首饰、比电脑、比压岁钱，比下馆子，甚至比父母的职业、职务、收入等。由于攀比心理作怪，不少孩子分散了学习精力，影响了学习，不但加重了家庭的经济负担，而且还可能养成孩子的虚荣心以及奢侈浪费的生活习惯，误导孩子的消费观念和消费行为，有些孩子为了满足虚荣的攀比心理，甚至走向了违法犯罪道路。对此，很多父母往往缺乏有效的教育方法，对孩子采取放任自流与溺爱的方式，客观上进一步加剧了孩子不健康的攀比心理。

要解决孩子的攀比心理，首先要正确认识攀比心理的产生问题。攀比心理是每个人普遍具有的一种心理状态，可谓人同此心，心同此理。大人之间互相攀比职业、职务、薪酬、房子，甚至还往往拿自己的孩子与他人的孩子进行比较。在日常生活中，父母之间的攀比不知不觉就会影响孩子的攀比心理。我身边就有这么一个故事，小明和小军是同班同学，期末考试小军考了前几名，而小明则考了班里的后几名，小明的爸爸批评小明，说"你吃的、穿的、用的哪样都不比小军差，怎么学习比人家差这么多？"小明想了想，理直气壮地反驳爸爸说："你怎么不和小军的爸爸比，你俩年龄差不多，人家小军的爸爸是市长，你才是个小科长"。小明的爸爸于是只能无语。

其次，父母要充分认识虚荣心对孩子成长的负面影响，引导孩子树立正确的人生观、价值观、金钱观和权力观，引导孩子认识哪些事情可以攀比，哪些事情不能攀比。孩子由于缺乏正确的判断力，受到家庭、学校和社会的多种影响，很容易产生不正确的攀比心理。作为父母来说，一定要让孩子认识到知识、能力比金钱和权力更重要；让孩子认识到，对于一个人的成才来说，只有知识和能力才是最重要、最根本和最持久的，而金钱和权力则是外在的，暂时的。在这方面，尤其是具有一定职务掌握实权的父母，不能让孩子享受干部子女的特权；一些经济比较富裕的父母，则应该杜绝孩子花钱大手大脚，恣意挥霍；一些家庭条件一般甚至较差的父母，要学会引导孩子努力追求知识和能力，避免盲目与其他孩子攀比，要自觉克服孩子虚荣心的滋长。父母要对孩子的虚荣心因势利导，或者防患于未然，或者把虚荣心矫正于萌芽状态。

再次，父母要引导孩子学会正确的攀比思维，攀比要有一定的可比性。作为父母来说，要引导孩子认识到每个家庭都有自己的具体情况，天底下没有绝对相同的两片树叶，孩子都是在一定的家庭环境和社会环境中成长起来的，要具有适应家庭和环境的能力。父母要让孩子认识到，许多因素是无法攀比的，比如说，任何人的出生时间、出生地、出生家庭、个人相貌以及亲生父母都是个人无法选择的，孩子也无法选择自己的父母和家庭。父母要告诉孩子，每个家庭的收入和消费情况不同，如果别人家的收入比较高，又没有其他比较大的花费，可能就会在孩子身上多花费一些；但如果自己家庭收入不高，又有多项较大的支出，那么花费在孩子身上的钱自然就会少一些。另外，特别应该让孩子明白一个道理：家庭的收入高低是一回事，孩子的消费是否合理则是另一回事，不能绝对按照家庭收入的高低直接决定孩子的花费情况，关键是既要看家庭收入的多少，还要看孩子的花费是否科学合理。正确的方法是：在确定孩子科学合理消费的前提下，如果家庭的经济状况又能够满足孩子的需要，父母还是应该尽量满足孩子的消费需要。

因此，为了从根本上把孩子的攀比心理控制在一个合理的范围，父母要牢记孔子说的"其身正不令而行；其身不正，虽令不从"，要为孩子树立正确的榜样，引导孩子树立正确的人生观、价值观、金钱观和权力观，对孩子的攀比心理因势利导，把孩子的攀比引导到追求学习与成才的道路上来，加强对孩子进行健康的审美教育，帮助孩子克服不良消费观念和消费行为。引导孩子们互相比学习，比进步，比成才，在互相比较中彼此取长补短，取得共同的进步。

6. 矫正孩子错误的减肥观念

薛夫子

寄语：父母们要读点美学，学会从健康和美学的角度，引导孩子正确对待"肥胖问题"，引导孩子科学饮食，加强锻炼，树立正确的健美观念。

自从 20 世纪 80 年代以来，随着生活的富裕以及独生子女的逐渐增多，因为营养过剩以及锻炼较少等原因，体重超标的孩子越来越多，减肥似乎已经成为不可遏止的爱美大潮和健康大潮。在各种减肥大潮中，因为身体过于肥胖而减肥者，这是天经地义的。但是，一些少女为了爱美，在本来并不胖的前提下，盲目减肥，结果是轻则损害了身体健康，重则危及生命。这是家庭、学校和社会都应该引起注意的大问题。曾经有这么一个女孩，学习很上进，班里的前几名，漂亮、聪明、活泼，听到同学的一句议论："某某同学哪儿都好，就是胖了一点"。这个女孩就开始盲目减肥，没有多久，很快从120斤减到80多斤。肥减下来了，学习成绩也减下来了，生命指数也减下来了，最后导致为厌食症，吃什么吐什么，生命危在旦夕。大夫给她治疗时无奈地告诉她，"你就是块金子，这样发展下去也是块废物了"。后来，这个女孩的父母又请教了专家，经过专家的心理疏导和美学疏导，这个女孩开始逐渐恢复正常的饮食，慢慢恢复了健康，考上了全国重点大学。

青少年盲目减肥的直接原因是审美标准的扭曲。审美标准虽然具有很大的个体差异，客观上存在着仁者见仁、智者见智的现象，但审美又具有一定的客观标准，具有一定的质的规定性。以人的美而言，人的美应该体现出内在美与外在美的和谐统一，因此，我们应该把人才的美视为最高的社会美。即使从人的外在美来说，人的外在美也应该追求健康的美、匀称的美，是一种健美，而不是追求以瘦为美，更不能片面追求骨感美。但是，一些少女的身材实际上并不胖，但总以为自己不好看，认为需要减肥，盲目服用各种减肥药，其结果有的女孩产生了厌食症，损害了健康，严重的甚至危及生命，媒体已经多次报道了因为减肥死亡的新闻。意大利和西班牙政府也反对盲目减肥，一些城市禁止"骨感"美女参加模特比赛。意大利政府充分认识到减肥会影响到女性的生育，甚至把减肥的危害性提高到民族生死存亡的高度来认识。

为了矫正孩子错误的减肥观念，首先，要引导孩子树立正确的审美标准。青少年应该追求健康的美，体现出青春的美和生命力的美，而不是病态的美和瘦骨嶙峋的骨感美。一些青少年因为减肥而使身体出现病态，具体表现为没有精神，没有活力，慵慵懒懒，根本没有精力完成繁重的学习任务。其次，要引导孩子采取科学的减肥方式。如果孩子确实因为某些原因而过于肥胖，也不能在减肥问题上试图一蹴而就，而是应该遵循减肥的基本规律。第一是科学饮食。比如适当多吃水果，饭前喝点汤，吃饭七分饱，营养均衡，不过多摄取脂肪类食物。第二是适度运动。生命既在于运动，也在于静止，为了追求健康的美，应该注重运动的适度。

此外，为了矫正孩子错误的减肥观念，家长还应该引导孩子认识内在美与外在美的辩证关系，鼓励孩子追求内在美，引导孩子以品德好、学习好的孩子为榜样。为此，父母可以在不经意间赞扬那些外貌一般或比较肥胖而又品德好、学习好的孩子，潜移默化地引导自己的孩子向那些优秀的孩子学习。

爱美具有历史性和时代性。父母还要引导孩子认识到，通过减肥赶时髦的做法是非常陈旧的审美陋习，而不是先进的时髦现象。《墨子》有个"楚王好细腰，宫中多饿死"的故事，大意是楚灵王喜欢苗条腰细的宫女，众宫女为了得到楚灵王的宠爱而纷纷节食，追求"骨美"，结果个个饿得面黄肌瘦，弱不禁风。根据 2014 年 4 月 8 日中国新闻网转自美国世界新闻网编译报道，美国耶鲁大学一名华裔女学生因体重过轻，遭校方警告，若未增加重量将遭开除。根据 2012 年 3 月 6 日中国新闻网报道《俄罗斯 20 岁女孩减肥后仅剩 20 公斤》。在俄罗斯叶卡捷琳堡市有一位名叫 Kseniya Bubenko 的 20 岁女孩，身高 158 厘米的她，体重仅有 20 公斤，因为上了电视节目成了家喻户晓的减肥达人。她还开发出自己的减肥食品，取名为"胜利"。她原先只是想让体态看起来更理想，但在禁食一段时间后，竟发现自己甚么都吃不下，爆瘦的她彷佛只有一层皮黏在骨头上，连一点肉都不剩。见下图：

由此可见，错误的减肥观念不但不是美，而且还直接影响了身体健康，甚至造成对生命的危害，父母对此一定要防患于未然。

7. 引导孩子与异性同学相处

薛夫子

　　寄语：父母要正确认识青少年的成长规律，引导孩子进行初步的生涯设计，把主要的时间和精力转移和升华到学习与成才的轨道上来。

　　孩子进入青春期以后，客观上容易产生对同龄异性的关注和恋爱的感情，甚至产生性的冲动。但是，许多家长担心的孩子早恋问题，往往是被人为地夸大化了。实际上，孩子与同龄的异性之间的交往存在几个阶段：第一，是异性同学之间基于学习或其他活动而进行的一般交往阶段。第二，是由于性格、兴趣等比较相似，可能比较喜欢某个异性。第三，由于喜欢某个异性，而逐渐不自觉地发展为暗恋这个异性。第四，异性之间由于彼此有好感甚至是比较喜欢对方，而逐渐发展为恋爱关系。

　　所谓早恋，是指未成年人之间的恋爱；而在现实生活中，许多孩子对于异性更多地是停留在前三个阶段，甚至是前两个阶段。

　　为了预防孩子的早恋，父母应该做到以下几点：

　　第一，正确认识和对待孩子与异性的交往。中世纪意大利著名的神学家托马斯·阿奎那认为，爱美之心，人皆有之。阿奎那把爱美上升到人性的高度，他这里所说的"美"，主要是指女性之美。由此可见，孩子在青春期喜欢与异性交往，这符合人的本性，符合青少年身心健康的发展规律和人生的成长规律。因此，父母对孩子与异性之间的交往，大可不必惊慌失措，要及时进行疏导，而不是堵塞。

　　第二，对孩子与异性的交往，父母一般不要给孩子轻易扣上"早恋"的帽子，而是可以酌情用"交往过密"给予提醒，引导孩子注意"文明交往"，提醒孩子在与异性同学交往过程中把握好一个"度"的问题。因为很多孩子对异性的喜欢或爱慕大多是朦朦胧胧的，一般不是谈情说爱。对此，父母正确的做法就能起到防患于未然的效果，把问题解决于萌芽状态。即使孩子开始单相思或者真正开始了早恋，家长也不要惊慌失措，不能用讥讽、责骂和惩罚的方式来对待孩子，更不要听着风就是雨，弄得满城风雨，让孩子感到很难堪。父母可以心平气和的与孩子进行沟通，晓之以理，动之以情，让孩子懂得中小学生的主要任务是学习，异性同学之间可以建立友谊，但还不是彼此谈情说爱的时候。所以，父母应该允许孩子与异性之间保持朋友之间的友谊，但这种朋友关系在中小学阶段不应该发展为爱情关系。

第三，引导孩子正确认识青少年的成长规律，学会初步的生涯设计。父母要让孩子懂得，人生处于什么年龄阶段，就应该做适合这个年龄段的事情；人生处在什么岗位上，就应该做适合这个岗位的工作。比如青少年时期主要任务就是完成学业，而学生的身份就必然决定了是以学习为天职的，而不是谈情说爱。尤其是在中小学阶段，孩子们不但没有时间和精力早恋，客观上也没有能力早恋，因为真正的恋爱应该开始于人生的青年期，而不是少年期。

第四，引导孩子把时间和精力转移和升华到学习与成才的道路上。在这方面，弗洛伊德关于力比多（即性本能）升华的说法对家长培养孩子具有特殊的启发意义。弗洛伊德认为，生活的艰难给人们带来很多痛苦、失望和难以完成的工作。为了忍受生活，人们一般是通过转移、代替和陶醉作为缓冲的措施。人们还可用力必多的转移和升华来防范痛苦，而艺术就是原欲——力必多的升华。在弗洛伊德看来，性本能具有很大的能力和活力，它要求满足，要求快乐，因受到现实的压抑而得不到满足，就以乔装打扮的方式，寻求一种代替的对象，以达到代替的满足，这就是力必多的"转移"。如果代替的对象是文化领域较高的目标，即谓"升华"。在他看来，艺术家在创作中的快乐与科学解决问题或发现真理时一样，这类满足是"高尚的和美好的"。我们从弗洛伊德的观点可以得到启发：青少年精力旺盛，如果能够把精力转移和升华到学习与创造性的各项实践中去，追求内在美，而不是用于减肥，过于追求外在美，就一定能够取得学业的进步。

根据了解，孩子早恋以前可能会出现以下几种特征，父母应该引起注意：

第一，学习成绩近期突然下降，上课时精力不集中，容易走神。

第二，突然开始爱打扮，讲究穿衣戴帽，爱照镜子。

第三，在家做作业时坐不住，找借口外出；或者喜欢一个人躲在房间里想心事，有时会走神发呆，思想游离。

第四，情绪不够稳定，有时兴奋，有时忧郁，有时烦燥不安。

第五，对描写爱情的小说和影视节目感兴趣。

第六，背着家人偷偷写信和写日记，不让家人看见。

第七，经常接打异性朋友的电话，与异性朋友互相传递纸条或比较"神秘"的信件。

第八，上网时，喜欢与固定的异性朋友经常聊天，或者与一些朋友包括异性网友单独约会、吃饭、逛街、看电影、旅游等。

当然，孩子以上的某些特征不一定就是早恋的信号，但应该引起父母的高度注意。即使这些信号不是孩子早恋的信号，但也说明孩子的内心世界肯定发生了一些比较明显的变化，父母必须给予积极的关注。

8. 培养孩子良好素质和能力

薛夫子

寄语：培养孩子的素质，比培养孩子的能力还重要。最理想的状态是把素质与能力和谐统一起来。应该培养三种素质：健康素质、道德素质和学习素质。

为了培养孩子的健康成长，父母和老师都必须重视培养孩子的素质和能力。素质与能力二者具有非常密切的联系，但又存在着明显的区别。素质是深层的，能力是外显的；素质是根本的、持久的，能力则是表层的与暂时的。《易经·系辞》："形而上者谓之道，形而下者谓之器"。在素质与能力的关系中，素质是"道"，而能力则是"器"，"道"依存于"器"，"器"反映和表现"道"。因此，培养孩子的素质，比培养孩子的能力还要重要。当然，最好能够把素质与能力和谐统一起来。

那么，应该培养孩子哪些素质呢？人的素质表现在很多方面，人才培养也需要培养多方面的素质，但对于少年儿童而言，主要应该培养三种素质：

健康素质、道德素质和学习素质。健康素质包括身体素质与心理素质，也就是应该培养孩子的身心健康两个方面的和谐统一；道德素质，主要是培养孩子基本的道德观念，如热爱祖国，尊老爱幼，遵守纪律，团结同学，热爱劳动，拾金不昧，爱护公共财物等；学习素质，主要是学习认真，上课能够聚精会神地听讲，按时认真完成作业，具有良好的自学与阅读能力，具有较强的逻辑思维与形象思维等，父母与老师都应该注意培养孩子这些素质。孩子进入青年期，父母和老师还应该培养孩子的政治素质、业务素质等其他素质。

除了培养孩子的素质以外，父母还应该培养孩子的多种能力，主要有一下几点：

第一，独立生活的能力，比如从小培养孩子自己穿衣、吃饭，自己收拾玩具，收拾书包，自己上学等。

第二，培养孩子的自我调控能力，能够胜不骄、败不馁，能够勤奋学习，又能谦虚谨慎。

第三，良好的学习能力，善于分析学习中遇到的各种问题，具有发现问题、分析问题和独立解决问题的能力；能够根据老师的教学进度，按时完成学业，取得良好的成绩。

第四，力所能及地参与一些社会实践，具有动手能力，喜欢进行手工制作，进行一些比较简单的实验，能够从事一些比较简单的劳动。

第五，培养孩子进行创造性学习和创造性劳动的能力，培养初步的创新意识、创新思维和创新能力。

第六，培养孩子人际交往的能力，鼓励孩子要善与人处，与同学之间团结友爱，能够与老师和家长以及其他社会成员进行积极有效的沟通。在培养孩子的人际交往能力方面，要注意避免两个极端：一是孩子的"人来疯"，即孩子见到了其他的熟人甚至是陌生人，极度兴奋，不能自控；二是怕见陌生人。这两个极端都不利于孩子的和谐发展。

当然，素质与能力二者不是绝然分开的，一方面通过培养孩子的各种能力，有利于提高孩子的整体素质；另一方面，孩子具有良好的整体素质，反过来有利于促进各种能力的发展。因此，素质与能力也是相辅相成，既相互制约、相互影响，又相互促进，良性互动，呈现出积极的共生效应。父母和老师可以根据孩子的年龄及学业进展情况，酌情培养孩子的具体素质和具体能力。

9. 家长应该与孩子一起成长

薛夫子

寄语：父母与孩子一起成长，是指父母在鼓励孩子成才的同时，也要努力干好自己的工作。学高为师，身正为范。父母也应该为孩子树立干事创业的好榜样。

在学校教育中，教学相长是促进师生共同发展进步的重要内涵；在企业管理中，有一种新的管理理念就是鼓励员工与企业一起成长。同样，在培养孩子的过程中，父母也要与孩子一起成长。

父母与孩子一起成长，这对于鼓励孩子的成长具有非常重要的意义。所谓父母与孩子一起成长，这里指的是父母在鼓励孩子成才的同时，也要努力干好自己的工作，注重自己的成才，发挥父母干事创业的榜样作用。但遗憾的是，许多父母对此似乎缺乏应有的认识。受传统文化的影响，许多父亲认为，"子不教，父之过"，因此，为人父母，更多地是望子成龙，望女成凤，而不是父母与孩子一起成长。有这么一个真实的例子：有这么一个家庭，父母都是工人，晚上没有别的事情做，就只好在家里的客厅看电视。他们的儿子正在上初中，晚上在自己的卧室里做作业。可以设想，当父母在客厅里看电视的时候，尤其是那些动作片的电视连续剧，打打杀杀的好不热闹。一个十几岁的孩子，很难控制自己对学习的注意力，因此，就时不时地钻出来偷偷地看两眼，而父亲就会严厉地斥责孩子，并且振振有词地教育孩子："我们这辈子就这样了，已经没有什么大的前途了，我们可以看电视，而你就不应该看电视！"儿子听了父亲的话，很不以为然，反驳道："人们不是说，人活到老，学到老吗？你们为什么不学习？"于是，父母都哑口无言。

　　还有不少的家长工作上安于现状，不求上进，工作之余也是吃喝玩乐，不是喝酒、打牌，就是看电视，或者迷恋于网络游戏。这些家长根本没有想到，当家长这样对待人生的时候，你已经为自己的孩子树立了一个平庸的人生榜样，你的孩子怎么会有理想有抱负呢？根据我们培养孩子的经验，我们发现，只有当父母努力工作的时候，父母才能给孩子树立积极进取的榜样。有一次，我应邀去一个大学做一个人才学方面的讲座，正巧我爱人出差，女儿又放暑假，于是，我带着12岁的女儿一起去了这个学校。讲座是晚上在操场上进行的，女儿当了一个特殊的听众。我在讲座过程中以及讲座结束的时候，赢得学生多次热烈的鼓掌。这是女儿第一次听我的讲座。讲座结束后，许多学生争先恐后地走到前排，让我在他们的笔记本上签名留念。当我签完名的时候，女儿不由自主地说出一句赞美我的话："爸爸，你真了不起！"我知道，这是女儿发自内心的赞美。从此以后，女儿进一步认识到了知识的力量，也就更加自觉学习了。

　　当然，父母不一定取得多么伟大的成就，但是，父母一定要给孩子树立一个上进好学、努力工作的榜样，因为父母不但是孩子的第一任老师，而且也是孩子一生的学习榜样。父母这样做有两个方面的好处：其一，给孩子树立了学习的榜样，孩子看到父母那么大岁数了，工作那么劳累，还坚持学习，自己理所当然应该好好学习；其二，家长通过坚持工作之余的学习，一方面有利于促进与孩子思想、情感与学习上的交流与沟通，一方面也有利于促进自己的成才。既然师生之间能够教学相长，那么，在家庭内部，家长与子女也可以做到共同成长。

家长与孩子一起成长，客观上体现了父母与孩子之间的相互理解，相互学习，相互促进和共同提高。从教育理念的角度来看，家长与孩子一起成长，也是以变应变、与时俱进的表现。

10. 矫正孩子比较内向的性格

薛夫子

寄语：父母比较专断，作风不够民主，或者因为工作比较忙碌，忽略与孩子的交流沟通，客观上很容易养成孩子内向的性格。家庭内部更应该具有自由民主的氛围，才能促进孩子个性与能力的协调发展。

培养孩子和谐完美的性格，这对于孩子的成才乃至一生的幸福，都是非常重要的。

就孩子内向的性格而言，一般而论，孩子的性格如果确实比较内向，这对于孩子的和谐发展就可能产生一些不利的影响。孩子比较内向的性格，一般包括两类性格：其一是大智若愚型的内向性格。这类孩子外表看似不是很机灵，也不太愿意与陌生人说话，甚至动作也不够敏捷，但实际很聪明。我有位朋友的孩子小时候好是大智若愚型的，但我在这个孩子小时候就已经发现了他这个特点，后来这个孩子果然学习优异。其二是由于教育方式问题，造成孩子性格内向。笔者这里主要探讨对第二类孩子的内向性格进行校正问题。

从性格塑造的角度来看，科学的塑造可以使人的性格更加和谐完善；而错误的塑造则只能导致性格不和谐，乃至偏执与极端。实践证明，和谐家庭与单亲家庭培养的孩子在性格方面都有一些比较显著的差异，前者性格比较和谐，而后者性格则不太和谐。要校正孩子比较内向的性格，家长还要打破传统文化所讲的"江山易改，本性难移"的观点，懂得人的性格也是可以改变的。

根据心理学和社会学的原理，一个人的性格不但是个人的自我塑造，而且也是环境和社会潜移默化影响的结果，因此，任何人的个性随着个人主观因素和外在环境的影响的变化，都有可能在某种程度上改变自己的个性。据搜狐新闻转自 2010 年 1 月 18 日重庆晚报的报道，一个非常倔强固执的老汉，因为偶然喜欢上了韩国电视剧，当他看完了 700 多部韩国电视剧的时候，他的性格发生了很大的变化，再也不认死理了，不固执己见了，就像变了个人似的。一个老人尚且可以改变自己的倔强性格，而孩子具有更大的可塑性。因此，家长要以辨证发展的观点来看待孩子性格的塑造。

根据我们的了解，造成孩子性格比较内向的原因主要有三点：

第一，父母比较专断，作风不够民主，这是造成孩子性格内向的重要诱因。

第二，父母因为工作比较忙碌，也许客观上疏忽了与孩子的交流沟通，这是造成孩子性格内向的重要原因。

第三，孩子成长环境的改变，客观上在由熟悉的环境转化为陌生环境的过程中，心理上会产生对新环境的排斥心理。

对于以上三种原因，父母可以根据自己孩子的实际情况，对症下药，采取具体灵活的方式进行校正。如果是由父母作风不民主造成孩子的内向，父母就应该转变作风，平等地与孩子进行交流沟通，注意换位思考，以理服人，推心置腹，在心理上与孩子相融相谐；如果是父母工作忙碌忽略了孩子，父母就应该转变观念，遵循人才开发最佳的时效性原则，因为错过了最佳的培养时期，亡羊则无法补牢，所以，父母再忙也不能忽略了孩子，再忙也要与孩子进行交流沟通。要教孩子学会表达，对家人会表达亲情，对同学会表达友情。

我朋友的女儿上四年级的时候，性格很内向，很少开口说话，也不善于表达，没有小朋友愿意和她玩。小女孩很苦闷，她的爸爸妈妈也很无奈。有一天小女孩的妈妈向我请教，我告诉她，从日常生活开始启发锻炼孩子，比如出门买东西，想买什么，买多少让小女孩去表述。小女孩很爱吃肯德基，妈妈带小女孩来到肯德基店后，妈妈找个座位坐好后，把钱拿出来给小女孩，让她去窗口买。小女孩来到窗口半天没有开口，又回到妈妈的座位前让妈妈帮她去买，这时妈妈说，你想吃，就必须自己去买，自己不去买，是吃不到的。同时，妈妈鼓励她，刚才你没有开口，这次你一定能行。小女孩又返回窗口，这次果然开口买到了她想吃的肯德基。她妈妈很高兴，告诉小女孩自己开口说话，表述自己的意愿并不难，小女孩兴奋的点点头。

需要特别注意的是，孩子一旦形成内向的性格，通过及时的校正虽然是可以改变的，但操作起来并不容易，因为要改变一个人的性格绝不是一朝一夕能够完成的，需要假以时日，需要等待和不断地磨砺。因此，最有效的方法是防患于未然，从孩子小时候，就要注意从一点一滴开始，集腋成裘，通过不断修炼，逐渐培养孩子和谐完美的性格。

11. 引导孩子与同学和谐相处

薛夫子

寄语：教育孩子是一门非常深刻的学问，没有足够的知识储备，父母是很难胜任教育子女重任的。指导孩子与伙伴们建立和谐的关系，培养孩子良好的交往能力，提高孩子的情商，是非常必要的。

情商中一个很重要的方面就是人际交往能力。父母为了培养孩子健康成长，还需要引导孩子与同学和谐相处，这对于促进孩子的身心健康，建立和谐的人际关系，培养良好的人际交往能力，是十分必要的。

为了引导孩子与同学和谐相处，父母必须了解影响孩子与同学和谐相处的原因。根据我们的了解，影响孩子与同学和谐相处的原因主要有如下几点：

第一，孩子本身性格比较孤僻、孤傲或者内向等，不喜欢与别的小朋友或者同学交往。

第二，独生子女大多娇生惯养，在父母的溺爱下，逐渐养成了"小皇帝"的脾气，经常以自我为中心，片面认为自己是"小皇帝"，而没有想到别的孩子也是"小皇帝",因此,天长日久,逐渐养成了具有"不合群"的心理倾向。

第三,父母对孩子错误的教育理念,也会直接影响孩子与同学和谐相处。比如,有不少的父母不允许孩子与学习比较差的孩子一起玩,希望老师在排座位的时候,把自己的孩子与学习好的学生排在一起,因为担心孩子与学习比较差的孩子在一起,可能会受到消极的影响。

对于以上第一种情况,作为父母而言,一旦发现孩子的性格出现了问题,就要及时予以校正,可以引导孩子多参加集体活动,多与小朋友或同学们交往,逐渐养成团队意识和集体观念,潜移默化地陶冶和谐完美的性格,使其养成能够"合群"的习惯。

对于第二种情况,父母应该及时转变观念,克服对孩子娇生惯养的习惯,教育孩子能够平等地对待其他小朋友或同学,使孩子认识到自己固然是所谓的"小皇帝",而其他的小朋友或同学也是他们父母心里的"小皇帝",因此,"小皇帝"与"小皇帝"之间也要学会互助合作、互相谦让、互相尊重。

对于第三种情况,就比较麻烦了。因为父母往往认识不到自己在教育孩子方面的错误或局限性,而通常认为自己能够教育孩子,或者自己懂得教育孩子。其实,教育孩子是一门非常深刻的学问,没有足够的知识储备,父母是很难胜任教育子女重任的。实际上,父母要教育孩子,首先自己就要先接受教育,但是,谁来教育父母呢?事实上,除了父母的自我教育以外,很多父母在教育孩子的问题上是无法无天,是盲目教育,有对孩子的爱心,但没有科学爱孩子的能力。比如,父母是否应该允许孩子与比较差的孩子一起玩呢?答案是肯定的。

根据我们的思考和调研,我们认为,孩子既可以与优秀的孩子一起交流,也可以与学习比较差的孩子一起交流。这里的关键是要引导孩子不仅要学习那些比自己优秀的孩子的优点,而且也要学会发现那些学习比较差的孩子"差"的原因,从中可以避免自己重蹈覆辙,而且如果有时间和精力,还可以力所能及地帮助那些学习比较差的孩子。这样一方面可以巩固自己所学习到的知识,另一方面也可以激发孩子的社会责任感与同情心。

另外，父母要引导孩子正确认识那些学习比较差的孩子，有的孩子虽然在学习方面比较差，但在其他方面仍然会有一些优点，因为事实上，有不少成才者在少年时代不但学习成绩比较差，而且可能比较俏皮捣蛋，甚至父母和老师误认为是有"问题"的孩子。

12. 望子成龙和望女成凤辨析

薛夫子

寄语：父母在主观上可以望子成龙、望女成凤，但客观上应该保持"谋事在人、成事在天"的客观态度。父母要相信：孩子在"成龙"、"成凤"的过程中，就会得到相应的进步，而不在于最终是否能够"成龙"或"成凤"。

望子成龙，望女成凤，这是中国父母普遍的价值取向，也是中国比较普遍的社会心理。对此，我们需要解决两个方面的问题：第一，父母是否应该望子成龙、望女成凤呢？第二，父母究竟应该怎样做，才能够把望子成龙、望女成凤的希望落到实处。

第一，父母是否应该望子成龙、望女成凤呢？回答是肯定的。我们认为父母在主观上可以望子成龙、望女成凤，但客观上应该保持"谋事在人、成事在天"的客观态度。当然，这里的"龙"和"凤"都是指人才学意义上的成才者，或者按照传统的说法是能够"出人头地、成名成家"的优秀者。从人才开发的角度来看，人才开发具有无限的可能性，因为人的潜能是无穷无尽的，如同海底冰山一样深厚，在外部环境或条件具备的前提下，关键看人们开发的方式和时机是否科学恰当。而父母的望子成龙和望女成凤中的"望"就是对孩子成才的希望、愿望和要求，乃至一种理想的愿象，这在客观上对孩子具有重要的激励效应。相反，如果家长从孩子一出生就断定，这个孩子肯定是没有出息的，就不会再去激励孩子的成才，而孩子在家长的埋没中也许就永远成不了"龙"和"凤"了。

第二，父母究竟应该怎样做才能够把望子成龙、望女成凤的希望落到实处呢？要把望子成龙、望女成凤的美好愿望变为现实，这对于孩子、学校和家长而言，无疑都是一项十分艰巨的任务。就家长而言，在这方面，父母首先要有点哲学素养，懂得主观动机与客观效果的对立统一问题，懂得"取法乎上，仅得其中；取法乎中，仅得其下"的道理。父母即使在主观上望子成龙、望女成凤，但在客观上孩子未必一定能够"成龙"、"成凤"。我们是主观动机与客观效果的统一论者，由于培养人才的复杂性，孩子们客观上不可能都"成龙"、"成凤"。其次，家长在望子成龙、望女成凤的时候，还需要认识到社会客观规定了人才需求的层次性，即人才在层次上分为初级人才、中级人才和高级人才。这就是说，社会成员即使都非常优秀，也不可能都成为高级人才。再次，家长在望子成龙和望女成凤的过程中，应该注意望子成龙和望女成凤的阶段性，要对孩子的生涯进行科学的设计，科学设置近期目标、中期目标和长远目标，要有人才培养的"马拉松"意识，不能一蹴而就。

需要特别强调的是，父母应该坚信望子成龙和望女成凤能够对家长与孩子产生双重的激励效应。对于父母来说，如果坚信望子成龙和望女成凤，就会坚持不懈地去培养孩子；对于孩子而言，在父母和老师的鼓励下，自己不断地积极进取，一定能够取得理想的进步，即使不能"成龙"、"成凤"，客观上也会不断接近"成龙"、"成凤"，即在不断追求理想愿象的过程中，孩子就会得到不断地进步，在成才的道路上又向前迈进了一大步。司马迁《史记·孔子世家》有赞美孔子的这么一段话："《诗》有之：高山仰止，景行行止。虽不能至，然心向往之。"从培养孩子成才的角度来看，家长对于孩子"成龙"、"成凤"的期望，即使"不能至"，通过"心向往之"，也非常有利于促进孩子的发展。

在望子成龙、望女成凤方面，家长可以借鉴著名的"皮格马利翁效应"。皮格马利翁是古希腊神话故事中塞浦路斯的国王，也是一位有名的雕塑家。他精心雕塑了一位美丽可爱的少女，并深深爱上了这个"少女"，后来凭着皮格马利翁对"少女"真挚的爱，少女雕像终于复活。"皮革马利翁效应"又称"罗森塔尔效应"，或叫"期望效应"。该理论提出者是美国心理学家罗森塔尔，其本意是你期望什么，你就会得到什么；只要充满对未来的期待，真的相信事情会顺利进行，事情就一定会顺利进行。

"皮格玛利翁效应"对于父母的望子成龙和望女成凤具有重要的启迪意义。父母为了孩子的成才，一定要多赞美、信任和期待孩子能够成才，坚信"天生我材必有用"，通过不断给孩子传递积极的期望，就会使孩子充满自信，树立乐观的人生态度和学习态度，进步得会更快更好。

13. 高考未必决定孩子的命运

薛夫子

寄语：高考对于一个人的成才确实很重要，但这并不意味着高考完全能够决定一个人的命运。条条大路通罗马，成才的道路千万条，每个孩子都可以根据自己的实际，选择适合自己的发展方式。

从人才开发的角度来看，毫无疑问，高考无疑是人生非常重要的"鲤鱼跳龙门"的好机会，对于中学生来说，这也是孩子们十几年的一个梦想。从辩证的角度来看，我们虽然不能说高考能够决定一个人的命运，但不可否认高考对于人生的发展非常重要。

第一，从增长知识和培养学习能力的角度来看，以中学生而言，如果高考成功，就意味着具有了进一步深造的机会，一般来说，大学的学习条件是比较有利于学生学习的，学生进入大学后除了直接接受大学老师的教育以外，还可以利用学校图书馆的资料，包括各种纸质图书和电子资料，而大学图书馆里的这些资料在社会上一般是很难借阅或查阅的。通过接受大学系统的知识教育，学生不但能够增长知识，开阔视野，还能够不断培养分析问题和解决问题的能力，提高理论素养和多种能力。

第二，从国家的人事人才政策来看，许多工作岗位不仅对就业者的能力有明显的要求，而且对于就业者的学历也提出相应的要求或规定。因此，大学生通过大学的学习获得大学毕业证书和学位证书，在一定程度上来说，就获得了应聘许多工作岗位的基本条件或者说是"硬件"；而如果没有这个基本条件，就意味着失去了许多就业的机会。同时，国家在政策层面上对于选拔人才，包括晋升职称和提拔干部等，都制定了一些相应的标准，而具有大学学历，则已经成为基本的条件之一。一些高校甚至规定，新引进的师资原则上第一学历应该是"211"学校的；60 年代以后出生的教师要晋升教授，必须具有博士学位。可见，随着 1999 年我国大学教育的扩招，大学学历已经成为最基本的学历了。而对于一些立志成才者而言，还需要继续攻读硕士和博士，这也是大势所趋。

以上两点旨在说明高考对于一个人成才的重要性，但这并不意味着高考完全能够决定一个人的命运。一方面，影响个人成才的主客观因素很多，比如进入大学后是否能够继续保持理想信念，是否能够适用大学的学习方式，是否继续拼搏努力等，都会直接或间接影响大学生的进步；另一方面，条条大路通罗马，成才的道路千万条，每个人可以根据自己的实际，选择适合自己发展的方式。

但无论如何，有一点是需要特别注意的，如果不接受系统的大学教育，在成才的道路上就可能遇到更多的困难，因为从哲学的角度来看，人生的成才也是人生认识世界和改造世界的和谐统一，而一个人如果没有读过大学，在求知——认识世界的过程中，就必然遇到很多的困惑，而拜师无门，客观上就会影响自己的人生实践和成才。因此，我们应该看到，孩子如果不能考取大学，客观上确实能够影响孩子的发展。

高考虽然很重要，但又不能完全决定孩子的命运。假如孩子高考失利，也不能丧失对孩子未来的信心，家长可以鼓励孩子在工作的同时，坚持业余自学，或者通过其他教育方式，如函授、电大、自学考试、在职培训等方式，弥补高考缺失的遗憾。

近十年来，随着大学生就业难现象的出现，我们要警惕新的"读书无用论"。"读书无用论"是一种短视和对读书的偏见。对于读书本身而言，读书的人只要不是死读书、读死书，就一定会从优秀的图书中获得人生所需要的多种知识，这对于成才是非常重要的。从人才发展史来看，虽然社会实践非常重要，但实践的重要并不能代替读书的重要，读书和实践同等重要，二者应该携手并行，相互促进。

14. 正确认识北大与清华情结

薛夫子

寄语：孩子即使考入北大或清华，也并不意味着一定能够成才；即使考不上北大和清华，也未必不能成才。曲阜师范大学中文系很多毕业生的成功已经证明了这一点。

对于莘莘学子而言，能够考入北京大学或清华大学，是中学生高考梦寐以求的，由此甚至出现了中学生的北大和清华情结。所谓北大和清华情结，是指考生在高考中非北大或清华不考的情结。从人才培养的角度来看，冷静地看待这种情结，可以看到其中的合理之处，也可以发现其中的偏颇之处。

从北大和清华情结的合理之处来看，北大和清华作为我国最具声誉的重点大学，拥有雄厚的师资和丰富的图书资料，理所当然受到中学生的青睐；而这两所大学的毕业生在国内的就业中也普遍受到用人单位的欢迎。因此，对于中学生而言，如果能够考入北大或清华，就意味着驶入了成才的直通车和快车道，所以，中学生具有北大清华情结，也是可以理解的，客观上也有合理之处。从成才的角度来看，北大和清华的毕业生成才的比例较之其他高校，客观上也相对比较高一些，这也是不争的事实。

但问题在于，考生即使考入北大或清华，也并不意味着你一定能够成才；你即使考不上北大和清华，也未必不能成才。凡是人群，总会有上中下三个层次，同样，北大和清华的学生也可以分出上中下三个层次，其他高校的学生也可以分出上中下三个层次。事实上，其他高校的优秀学生并不比北大清华的中等和下等的差。这如同田忌赛马的道理一样，许多高校的优等生要优于北大清华的中等成绩的学生，中等生要优于北大清华的下等成绩的学生。根据对许多高校毕业生的跟踪调查，教育部其他直属大学许多毕业生成为杰出的人才比例也比较高，甚至就连一些省属高校的毕业生也有不少出类拔萃者。

如果从师资力量和办学传统来看，除了北大清华以外，全国还有许多高校都具有自己独特的优势，如人民大学、复旦大学、四川大学、浙江大学、山东大学、南京大学、南开大学、中国科技大学、中国海洋大学等。此外还有许多具有显著专业特色的高水平大学，如中国政法大学、中国传媒大学、中国地质大学、中国石油大学、中国农业大学、北京语言大学、北京外国语大学、北京理工大学等许多专业特色鲜明的大学，各自以其独特的办学特色而独树一帜。因此，考生大可不必拘泥于北大清华，因为北大清华的整体力量比较强，并不是每个学科都鹤立鸡群，而其新上的专业在培养人才质量上较之其他重点高校，也许就会逊色很多。

对于中学生的北大清华情结，中学的老师和学生家长具有责无旁贷的引导责任，应该对中学生的这种情结因势利导。但事实上，许多中学和考生及其家长却一直在鼓励学生的这种情结。有不少高分考生放弃了被其他重点大学录取的机会，却回校继续复读，有的考生经过一年乃至多年的复读，最终考入了北大或清华，但也有很多考生的高考成绩一年不如一年，留下了终生的遗憾，贻误了青春，也影响了自己的正常发展。实践已经证明，无论是经过复读考取北大清华的学生，还是经过复读没有考取北大清华的学生，客观上都已经浪费了至少一年以上的青春，影响了自己的成才。

以曲阜师范大学为例，这是迄今为止全国唯一的一所在县级市办学的省属重点大学，但就是这么一所大学，却培养出了院士和许多知名的专家教授、特级教师和多位省部级干部，厅局级和处级干部更是数不胜数，为中国的教育事业和社会发展进步做出了积极的贡献。

仅以曲阜师范大学中文专业的毕业生为例，据不完全统计，目前在高校从事教学或学术研究的专家名单如下（排名不分先后）：

朱德发：山东师范大学文学院教授、博士生导师，著名现代文学研究专家、全国首届百名教学名师。

徐振贵：曲阜师范大学文学院教授、博士生导师。

刘守安：首都师范大学中国书法文化研究院院长、教授、博士生导师、著名书法家、北京书法家协会副主席兼教育委员会主任、北京书法院副院长。

陈克守：曲阜师范大学文学院教授。

高尚榘：曲阜师范大学文学院教授。

李新宇：南开大学文学院教授、现代文学研究专家、博士生导师。

高旭东：中国人民大学文学院长江学者特聘教授、世界文学与比较文学研究专家、博士生导师、国务院特殊津贴专家、教育部"马工程"比较文学概论首席专家、2002年教育部高校教师奖获得者、2004年教育部第一批新世纪优秀人才。社会兼职中国比较文学学会副会长、中国青年生态批评学会会长、中国现代文学研究会常务理事、海峡两岸梁实秋研究学会会长。

冷成金：中国人民大学文学院教授、古代文学教研室主任、博士生导师，兼职中国苏轼研究会、李清照、辛弃疾研究会理事、常务理事。

王向远：北京师范大学文学院教授、博士生导师、世界文学与比较文学研究专家、兼职中国东方文学研究会会长、中国比较文学教学研究会副会长。

常森：北京大学文中文系教授、博士、博士生导师，古代文学研究专家。

沈庆利：北京师范大学文学院教授、博士、博士生导师、现当代文学研究专家。

刘文君：日本东京大学教育综合研究中心研究员。

高迎刚：山东大学艺术学院副院长、博士、教授，硕士生导师，美国George Mason University艺术学博士后。

王燕：中国人民大学文学院副教授、博士、中国人民大学博士后。

杨树增：曲阜师范大学特聘教授、博士生导师、古代文学研究专家。

王少华：山东师范大学副校长。

刘新生：山东工商学院党委书记、教授。

谭业庭：青岛理工大学人文学院院长、教授、山东省十佳师德标兵，山东省优秀教师、全国师德先进个人、山东省文化艺术科学专家。

周海波：青岛大学文学院教授、副院长、博士研究生导师、青岛市文学艺术界联合会副主席、中国现代文学研究会理事、山东省中国现代文学学会副会长、山东省文艺评论家协会副主席、青岛市文艺评论家协会主席等。

杨杰：中国传媒大学教授、博士、山东省写作学会副会长、北京市美育与文明研究基地副主任、中国中外文艺理论学会理事、全国毛泽东文艺思想研究会常务理事。

丁秀菊：《山东大学学报》编审、博士、研究员。

纪丽真：中国海洋大学出版社文科编辑室主任、博士、研究员。

崔海正：济南大学文学院原院长、教授。

潘晓生：济南大学文学院原院长、教授。

李效增：曲阜师范大学印刷学院院长、教授。

赵利民：天津师范大学文学院院长、博士、教授、博士生导师。

单承彬：曲阜师范大学文学院院长、博士、教授、博士生导师。

张全之：重庆师范大学文学院院长、博士、教授、博士生导师、山东省教学名师。

兰翠：烟台大学人文学院院长、教授。

李效珍：中国石油大学胜利学院中文系主任、教授。

唐雪凝：曲阜师范大学国际文化交流学院与国际学院党总支书记、教授、山东省教学名师。

李雁：齐鲁师范学院文学院院长、教授、博士、山东省优秀教师。

吴冰沁：齐鲁师范学院文学院教授、山东省教学名师。

郝月梅：齐鲁师范学院文学院教授、山东省有突出贡献的中青年专家。

李献芳：齐鲁师范学院文学院教授。

曹志平：曲阜师范大学文学院副院长、教授、博士。

李均：曲阜师范大学文学院副院长、教授、博士。

张玉璞：曲阜师范大学《齐鲁学刊》副主编、教授、博士、博士生导师。

张瑞英：曲阜师范大学文学院教授、博士、博士生导师。

徐雪辉：曲阜师范大学文学院教授、博士。

任明华：曲阜师范大学文学院教授、博士。

刘相雨：曲阜师范大学文学院教授、博士。

卜召林：曲阜师范大学文学院教授、文学研究所所长。

钱加清：曲阜师范大学文学院教授、副院长。

赵歌东：曲阜师范大学文学院教授、博士。

康长福：曲阜师范大学文学院教授、博士。

孙永选：曲阜师范大学文学院教授。

阚景忠：曲阜师范大学教务处副处长、文学院教授。

马士远：曲阜师范大学文学院教授、博士、博士研究生导师、圣地非物质文化研究中心副主任。

张根柱：临沂大学文学院院长、教授、博士。

周远斌：青岛大学文学院特聘教授、博士、博士生导师。

宫泉久：青岛大学文学院教授、博士。

卢政：鲁东大学文学院副院长、教授、博士。

刘欣：泰山学院文学与传媒学院院长，教授，泰安市专业技术拔尖人才、山东省教学名师，入选山东省高层次人才库。

张伯存：枣庄学院文学院院长、教授、博士，山东省突出贡献专家。

胡健生：广东财经大学人文与传播学院教授、博士。

张雁：枣庄学院文学院教授。

宋阜森：泰山学院文学与传媒学院教授、泰山学院中国现当代文学研究所常务副所长。

李如密：南京师范大学教育科学学院教授、博士，兼任全国现代教学艺术研究会副理事长。

王恒升：潍坊学院文学与新闻传播学院副院长、教授。

王晓东：青岛理工大学人文与社会科学学院副院长、教授。

王玉香：山东青年政治学院政治与社会发展学院院长、教授。

孙金荣：山东农业大学文法学院副院长、教授。

赵思运：浙江传媒学院文学院副院长、教授、博士。

刘常青：青岛黄海学院董事长、教育家。

程勇：浙江工业大学人文学院教授、博士。

卢政：鲁东大学文学院副院长、教授、博士。

……

以上专家都是曲阜师范大学中文系校友目前在高校从事教学科研和管理工作的一部分专家学者。

曲阜师范大学中文系毕业生在其他工作岗位上做出突出成就的部分系友

还有（排名不分先后）：

宋法棠：原黑龙江省委书记，中央委员。

林廷生：原中共山东省委常委、山东省副省长，中共十三大、十五大、十七大代表。

孙德汉：青岛市政协主席、党组书记、山东航空产业协会理事长、全国人大代表。

孙永春：贵州省委常委、省委组织部部长、省委党校校长。

杨庆存：中宣部社科规划发展局副局长、博士、教授、博士生导师。

汪稼明：中国美术出版总社党委书记、副社长。

荣剑：北京锦都艺术中心董事长、博士、哲学家。

徐长玉：济南市人大常委会主任、党组书记、中共山东省纪委委员。

丁国强：公安部监管局办公室副主任，作家、文艺评论家。

李琨：国家发展改革委宏观经济研究院研究员、经济学博士，博士生导师。

张士新：山东省科技厅副厅长。

赵东旭：解放军某部正师级干部。

刘春燕：蓝天出版社高级编审。

王少元：山东电子音像出版社总编辑。

孔繁玺：山东省人民政府信访局副巡视员。

陈相安：泰安市副市长。

李汉润：山东省丝绸公司工会主席。

张龙德：云南省物资储备局局长兼党委书记（2013年病逝）。

王修滋：大众报业集团党委常委、副总编辑（副厅级），山东省突出贡献专家、山东省首届齐鲁文化名家。

范建民：江苏新海石化有限公司党委书记、总经理，江苏省优秀企业家，江苏省第十届工商联合会常委、江苏省山东商会总会长、连云港市工商联合会副会长、"江苏省优秀中国特色社会主义事业建设者"、连云港市劳动模范、连云港市第十三届人大代表。

刘业伟：江苏师范大学作家工作坊主持人，驻校作家，中国长篇小说创作与研究中心常务副主任，江苏省作家协会签约作家、徐州市作家协会副主席。

潘盛国：青岛市广播电视局副局长。

赵延彤：山东省工商联副主席。

桑哲：文学博士，民建中央文化委员会委员、曲阜师范大学《现代语文》编辑部执行主编，硕士生导师，兼任中国校园文学专业委员会副会长。

李岩峰：《人民法院报》社副总编辑。

丁美荣：国家安全生产监督管理总局宣教部部长。

丁荔：演员，新版电视剧《红楼梦》中出演贾探春，全国普通话形象大使。

孙继业：山东省政协副主席，曲阜师范大学特聘教授、全国政协委员。

张术平：山东省枣庄市市长。

卓明：山东省新闻出版局副局长。

孙元华：山东省高级人民法院副院长。

赵永新：《人民日报》社主任记者。

潘峰：山东省委宣传部改发办副主任。

赵浚凯：中国著名电视剧导演，海润影视制作有限公司副总裁，电视连续剧《亮剑》总策划和制片人，导演的作品多次获得国家大奖。

孟鸣飞：青岛出版集团有限公司董事长。

余钦伟：青岛日报社总编辑，《青岛晚报》总编辑。

张百新：新华出版社社长、高级记者。

卢得志：曾任山东省新闻出版局党组书记、局长，山东省直机关工委书记。

张志勇：山东省教育厅副厅长。

郭建磊：山东省教育厅副厅长，兼任山东广播电视大学党委书记。

曹振华：《东岳论丛》杂志社副主编，副研究员、客座教授。

高秀芹：北京大学出版社培文公司总裁、博士、北京大学中国读歌研究院副院长。

韩军：清华大学附中特级教师，国务院特贴专家、全国人民教师奖章获得者、全国曾宪梓教育基金一等奖获得者。

王向红：潍坊一中教师，山东省特级教师、山东省教学能手、富民兴鲁劳动模范、山东省十佳青年语文教师、山东省优秀教师。

王春元：青岛市社会科学规划办公室主任，博士。

辛云岩：山东省林业厅原党组书记、厅长。

......

我读大学是曲阜师范大学中文系 79 级，我们班 100 名同学，现在具有教授正高级职称的 15 名，博士生导师 3 名，硕士生导师 12 名，山东省教学名师 2 人，山东省突出贡献专家 1 人，处级干部 42 人，厅级干部 9 人，中学校长 5 人，特级教师 5 人，全国优秀教师多人。

1983 年大学毕业后，我担任中文系 82 级政治辅导员。中文 82 级也是 100 人，现在有教授 22 人，副教授 5 人，博士生导师 1 人，博士 6 人，硕士导师 5 人，厅级 2 人，处级干部 34 人，正局级（县级市的局长）4 人，山东省突出贡献专家 1 人，首批齐鲁文化名家 1 人，中学校长 2 人，特级教师 3 人，山东省骨干教师 1 人，烟台市高中语文学科带头人、烟台市巾帼十杰 1 人，济南市语文学科带头 1 人，影视导演 1 人，国外 3 人。

这只是曲阜师范大学中文系 79 和 82 级的一部分，很多优秀的毕业生没有统计在内。特别指出的是，曲阜师范大学作为山东省重点师范大学，为全国教育事业培养了大批优秀的特级教师、中学校长和优秀的教育工作者。

对于考生的北大清华情结，作为北大和清华的招生来说，没有必要到处去抢高考状元，甚至去拼抢高分复读生；作为中学生而言，可以对北大清华心向往之，梦寐以求，但未必一定要执着于北大清华。打开北大清华情结，考生们会发现，许多大学也很精彩，条条大路通罗马，人生的道路真的很宽广。

15. 引导孩子拜见各类名人

薛夫子

寄语： 从人才的成长规律来看，名师出高徒。父母引导孩子拜见专家学者等名人，既能开阔孩子的视野，又能让孩子从中受到潜移默化的熏陶和影响。

从人才培养的角度来看，父母引导孩子拜见专家学者等名人，对于孩子的成长是非常有利的。从人才的成长规律来看，名师出高徒，人才成长的"师承效应"是不言而喻的。父母引导孩子拜见专家学者等名人，既能开阔孩子的视野，又能让孩子从中受到潜移默化的熏陶和影响。

首先，父母引导孩子拜见专家学者等名人，客观上有利于开阔孩子的视野。一般来说，青少年都有一种名人情结，即对名人具有好奇、向往乃至崇拜的心理。父母要根据孩子的这种心理，在恰当的时间，及时引导孩子拜见专家学者等名人。古人说，"听君一席话，胜读十年书。"孩子对学习和人生中的一些迷茫和困惑，经过专家们不经意间的点拨，就可能产生"觉悟"或"顿悟"，在豁然开朗中明白许多事理，父母在平时一些百思不得其解的问题，甚至也许就能够迎刃而解。

其次，父母引导孩子拜见专家学者等名人，有利于锻炼孩子良好的心理素质。孩子在没有见到这些专家以前，对专家们存在好奇、向往乃至崇拜的心理，而经过与专家的见面，亲自与专家对话交流，这对于孩子的心理素质是一次很好的锻炼和提高。孩子们就会感觉到，原来这些专家很平易近人，并不神秘啊！这样经过多次拜访专家，就会逐渐提高孩子的自信心和人际交往能力。

再次，引导孩子拜见专家学者等名人，客观上非常有利于孩子的长远发展。孩子的成长，不仅需要家长提供良好的家庭成长环境，需要学校良好的教育，还需要按照大学习观的精神，在广阔的社会人生实践中学习。从这个角度来看，父母如果能够引导孩子拜见专家学者等名人，就意味着为孩子开辟了一个更加广阔精湛的大课堂。只要父母和孩子能够尊重专家，虚心求教，许多专家能够为孩子的成长提供智力的支持，包括人生的指导，生涯的设计，掌握正确的学习方法等等。

在引导孩子拜见专家学者等名人方面，我在女儿小的时候，就经常领着她去我的老师和同事家串门，让孩子认识这些老师或同事，参观他们的书房，因为我那时年轻，房子也小，书房也很小，女儿到了一些老教授的家里一看，有那么多的书，开始感到好奇，也很惊讶。教授们也很开心地逗她玩，这样久而久之，女儿逐渐培养了对书的兴趣，开阔了视野，锻炼了心理素质，也不再怕陌生人。

16. 家长与孩子游戏的意义

薛夫子

寄语：从人才培养的角度来看，游戏是一种非常重要而又具有乐趣的特殊的学习活动，无论是孩子的儿童期还是少年期，父母都应该积极引导孩子玩各种健康有益的游戏，通过游戏开发孩子的智力，提高孩子的情商。

近几年来，随着社会的发展进步，一方面参加游戏的人似乎越来越多，一方面运用游戏开发儿童的智力或运用游戏进行教学，已经成为人才培养的重要潮流。从人才培养的角度来看，无论是孩子的儿童期还是少年期，父母都应该积极引导孩子进行各种健康有益的游戏，并通过游戏开发孩子的智力，提高孩子的情商。

一般来说，游戏可以分为智力类游戏和体力类游戏。在智力类游戏中，主要有文字游戏、图画游戏、数字游戏、电脑游戏、积木游戏、拼图游戏、音乐游戏、扑克和麻将游戏等；体力类游戏包括活动性游戏和竞赛性游戏，其中，活动性游戏如捉迷藏、搬运、接力等，竞赛性游戏如各种体育比赛，包括篮球、足球和各种棋类等。当然，对游戏的分类只能是相对的，智力类游戏和体力类游戏存在着相互交叉、相互融合的现象。在古希腊时期，柏拉图就非常重视游戏对少年儿童的影响，主张运用游戏对青少年进行素质教育。在他看来，"因为儿童的心灵还不能接受看书的训练"，因此，人们创造出一些真正引人入胜的歌调，"这些歌调就叫做游戏和歌唱，以游戏的方式来演奏"（柏拉图《文艺对话集》，人民文学出版社，1963 年版，第 309 页），目的就是培养儿童心灵的和谐。从人才培养的角度来看，游戏能够促进身心协调，开发孩子的智力和体能，促进孩子的智力和体能协调发展和优化。

第一，游戏促进孩子之间人际关系的和谐，有利于培养孩子的交往能力，形成团队精神与合作理念。孩子的游戏活动一般是以群体的方式进行的，个人一般很少单独进行游戏，游戏往往把一个特定的群体凝聚在一起，比如幼儿在家里的时候，一般是在父母或者保姆的指导下进行游戏，这样，幼儿就在玩游戏中学会了与家长或者保姆的沟通；在幼儿园，孩子之间会玩各种各样的游戏，而很多游戏是集体进行的，无形之中就培养了孩子的交往能力与合作意识。通过孩子的游戏活动，能够促进孩子与父母之间以及与同学之间关系的和谐，养成团队精神与合作理念。

第二，优化孩子的思维方式，培养孩子的平等观念，增强法律意识，促进孩子个性的和谐发展。柏拉图指出："如果孩子们一开始做游戏起就能借助于音乐养成遵守法律的精神，而这种守法精神又反过来反对不法的娱乐，那么这种守法精神就会处处支配着孩子们的行为，使他们健康成长。"（柏拉图《理想国》，商务印书馆1986年版，第140页。）在游戏中，每个人的权力和机会都是均等的。因此，通过各种游戏可以暂时淡化家庭角色与社会角色的差异，达到了人际关系的和谐与平衡。凡是玩游戏，都要有游戏规则，任何人只要参加游戏，就必须遵循特定的游戏规则。因此，家长引导孩子参加各种游戏，引导孩子自觉遵循游戏规则，这对于培养孩子形成素朴的社会公德和法律意识，具有特殊的积极意义。

第三，游戏对情商和创造力的开发。在现实生活中，孩子由于受到各种局限性，情商无法得到和谐发展，因此，父母可以通过引导孩子参加游戏的方式，全面提升孩子的情商。通过游戏，有利于发现孩子超人的记忆力和想象力，可以锻炼和提高孩子调控情绪的能力，增强孩子的自信心和人际交往能力，促进孩子的身心协调和全面发展，从而激发创造力。

游戏作为一种特殊的娱乐，"是一种创造性活动，它创造出了一个幻想的王国，一个想象的但却是可能存在的王国，一个使人们把整个身心都投入其中的王国。"（〔美〕菲力浦·劳顿 玛丽—路易斯·毕肖普《生存的哲学》，湖南人民出版社，1988年版，第266页。）因此，通过游戏不仅使孩子掌握相关的游戏技能，而且还由此开发孩子大脑各种智能——理解力、联想力、想象力、创造力的协调发展。从创造心理学的角度来看，孩子们如果能够经常处于一种自由宽松的精神环境中，客观上就非常有利于开发创造力。

父母在引导孩子游戏的时候，方式可以灵活多样。一般来说，大致可以有三种：一是父母可以教会孩子自己一个人游戏；二是引导和鼓励孩子与其他小朋友一起游戏；三是父母闲暇时间与孩子一起游戏。

17. 家长与孩子沟通的技巧

薛夫子

寄语：父母要培养孩子，就必须学会与孩子进行积极的沟通。父母在与孩子的沟通过程中，要以人为本，尊重孩子的人格、情感、个性及其合理要求。

父母要培养孩子，就必须学会与孩子的沟通。父母在与孩子的沟通过程中，总体上而言，也要以人为本，尊重孩子的人格、个性及其合理要求。具体来说，家长要注意如下几点：

第一，要明确沟通的目的。父母在与孩子沟通以前，首先要明确沟通要达到的具体目的，比如是因为孩子最近学习成绩下降，还是因为孩子迷恋网络，还是其他问题？对此，父母必须明确沟通的具体目的，以便于对症下药，有的放矢，而不能泛泛而论。

第二，要注意沟通的时间和地点。在与孩子沟通以前，父母需要选择一个合适的时间和地点。在时间选择方面，要避开吃饭时间和孩子做作业的时间，最好安排在周末，父母和孩子时间都比较充裕的时候。在选择时间上，父母还特别需要注意沟通的时效性问题。对于发现孩子的一些"苗头"，要果断及时，不能拖泥带水，贻误时机，通过及时有效的沟通，防患于未然或把问题解决于萌芽状态。对于选择地点，父母要尽可能选择在家里，而不是在外面的集体场合，一般不要当着别人的面批评孩子，要尽可能顾及孩子的面子。

第三，要选择父母与孩子心理相融的情境。父母与孩子沟通，这是一门学问，要特别注意选择双方能够心理相融的情境。也就是说，父母与孩子的心情都比较放松，双方的关系比较融洽，在这种情况下，父母比较容易与孩子进行有效的沟通；否则，很可能激化与孩子的矛盾，使孩子产生抵触情绪和叛逆心理，问题不但得不到解决，反而可能使问题更加严重。

第四，要把直接沟通与间接沟通结合起来。父母与孩子的沟通方式有很多，父母与孩子的关系平时如果比较融洽，就可以直接与孩子进行沟通，开门见山地对某个问题进行直接交流。父母与孩子的关系平时如果不太融洽，可以与孩子进行间接沟通，迂回地对某个问题进行间接交流，比如通过带领孩子参观旅游或者其他活动，引导孩子思考和感悟某些人生的哲理；遇到一些暂时难以沟通的事情，也可以通过"中间人"进行调解。

第五，要掌握循序渐进、由浅到深的沟通原则。循序渐进，就是要求父母与孩子沟通的时候，要根据孩子的年龄、知识结构及其对问题的认识程度和接受程度，采取适合孩子的具体特点，分阶段、分步骤，进行富有针对性的沟通；由浅到深，就是要求父母与孩子沟通的时候，引领孩子从认识事物的现象入手，逐渐认识事物的本质，即由简单到复杂，由片面到全面，由个别到一般，由现象到本质，这样才能促进有效的沟通。

第六，要注意与孩子保持经常性的沟通。父母对孩子的沟通不能一曝十寒，而是要经常性的沟通，要注意在平时保持沟通的畅通性，而不是等出了问题以后，才去被动地沟通，因为，如其亡羊补牢，倒不如防患于未然。保持经常性的沟通，不但有利于沟通和强化父母与孩子之间的亲情，而且还非常有利于孩子的身心健康，激发孩子的各种潜能。

此外，父母与孩子沟通的时候，决不能以家长的权威来训斥孩子，而是要动之以情，晓之以理，用亲情和友情去感化孩子，用朴实的真理去说服孩子。还要注意的是，父母在与孩子沟通以前，不能先入为主的认为自己是完全正确的，而孩子是完全错误的。事实上，孩子可能是正确的，或者部分正确，而父母可能因为不了解事情的真相，很可能误会了孩子。

18. 家长与老师沟通的技巧

薛夫子

寄语：父母要善于倾听老师的介绍，看看老师对孩子了解的程度，正确认识和对待老师对孩子的评价。老师对孩子的评价未必都是客观的，也许会有主观的甚至是片面的印象。

父母为了培养孩子，有时需要与孩子的老师沟通，这也是情理之中的事情，但这里有一个沟通的技巧问题。

第一，父母与老师进行沟通以前，首先要明确沟通的目的是为了找出孩子的闪光点，发现孩子存在的问题，形成老师与家长携手培养孩子的合力。也就是说，家长不是为了与老师的沟通而去沟通，而是一定要明确沟通的目的。

第二，父母与老师进行沟通的时候，需要向老师了解孩子在学校的学习、课外活动及人际关系等许多方面，从中发现孩子的优点以及存在的问题等。具体做法是：父母要善于倾听老师的介绍，看看老师对自己的孩子了解的程度，正确认识和对待老师对孩子的评价；父母还要善于向老师询问孩子的情况，力求从老师那里获得孩子更多、更真实的第一手资料。

第三，父母要客观地向老师介绍孩子在家里的情况。所谓客观，就是要实事求是地向老师介绍孩子的优点和缺点，特别是孩子放学回家后的具体表现，包括做作业、做家务及其户外活动等。父母向老师介绍孩子的情况时，不能报喜不报忧，也不能把孩子说的一无是处。这样有利于老师全面了解孩子的情况，以提出合理的意见和建议。

第四，父母在与老师沟通的时候，对于老师的做法如果持有异议，也尽量不要在孩子面前议论老师，尤其不要在孩子面前贬低老师。父母在孩子面前如果随意贬低教师，就会影响老师对孩子的教育。

第五，关于是否需要给老师送礼的问题，这也是许多父母所关心的话题。对此，我作为一个长期在教学一线的教师，并不主张学生家长向老师送礼，因为尽管不良的社会风气也会影响到教师队伍，但就总体而言，教师队伍还是比较纯洁的，广大教师还是以教书育人为己任的，并不看重家长是否给自己送礼，因而在平时批阅作业、试卷的时候，基本能够做到公正合理。但是，作为孩子的家长，也有一个与孩子的老师进行沟通的问题，对那些特别关心孩子成长的老师，也可能表示诚挚的感谢。但我们认为，家长看望老师的时候，象征性地带些水果也就可以了，一般不需要送特别贵重的礼品；否则就扭曲了家长与老师的关系，也在一定程度上损坏了师生关系。

另外，根据人才培养规律，孩子一切如果都比较正常，家长一般就不需要与老师进行特殊的沟通；如果孩子在身心发展中遇到一些特殊的问题，属于"问题学生"或者有可能出现问题，那么，家长则应该及时与老师进行沟通，以求得老师对孩子的特殊关注或注意。但无论如何沟通，家长最好单独与老师见面沟通，而不要让孩子参加家长与老师见面的场合。

19. 家长对孩子应授之以渔

薛夫子

> 寄语：对孩子授之以鱼不如授之以渔，如其给孩子猎物，不如教会他使用猎枪更为重要。授之以鱼，客观上很容易养成孩子的懒惰和依赖心理，不利于养成孩子的独立意识。

在教学方法上，老师们都知道对学生授之以鱼不如授之以渔，如其给学生猎物，不如教会他使用猎枪更为重要。同样，父母对孩子的培养也要授之以渔，而不仅仅是授之以鱼。

在对孩子授之以渔的问题上，许多父母存在着两个方面的问题：其一，许多父母不知道对孩子应该授之以渔，而是仍然授之以鱼；其二，还有不少家长知道对孩子应该授之以渔，但又不知道究竟应该如何授之以渔。这两个问题是很多父母需要高度注意的。

事实上，许多父母确实存在着对孩子授之以鱼的问题。现在的家长教育孩子面临着两个问题：一是孩子大部分是独生子女，比较娇生惯养；二是面临应试教育的制约。因此，许多父母对孩子过于溺爱，所谓衣来伸手，饭来张口，说的就是这种情况。甚至还有的父母看到孩子的作业太多，担心孩子做不完作业，就亲自为孩子做作业。父母这些表现虽然是出于善良的动机，但由于对孩子是授之以鱼，而没有授之以渔，所以，父母即使帮助孩子解决了燃眉之急，但也无法从根本上解决孩子的问题。这里的关键就是父母缺乏对授之以渔重要性的认识，因而只是帮助孩子做了一些具体的事情，而没有从方法上给孩子以科学的指导。

许多父母应该懂得，教会孩子掌握学习的方法，比告诉孩子这道题怎么做更为重要。比如说，孩子在做家庭作业的时候，遇到一道难题，假如父母会做，就不能仅仅告诉孩子这道题怎么做，而是应该启发和引导孩子理解

"已知条件"，结合已经学过的例题及相关的公式和原理，把这些理论与这道题的具体实际结合起来，一般就可以找出解题的思路和方法。这里的关键是父母不要越俎代庖，而是要引导和启发孩子去发现和掌握解题的思路和方法。比如在做各种数理化作业的时候，如果孩子暂时遇到了不会做的作业，父母就可以引导孩子逐条分析各种"已知条件"对于解题的作用。一般来说，当孩子充分认识到各种"已知条件"的具体作用时，解题的思路也许就会豁然开朗了。这样，久而久之，孩子就会逐渐找到解题的一般思路和方法。

对于那些知道应该对孩子授之以渔，然而又不知道如何授之以渔的家长，则需要家长加强学习，掌握一些学习的方法或者人才开发的方法，也就是说，要让孩子接受教育，家长需要先受教育。为人父母，既要善于发现和掌握成才的基本规律和学习的基本方法，又要善于发现和掌握成才的特殊规律和学习的特殊方法，然后根据孩子的具体情况，采取灵活多样的培养方法，以此为基础，逐渐引导孩子发现和掌握成才和学习的基本方法，并结合自己的实际，进而找出适合自己的独特的成才规律和独特的学习方法。

无论是成才的方法还是学习的方法，对于一个人的学习和成才，都是非常重要的。家长一定要充分认识让孩子掌握成才和学习方法的重要性。正确的方法，可以极大地促进学习的进步和事业的成功，达到事半功倍的效果；错误的方法，则会极大地阻碍学习的进步和事业的成功，而只有事倍功半的效果，甚至半途而废。而如果没有正确的方法，只凭经验和习惯，则永远不可能取得巨大的进步和事业的成功。

20. 戒除孩子网瘾的正确方法

薛夫子

寄语：戒除网瘾如同治理河水一样，要疏导而不能堵塞。要引导孩子充分认识网瘾的严重危害性，因势利导，把孩子的时间和精力引导到学习的正常轨道上来。最好的方法是防患于未然。

在互联网时代，各种网吧比比皆是。1994 年世界上第一个网吧在伦敦开业。在中国，网吧兴起于 1998 年前后。网吧是一把双刃剑，网吧的兴起一方面客观上为那些没有电脑和上网条件的人们提供了一个经济、便捷的触网机会，但另一方面，网吧各种游戏乃至色情节目又吸引着一些涉世不深的青少年痴迷网吧。在网络的影响下，许多孩子迷恋网络，以至于形成了网瘾，不但影响了学习，甚至影响了身心健康，乃至因为长时间迷恋网络而导致过劳死，这是令许多父母和老师非常头痛的问题。

据新浪网 2014 年 5 月 7 日采自《扬子晚报》的报道，一个 13 岁的少年因为向母亲要钱上网而与母亲发生争吵，然后用锤子击打母亲的后脑，导致母亲死亡。还有一名中学生在网吧玩游戏连续 4 天 4 夜，网络游戏的激烈刺激和惊心动魄的打斗，使他血压升高，心跳过速，又加上过度疲劳，最后猝死网吧。近些年各种媒体报道这样类似血的教训屡见不鲜，可见戒除孩子的网瘾是多么的重要而又迫切！

其实，要戒除孩子的网瘾并不难。戒除网瘾如同治理河水一样，要疏导而不能堵塞。所谓疏导，就是因势利导，遵循孩子的身心发展规律，把孩子的时间和精力引导到学习的正常轨道上来。对此，父母和老师首先需要了解孩子形成网瘾的多种原因。根据我们的了解，孩子形成网瘾的原因主要有如下几种：

第一，大部分孩子心理正处于发展过程中，心智尚不够成熟，情商不高，缺乏自我约束、自我管理的能力，往往受个人兴趣爱好的支配。其中，少数孩子如果得不到父母和老师的引导和关注，一旦接触到社会的网吧，就有可能很快迷上网吧，进而形成网瘾。

第二，平时学习成绩不好，在学习方面得不到父母、老师和同学们的认可，自己感到受人冷落，被人遗忘，因而自己试图通过网络来寻找和实现一个虚幻的自我。

第三，家长的过分溺爱也可能导致孩子形成网瘾，因为孩子上网大部分时间是在校外的网吧，而上网是需要钱的，如果父母给孩子比较多的零花钱，孩子就有条件上网。

第四，学校和家庭中缺乏适合孩子兴趣的活动场所或条件，即孩子缺乏丰富多彩的业余生活，闲暇时间和充沛的精力得不到充分的释放，因此，有可能到网吧中追求刺激和感官的快乐。

第五，在市场经济条件下，受社会庸俗文化的影响，一些网络游戏充斥着暴力和色情，这对于许多涉世不深的孩子来说，是很有吸引力的。

第六，在应试教育的制约下，父母和学校对孩子缺乏足够的人文关怀，由于不能及时了解孩子的心理变化及其业余生活等状况，因此，孩子在业余时间的活动成为学校和父母疏于管理的一个漏洞。

基于以上几点分析，为了戒除孩子的网瘾，我们认为可以根据孩子的具体情况，既要采取综合治理的方式，又要根据具体情况，采取灵活多样的方式。对于第一种，父母要加强对孩子的情商教育，逐步培养孩子的自我约束和自我管理能力，学会用理智控制兴趣；对于第二种，老师和父母要尽量找出孩子学习落后的原因，采取有效措施，提高孩子的学习成绩，给予鼓励和关心，使孩子增长自信心；对于第三种，父母应该及时纠正对孩子的溺爱，适当控制孩子的零花钱，引导孩子的科学消费；对于第四种，学校和父母要尽可能为孩子提供丰富多彩的业余生活，引导孩子科学释放自己的精力，把精力转移到学习上来；对于第五种，学校和父母要注意培养孩子的自主能力，提高孩子的情商，引导孩子认识网络暴力和色情游戏的严重危害性，学会自我调控；对于第六种，学校和父母都要加强与孩子的沟通，关心孩子的心理健康，及时与孩子保持心灵的交流与沟通。

戒除孩子网瘾的方式有很多种，但我不赞同让孩子用很多时间去戒除网瘾学校戒网瘾，因为那样不但增加父母经济负担，而且也影响孩子的学习时间。最简单的方法有这么几种：

其一，父母和老师找出有网瘾的孩子的好朋友，让孩子的朋友适当抽出一些时间，多与有网瘾的孩子一起学习和玩耍，靠同学和朋友的力量去慢慢戒除孩子的网瘾。

其二，因为对于有网瘾的孩子来说，网瘾已经成为孩子的一种生活方式，因此不能突然彻底改变，可以采取循序渐进的方式，每天减少一点上网的时间，经过一段时间，慢慢适用正常的学习生活，这正如戒烟一样，不能马上戒掉，而是应该慢慢戒除。

其三，父母加强与孩子的心理沟通，平时多进行各种交流，充分了解孩子的兴趣爱好和喜怒哀乐，与孩子交朋友，在心理和情感上与孩子保持零距离，克服对立情绪。

第四，父母多抽出时间与孩子一起游戏或者参加一些其他方面的活动，如游览名山大川，欣赏各种名胜古迹等，非常有利于引导孩子培养健康的审美趣味，提高孩子的人文素养和美学素养。

但是，作为学校和父母而言，最好的方法就是防患于未然，因为孩子一旦产生网瘾，很可能产生一些意想不到的严重后果；二则即使戒除了网瘾，也要耗时费力，客观上也已经严重影响了孩子的正常发展，就像治病救人一样，得病的过程本身就已经损害了身体。所以，最好的方法还是以预防为主，防患于未然。

笔者对上述20个问题的思考，直接涉及到很多家庭对孩子的教育，很多家庭在较大程度上都能够遇到类似的问题，甚至说许多问题是绕不过去的，所以理应引起许多父母和广大中小学教育工作者的注意。

第二部分

婴、幼儿期的教育

为了更好地培养孩子，父母应该从婴、幼儿期的教育开始抓起。作为新婚的夫妇，首先需要抓住优生这个很重要的环节，为此需要克服无师自通的想法，应该从长辈或书本上学习一些优生优育的经验，为优生优育做好思想和知识的储备。

为了促进优生优育，父母需要认识人生智力发展的三个关键期：婴儿期（0—3 岁）是人生智力发展的第一个关键期；幼儿期（3—6 岁）是人生智力发展的第二个关键期；儿童期（6—10 岁）是人生智力发展的第三个关键期。

21. 关注孩子身体发育

薛夫子

寄语：孩子的身体是否健康，这是决定孩子一生发展最重要的生命基础；没有生命的健康，孩子未来的学业以及事业的发展和家庭的幸福，一切都无从谈起。

孩子的身体健康是孩子成才最重要的基础。孩子从出生之日开始到长大成人，在十几年的成长过程中，父母都是孩子最重要的监护人，要特别关心孩子的健康成长。

为了优生，新婚的夫妇需要保持健康的身体和愉快的心情，在准备怀孕和壬辰期间，夫妇双方都不能过于疲劳，原则上都不要喝酒，更不能醉酒，偶尔喝一小杯啤酒或红酒，倒也无妨，但一定要避免感冒，要严格控制服用各种药品，如果确实需要用药，也应该在医生指导下使用。

孕妇需要根据胎儿生长的需要，酌情加强营养，保持均衡的营养，在怀孕五个月的时候，需要适当加强健脑产品类的营养，如核桃、葡萄等。孕妇要注意适当运动，既不能运动量过大，也不能偷懒不运动。在怀孕五个月后，随着胎儿重量的增加，孕妇不要轻易登高、翘脚或伸长胳膊向高处拿东西等，以避免拉伤身体。

胎教在历史上由来已久。早在古希腊时期，柏拉图就注意到了胎教问题。根据前人的经验，我们认为，孕妇在胎儿六个月的时候，可以开始胎教。第一，孕妇适当多欣赏一些节奏比较舒缓的轻音乐，如《云水禅心》、《春江花月夜》、莫扎特和舒伯特的一些乐曲等；第二，孕妇可以直接对着胎儿唱儿歌，讲故事，轻声细语与胎儿说话。胎教过程切忌拔苗助长，孕妇也不适合欣赏那些节奏变化太大而又显得急促的音乐，不能听迪斯科，要注重音乐风格的和谐与优美，而不是壮美的风格。

在婴儿出生以后，父母还要关注孩子的身体是否正常，让医生检查孩子身体的常规指标是否达标。如呼吸的节奏或频率，眼睛识别父母的时间，听觉是否正常，吃奶、大小便等是否正常等，父母都需要认真观察。父母可以对孩子的身体发育情况，做一些成长记录。

此外，在婴幼儿时期，父母在关注孩子的身体健康的同时，还要特别注意预防孩子烫伤、摔伤等意外伤害。要让孩子远离一些可能对孩子人身安全产生危险的产品，如某些电器产品、热水瓶、刀子、剪刀、化学产品等。

22. 诱导孩子的听觉力

薛夫子

寄语：听觉力是孩子一种很重要的反映能力。父母要善于引导孩子聆听各种和谐优美的音乐，让孩子学会倾听各种大自然的音响以及各种生活中的音响，但要注意循序渐进，避免一些过于刺激的音响。

孩子听觉能力的高低在很大程度上反映了孩子心理的反应程度。在孩子处于婴幼儿时期，父母需要采取有效的措施，刺激孩子的听觉能力，这对于促进孩子的智力发展是非常必要的。

我们在女儿出生不久，就开始培养她的听觉力，主要采取下列方法：

第一，经常叫女儿的名字。女儿知道喊她的名字时，就会很高兴地转过头来，看着喊她的人。通过这种喊名字的方式，逐渐刺激孩子的听觉能力，也培养了孩子对于声音的辨别力。

第二，我们发现晚上让女儿自己先睡觉的时候，她经常睡不踏实，一有动静，就会马上醒来，开始哭泣。我们听见女儿哭了以后，不是急于去看她，而是喊她的名字。女儿一听到我们喊她的名字，即使没有见到我们，也会顿时就会安静下来。通过这种实验，我们发现女儿对父母叫她的名字，反映很敏捷，有一种安全感，似乎马上得到了安慰一样。

第三，为了预防孩子尿床，我们在女儿两个月的时候，就开始训练她小便。方法是：提前准备好便盆，我们抱着她，只要一打口哨，孩子就开始小便，这样久而久之，女儿逐渐形成条件反射，不但培养了听觉能力，而且也培养了自我调控的能力。

第四，引导孩子聆听各种生活中的声音，包括机器的轰鸣声，汽车的奔驰声，自行车的车铃声，在厨房切菜或剁菜的声音，拍掌（鼓掌）的声音，各种生活中的音响都可以成为刺激孩子听觉能力的源泉。

第五，引导孩子欣赏各种优美的音乐。为了培养孩子，我们购买了若干的音乐磁带，经常放给孩子欣赏，有时也适当让孩子看一会电视，让孩子接触电视中播放出来的音响。

第六，引导孩子聆听大自然界中的自然音响。对于大自然的变化，我们引导孩子注意聆听大自然的音响，如各种风声、雨声、乃至雷声等，在满足孩子的好奇感的同时，也刺激了孩子的听觉能力。

诱导孩子的听觉能力，要注意循序渐进，特别在孩子比较小的时候，一般不要让孩子接触一些令人恐怖的声音，或者很强烈的各种噪音，以免吓着孩子。平时，父母也不要带着孩子到车辆川流不息、声音嘈杂的马路周围去玩，因为各种噪音包括汽车突然的大声鸣笛等以及污浊的空气，客观上对婴

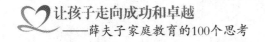

幼儿都会产生不好的影响。

23. 培养孩子的注意力

薛夫子

寄语：培养婴幼儿的注意力，对于养成孩子未来良好的学习习惯非常重要。为了培养孩子对事物具有较长时间的注意力，父母要善于引导孩子对玩的游戏或者其他事物保持比较持久的兴趣，这是培养孩子注意力的重要方式。

培养婴幼儿的注意力，对于培养孩子上学时的学习注意力非常重要，父母应该根据实际情况，加强对婴幼儿注意力的培养。

根据我们的经验，要培养孩子的注意力，家长需要让孩子接触一些比较新鲜的事物，让孩子感觉到有吸引力，这样孩子才可能对新鲜事物保持一定的注意力。我女儿三个月的时候，自己会伸手拿玩具；四个月的时候，能够辨别生人和熟人，会双手传递玩具，并且一只手递给另一只手；自己可以撕碎纸玩；半岁的时候能够辨别事物的好坏，我们给她两张贺年片，她选择一张比较好看的一张，我们向她要，她也不给，但是当我们给她第二张的时候，她会自动放弃手里拿的第一张，接过我们给她的第二张。我们再给她一张，她就会再放弃手里的一张，然后再接过我们给她的一张，以此循环不断。她始终对我们给她的贺年卡保持一种新鲜的感觉，因而也就能够保持一定的注意力。

在婴幼儿时期，父母还可以引导孩子玩搭积木、拼图等游戏。这类游戏对孩子具有很强的吸引力，能够在一定程度上吸引孩子的注意力。此外，还可以引导孩子在平时观看生活中一些比较有趣的现象，如小狗、小猫、各种鸟类等动物，这都是孩子比较喜欢看的。

但家长需要注意的是，孩子的注意力一般都比较短暂。为了能够培养孩子对事物具有较长时间的注意力，父母要善于引导孩子对玩的游戏或者其他事物保持比较持久的兴趣，这是培养孩子注意力的重要方式。只有让孩子亲自动手，孩子尽可能参与其中，比如亲自用手接触一些玩具或小狗小猫之类的东西，父母也可以给予孩子保持注意力以特定的奖励等刺激，才能有利于养成孩子对事物的注意力。

24. 培养孩子的观察力

薛夫子

寄语：引导孩子学会观察事物，以孩子的眼睛和心灵去感知外在世界，这对于开阔孩子的思维视野，见微知著，由已知推及到未知，放飞想象力，都非常重要。

培养孩子的观察力，这是引导孩子了解世界的重要环节，父母在孩子小的时候，就应该引起高度的注意，而不能被动地让孩子所谓顺其自然的发展。

第一，引导孩子学会观看各种图画，告诉孩子这是什么，那是什么，有什么特点等，让孩子在观看各种图画中学会识别赤橙黄绿青蓝紫等各种不同的颜色，区分三角形、正方形、梯形、圆形、半圆形、月牙形等各种形状。

第二，可以引导孩子认识身边许多的事物。比如孩子在婴幼儿时期，大部分时间在家里活动，父母可以引导孩子认识家里的一些常用的物品和其它物品。如电视机、录音机、台灯、电冰箱、电风扇、挂历、扫帚、暖瓶、碗、筷子、勺子、衣服、帽子、毛巾、脸盆等。其它物品如房间墙上挂的各种画、房间里的盆景等，都可以作为特殊的教具。根据我们的观察，孩子在一岁的时候，对平常见到的很多事物，都可以认识清楚，比如父母可以问孩子，"电视机在哪里呀?""书橱呢?"孩子很快就可以指出电视机和书橱各自所在的位置。经过这类训练，非常有利于培养孩子的观察力、记忆力和反映能力。

第三，在户外活动的时候，父母可以引导孩子认识周围环境中的许多事物。比如，父母可以引导孩子认识各种树木花卉、自行车、小轿车、大货车、面包车、摩托车；还可以领着孩子到商店里观察各种商品的特点，了解这些商品的名字、色彩和款式等特征，让孩子逐渐了解这些商品的作用。

第四，引导孩子认识各种人的不同的外在特征。如老爷爷、老奶奶、叔叔、阿姨、小朋友等，父母引导孩子逐渐了解这些不同年龄的人都具有自己

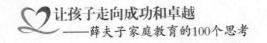

同类人的某些外在特征。

我们比较注意培养孩子的观察力。有一次，我领着1岁的女儿在校园里散步的时候，从前面走过来一位白发苍苍的老太太，是大学的教授。女儿看见后就主动向着这位老太太喊"奶奶"。这位老教授很高兴，也很惊奇，问我："是你让她叫的吗？"我回答说"不是"。老教授感动地说："你这个女儿真懂事，太感人了。"

还有一次，我理了发，也换了一件衣服，到幼儿园接女儿。下午幼儿园下班时，我站在幼儿园的门口，为了观察女儿能否找到我，故意没有喊女儿的名字。果然，她一边向幼儿园门口走，一边东张西望的用眼睛搜索目标，看见别的小朋友几乎都被爸爸或妈妈接走了，因为没有马上发现我，女儿急得快要哭了。这时，我突然喊女儿的名字，女儿马上跑到我面前，硬是把马上要流出的眼泪转化为灿烂的笑容，喊着"爸爸"就一头撞到我的怀里了，我亲切地把女儿抱在怀里。由这次观察，我发现孩子的观察力在发展阶段，特别注意认识对象外在特征的差异，比如她首先是从接孩子的人群中寻找她所熟悉的我的衣服和发型，然后一旦没有马上找到她所熟悉的"爸爸"形象，就误认为爸爸没有去接她。

实际上，孩子的注意力和观察力是密不可分的，父母可以把培养孩子的注意力与观察力结合起来。为了培养孩子的观察力，一般不需要特别费神，只需要在日常生活中适当引导和注意就可以了。

25. 锻炼孩子的协调力

薛夫子

寄语：培养孩子的四肢协调力，使孩子的意识、动机与行为能够协调一致，这对于保障孩子的身体健康，促进身心发育的和谐，都非常重要。

在婴幼儿的成长过程中，父母还要特别注意培养孩子的四肢协调力，使孩子的意识、动机与行为能够协调一致。具体方法如下：

第一，旋转铃铛。引导孩子旋转铃铛，可以有效地促进孩子运用手指的灵活度，促进意识与行为的和谐统一。我们在女儿 5 个月的时候，就开始教她旋转小铃铛。我们发现，女儿很快就学会拿着小铃铛，用 5 个手指捏着铃铛，非常自如地来回旋转，自己玩得很开心。

第二，观察和引导孩子自由地表达自己的情感和态度。我们发现女儿 7 个月的时候，当一个人抱着她的时候，如果另外一个人再要抱她，她如果同意，就会伸出胳膊表示同意；如果不同意，就会把头扭到一边，或者摆手表示不同意。平时，给她不喜欢的玩具，她会用力向外推，或者摆手表示不要，或者干脆拿起来扔掉。她手里如果拿着玩具玩的时候，大人再给她另外一个玩具，她会把手中的玩具递到自己的另一只手里，然后腾出这只手接过来大人给她的玩具。

第三，引导孩子玩搭积木的游戏。搭积木可以搭出各种建筑造型，不仅能够培养孩子的想象力，尤其是拓展空间想象能力，而且也能够锻炼孩子的耐心和运用手指的能力。

第四，引导孩子学会剪纸。剪纸是开发智力的一种重要方式，父母可以在保障孩子安全的前提下，让孩子学会剪各种图案，包括动物和人的形象等。方法一：可以剪一些本来就有的图案，沿着图画的轨迹进行剪辑；方法二：可以让孩子在一些纸上自由剪辑。

第五，引导孩子学会叠纸。如引导孩子叠飞机，叠衣服，叠帽子，叠小动物，叠三角形，叠正方形等。孩子做这些叠纸的游戏，可以培养手指协调能力和想象能力。

第六，引导孩子学会拼图，能够培养孩子的构图能力，锻炼记忆力和定位能力，培养观察力，放飞想象力，增长孩子的手指协调能力。

此外，父母还要引导孩子自由参加适合孩子年龄特点的各种游戏，促进孩子的四肢能够得到协调发展。但在培养孩子的坐和站立和行走能力方面，切忌拔苗助长，一定要顺其自然，不要让孩子过早地坐立、站立和行走，以免影响孩子的身体正常发育。

26. 培养孩子的语言力

薛夫子

寄语：语言不仅是人际交往的工具，而且也是思维的外壳，是交流思想、传播思想和促进情感沟通的重要方式。父母一定要多与孩子进行语言交流，早一些培养孩子的语言能力。孩子的语言能力越强，其思维能力就会越强。

语言是思维的外壳，培养孩子的语言力，对于婴幼儿时期特别重要，这也是开发孩子潜能的重要途径和方法。但是，在这方面，很多父母由于不懂得开发孩子的智力，片面认为孩子自己早晚能够学会说话，因此不重视对孩子早期语言能力的培养，客观上在影响孩子语言能力的同时，也制约和影响了孩子智力的开发。我们认为，孩子会说话在很大程度上是教会的，不是自然生成的，家长不要认为孩子大了自然就会说话，而是应该及时引导孩子学说话，这对于开发孩子的语言能力和智力都是非常重要的。

第一，父母要自觉引导孩子尽早说话。我们发现女儿四个半月的时候，会发出大孩子的"嘻……嘻"的笑声；五个月的时候，会用劲咋呼，发出噗噗声；六个月的时候，能够咿呀学语，会发出"爸"、"大"、"哥"的声音。关于女儿发出"爸"的声音，这也是我有意识教她的。平时由于我带女儿的时间比较多一些，所以女儿最初喊出的不是"妈妈"而是"爸爸"。在女儿六个多月的时候，有一次她躺在床上，我就让女儿看着我的口型喊："爸"。

我注意到，女儿果然看着我的口型，第一次喊出了"爸"的声音，我简直高兴极了！简直是心花怒放！女儿到了一岁的时候，已经会说下列单词，其中，孩子开始说话时，比较喜欢说一些双生叠韵词：爸爸、妈妈、爷爷、奶奶、姨姨、毛毛、摸摸、瓜瓜、春春、佳佳、干干、走走、刀刀、豆豆、鸡鸡、盒盒、丫丫、凉凉、娃娃、帽帽、凳凳、鞋鞋等；女儿还学会了一些其他的单词：哥、喝、渴、月亮、驴、花、沙发、项链、热、会、吃、打、表、水、袜、东、孬。女儿一岁三个月的时候，就已经能够说出完整的话，如"爸爸疼燕燕"，"爸爸跟燕燕玩"，"好爸爸"，"好阿姨"，"爸爸坐坐"，许多简单的语句都会说，开始学唱歌跳舞，开始学会理解并且造句"一……就"，比如，"一刮风，树就动了"，"一下雨，地就湿了"等。

第二，孩子学习语言需要特殊的语境。根据语言心理学，孩子不但可以从书本上学习语言，还可以向生活中熟悉的人模仿各种语言，但还有一点就是特殊的语境能够激发孩子不由自主地说出一些特殊的语言。有一次，我在家里看书累了的时候，拿出指甲刀剪指甲。两岁的女儿在我旁边突然说道："爸爸一边看书，一边剪指甲。"女儿这么小，就学会使用"一边……一边"，而且表述非常准确，这对我震动很大。平时，女儿总是喜欢看一下我看的什么书，还经常对我说："爸爸，先给我看完了，你再看。"女儿不知什么时候学会了"先……再……"。这些实例都说明了幼儿语言能力的发展，需要特殊的具体情境。

第三，激发和放飞孩子的语言能力。在孩子的语言能力方面，父母千万不要低估了孩子的语言能力。我们通过给女儿讲故事，引导女儿沿着我们讲的故事继续往下讲。具体做法是：每当我们讲到一个有趣或者比较紧张的故事情节的时候，我们就停下来，让女儿沿着故事的发展线索，由女儿继续接着讲。结果非常出乎我们的意料，我们发现：女儿接着向下讲的故事或者与故事书中发展的情节基本一样，即使与故事书中的情节不一样，也符合女儿自己的思维逻辑。尤其令人惊讶的是，在许多情况下，女儿接着讲的时候所使用的词汇竟然与书中的词汇完全一样，简直是不谋而合；女儿接着讲的时候，有时与书中的词汇即使不一样，也基本属于同义词或基本符合书中的逻辑。这说明女儿已经理解了书中的内容，并且能够理解书中人物或动物的情感逻辑、性格逻辑与生活逻辑。事实上，通过对孩子语言能力的开发，通过引导孩子讲故事，能够有效地激发孩子的形象思维能力，培养孩子对生活逻辑、情感逻辑和人物性格逻辑的理解、感悟和认知，也能够促进孩子多种智力的协调发展。

第四，加强与孩子语言的互动。一方面，父母平时应该与孩子多交流，给孩子多讲一些故事；另一方面，也要鼓励孩子主动多说话。比如，孩子画画的时候，家长可以问孩子画的是什么，能够告诉爸爸（或妈妈）吗？孩子自然就会说自己画的是什么。这里的关键是父母不要以孩子说话是否准确为准则，而重要的是让孩子能够大胆说活，就可以了，因为孩子大胆说话的过程，就是开发语言能力的过程。

我们通过对女儿语言能力的培养，女儿在 5 岁 8 个月的时候已经能够使用下列成语：

不知不觉、三心二意、稳稳当当、自由自在、热泪盈眶、里里外外、高瞻远瞩、花花绿绿、琳琅满目、清清楚楚、不由自主、千锤百炼、情不自禁、万紫千红、恋恋不舍、贪得无厌、流连忘返、美味佳肴、五彩缤纷、张牙舞爪、五颜六色、数不胜数、头昏眼花、七零八落、不计其数、头昏脑胀、十全十美、小巧玲珑、半夜鸡叫、春光明媚、锦上添花、鬼鬼祟祟、阳光灿烂、方方正正、东倒西歪、百花齐放、乱七八糟、风平浪静、心潮澎湃、干干净净、手忙脚乱、专心致志、闪闪发光、手舞足蹈、聚精会神、成千上万、无影无踪、目不转睛、任劳任怨、不冷不热、一心一意、勤勤恳恳、鸟语花香、丰富多彩、眼花缭乱、大摇大摆、麻木不仁、大惊小怪、喜出望外、目瞪口呆、大吃一惊、大显身手、愁眉苦脸、自言自语、呲牙咧嘴、全心全意、辗转反侧、兴高采烈、实事求是、汗流浃背、翻来覆去、呆头呆脑、蹑手蹑脚、迫不及待、随机应变、哑口无言、嘻嘻哈哈、恰到好处、横行霸道、雷厉风行、词不达意、无事生非、匆匆忙忙、拖拖拉拉、灵活机动、莫名其妙、机智勇敢、妙不可言、气喘吁吁、怒发冲冠、万水千山、眉开眼笑、筋疲力尽、叽叽喳喳、明知故问、乘风破浪、美不胜收、爱不释手、居高临下等。

女儿还掌握和使用一些俗话谚语：一口吃不成个胖子；心急吃不了热豆腐；不费吹灰之力；九牛二虎之力；十层单不如一层棉；不听好人言，吃亏在眼前；天黑得伸手不见五指……都是脱口而出。

女儿掌握这些词汇，不是我们刻意教她的，而是在平时讲故事的时候，或进行语言交流的时候，潜移默化、自然而然地对女儿的影响。

我们把女儿掌握的词汇记录下来，以示纪念。女儿基本上明白这些成语的意思，而且还会使用或者造句。我们知道，孩子学习语言与学习知识具有非常密切的关系，学习语言实际上也就是学习知识，因此，我们认为，作为父母应该特别重视培养孩子的语言能力。

80年代初，大学有个老师的孩子，在上幼儿园的时候，看到有个小朋友的爸爸骑着摩托车，带着安全帽来幼儿园接孩子。这个老师的孩子对安全帽很感兴趣，就问妈妈这是什么帽子，他也想要个这样的帽子。她妈妈就随便告诉他这叫混蛋帽，咱可不要。几年过去了，这个小朋友上小学了，有一次老师上课，在黑板上划了很多帽子，当老师指着安全帽，问班里的小朋友谁知道这叫什么帽子时，这个孩子很自豪地高喊混蛋帽！混蛋帽！引得班里的小朋友哈哈大笑。老师问他，为什么说是混蛋帽时，他很认真地说是妈妈告诉他这就叫混蛋帽。这个事例说明，家长没有教会孩子正确认识事物的名称，客观上既影响了孩子对事物的理解，也影响了对事物的语言表述。

我们要特别提醒父母们：孩子在幼儿时期，对这个世界上的一切事物都感到好奇，会经常问大人很多个"为什么"。家长千万不要嫌麻烦，不耐烦，千万不要随便顺口应付，而是要认真、耐心地告诉孩子，保护孩子好奇的天性，对于孩子提出的问题，千万不能置之不理，更不能不懂装懂。

27. 放飞孩子的想象力

薛夫子

寄语：想象力是创新能力的核心和关键。父母要望子成龙，望女成凤，一定不要用循规蹈矩和某种绝对的标准去要求和评价孩子，而是应该千方百计开发孩子的想象力！

想象力是创新能力的核心和关键。在孩子的婴幼儿时期，家长要特别注意开发孩子的想象力。放飞孩子的想象力有很多种方式，除了引导孩子玩拼图、搭积木、剪纸、叠纸等游戏以外，还可以引导孩子玩撕纸的游戏，随意画画，对大自然的事物进行联想和想象。

第一，玩撕纸的游戏。具体方法：给孩子准备一些报纸或者其他废纸，让孩子随意地撕着玩。这种撕纸的游戏看起来好像很随意，其实这种活动却能够极大地刺激孩子的想象力。

第二，让孩子自由画画。在对待孩子画画方面，许多父母把孩子画画单纯看作是一种学习绘画技能的方式，因此，特别在乎孩子画的像不像。其实，这种观念是片面和肤浅的，正确的观念应该是把孩子学画画看作是以培养想象力为主的一种智力活动。也就是说，孩子画画的关键不在于画出的画是否逼真，而在于画画的过程本身，画画过程本身就已经激发了孩子的想象力，提高了手指的协调能力。当孩子画完的时候，父母可以让孩子讲述自己绘画的具体内容，并加以赞赏，这样可以全方位地激发孩子的想象力和语言能力。我女儿两岁的时候，她用画笔随意画了一幅画，我一开始看不出女儿要表达什么意思。于是，我让女儿给我讲讲她画的什么。女儿沿着她的思路，把图画讲的绘声绘色，既有故事性，也符合幼儿的逻辑，甚至有点"现代派"艺术的味道。

第三，引导孩子学会看图说话。看图说话这种形式，非常有利于刺激孩子的观察力、想象力和语言表达能力，因为孩子观看图画的过程中，能够按照自己的联想和想象，来构思故事，而这本身就是激发想象力的过程。

第四，父母要经常给孩子讲故事，启发孩子的想象力。特别是在孩子小的时候，父母无论多忙，都要尽可能抽出时间给孩子讲故事。孩子在听故事的过程中，能够根据自己已经具有的知识储备，按照书中的故事情节，在内心里展开联想和想象，所以，这也是开发孩子想象力的重要方式。

第五，在日常生活中激发孩子的想象力。房间的地板砖如果有色彩，父母可以引导孩子说出地板砖的图案像什么；房间中的许多实用兼有艺术特色的工艺品，如电话、笔筒、台灯等，都是孩子展开想象的重要对象。

比如有一次，我女儿两岁的时候，看见卫生间水池子里积水后把水池里的盆子浮起来的时候，就认为这个盆子"游泳"了，我们从中悟出从脸盆的"游泳"看孩子想象力的开发问题。

还有一次，我故意逗两岁半的女儿："燕燕，你自己去幼儿园可以吗？"女儿说："不行，我走累了怎么办？"我说："你带个小凳子，走累了坐下休息一会再走。"女儿说："路上有汽车怎么办？"我说："你靠路边走，没有事。"女儿说："路上有小狗咬我怎么办？"我说："你勇敢，狗狗怕勇敢的孩子，狗狗见了你就让你吓跑了。"女儿又说："又来了一只狗怎么办呀？"我说："你再吓跑它。"于是，女儿无言以对，但无论如何，就是不同意自己去幼儿园。我通过这些看似很随意的问话，客观上激发了女儿的想象力。

第六，对大自然的事物展开想象。父母可以引导孩子观察各种云彩的特点及其瞬间千变万化的不同特征，引导孩子欣赏晨曦晚霞、星星月亮，各种树木花卉、奇山异石的形状等，父母鼓励孩子对其展开联想和想象，看看这些事物像什么。孩子在对这些事物自由尽情展开想象的时候，其想象力就不知不觉地得到了开发。

父母们一定要懂得：孩子在婴幼儿时期，对于智力开发来说，最重要的就是开发孩子的想象力。父母在这一阶段，重点不是培养孩子学习某种技能，而是通过孩子自由地参加各种游戏和其他活动，允许和鼓励孩子的奇思遐想和"胡思乱想"，善于激发孩子的想象力。

28. "杀人不拿刀"的推理

薛夫子

寄语： 促进孩子的逻辑思维能力与想象能力的协调发展，有利于孩子智力的和谐优化。父母要善于引导孩子触类旁通、举一反三，在激发孩子想象力的同时，逐步培养孩子的逻辑推理能力。

在婴幼儿时期，在智力开发方面，虽然重点是培养孩子的想象力，但与此同时，也可以根据孩子智力发展的程度，促进孩子的逻辑思维能力与想象能力的协调发展，以达到智力优化与协调发展的目的。

我女儿从一岁开始，抽象思维的发展就比较迅速，教她认识了鞋以后，她见了别人的鞋，就知道这是鞋。在外面散步的时候，见了陌生的老大爷，自己知道喊"爷爷"；见了老太太，知道喊"奶奶"。

还有一次，我领着女儿出去玩，女儿发现路边的小羊在叫唤。女儿就问我："爸爸，小羊叫什么呀？"我回答说："它饿了。"女儿接着问道："它饿了怎么不吃玉米秸呢？"我忽然发现，路边确实还有一大堆堆放整齐的玉米秸。我对女儿的提问感到惊奇，于是回答说："它够不着呢！"女儿似乎对我的解释并不满意，竟然解释说："它可以吃底下的。等它长大了，就能够到上边的了。"我当时对孩子的这种推论与想象感到吃惊，因为那时她还不到三岁呢！

最有趣的是女儿关于"杀人不拿刀"的推理。有一次，女儿去她姥姥家，在姥姥家的客厅里玩，姥姥坐在沙发上，恰巧女儿从她姥姥前面走，姥姥没有注意，无意间伸的腿不小心绊了她一个趔趄，女儿很生气，不知不觉冒出这么一句话："姥姥杀人不拿刀"。姥姥听了这句话，又气又笑，问她是跟谁学的，她说"是自己想出来的"。我当时猜测，女儿之所以突然无师自通，竟然冒出这么一句话，也许是平时听我们讲故事的时候，说到坏人"杀人不见血"，女儿由此无意间推及到"姥姥杀人不拿刀"。

通过以上几个事例可以发现，女儿从认识自己的鞋，推及到认识其他人的鞋；由认识具体的"爷爷"，进而推及到认识其他的"爷爷"；由小羊吃低处的玉米秸，推及到小羊长大了以后就可以吃到高处的玉米秸；由"杀人不见血"，推及到"杀人不拿刀"。这些事例说明孩子在小的时候，就已经具备了比较强的逻辑推理能力。

29. 女儿竟然"忽悠"妈妈

寄语：父母一定不要低估孩子的智力。"迂回战术"表明：很小的孩子就会运用"迂回战术"来表达自己的吁求，甚至竟然可以"忽悠"了父母。

根据我们对女儿的培养，我们认为，家长一定不要小看了孩子的智力。在一定程度上说，孩子的智力有时甚至可以把父母"忽悠"了。

有一次，我携妻子和女儿去济宁看望了岳父岳母，乘车回到曲阜，下了公交车后，离家还有不到一公里的路程，那时出租车很少，我们就决定步行回家。妻子抱着女儿走了一段路，然后就对女儿说："我走累了，你让爸爸抱一会儿吧。"因为我的胳膊肌肉比较硬，女儿不太情愿地让我抱着。过了一会，女儿突然问妈妈："妈妈，你还累吗？"妻子说："啊呀，女儿这么关心妈妈呀，妈妈不累了！"女儿接着说："你不累了，那么你抱抱我吧！"

我哈哈大笑，对妻子说道："孩子搞迂回战术，你竟然让孩子给'套'住了！"妻子不由自主地也笑了起来。女儿的本意是希望妈妈抱她，却不直说，而是采取了典型的迂回战术，让妈妈误认为是关心她。这个实例启发我们，女儿如果直接说让妈妈抱她，可能会遭到妈妈的拒绝，但以关心的语气问"妈妈，你还累吗？"她妈妈根本没有想到女儿这是搞迂回战术，设了一个"圈套"，因而不知不觉地陷入了女儿设计的这个"圈套"。

女儿有时还会"明知故问"。女儿从一岁开始，自己学会了明知故问。她对于自己熟悉的事情，故意问别人，这是什么？那是什么？别人故意回答说"不知道。"女儿就很自豪地一边向别人解释，一边很得意地说道："这不是××吗？"我们问她为什么自己知道还故意问别人，女儿竟然非常幽默地说："我这是明知故问。"

通过以上事例表明，父母一定不能低估了孩子的智慧，不要总是认为孩子还小，可能想不到那么深刻，也不会想那么多。事实上，孩子的智力在某些方面，具有很强的超前性，甚至能够把大人给"忽悠"了。

30. "香水梨"的风趣幽默

薛夫子

寄语：两岁孩子的思维已经超越了简单肯定或简单否定的模式。父母要善于通过日常生活，引导孩子学会思考一些看似很平常但实际上却又具有一定内涵的话题。

婴幼儿时期的心智发展已经开始突飞猛进，特别是两岁以后，更是日新月异，与时俱进。父母在这个阶段，应该积极引导孩子，抓住智力开发的这一重要时期。

一次晚饭后，我连续给女儿吃了两个莱阳香水梨。我告诉女儿只有这两个了，吃完了就没有了。女儿吃完梨以后，我故意逗她说："你还吃吗?"女儿不直接回答"吃"或者"不吃"，而是问道："还有吗?"我说："没有了。"女儿又说："没有了，就不吃了。"我继续逗女儿："如果还有呢?"女儿又答道："如果有，我还吃咴!"

在这个事例中，按照常规，大部分孩子都可能直接回答"吃"或者"不吃"，女儿却没有直接回答"吃"或者"不吃"，而是反问"还有吗?"在这句反问中，女儿的语言很含蓄，不正面回答自己"吃"或者"不吃"，而是采用反问的语气，这说明孩子的思维已经超越了简单肯定或简单否定的模式，在一定程度上几乎接近了成人思维。

女儿在遇到二难选择的时候，也会选择回避的方式。平时，我和妻子经常逗女儿，问她最疼谁。女儿当着我和妻子的面则说："我最疼爸爸妈妈。"单独当着我的面则说"最疼爸爸"；当着她妈妈的面则说"最疼妈妈"。当我和妻子一起问她第一最疼谁的时候，女儿有时回答"疼爸爸"，有时回答"疼妈妈"。当女儿发现自己这样回答总会让爸爸妈妈其中的一方不满意时，再遇到我和妻子问她这个问题的时候，她就说："我不说"，女儿认为，也许这样就谁也不得罪了。我和妻子相视而笑，暗地夸奖女儿的乖巧，因为这是一个二难选择，说疼谁都会得罪另一方。

以上这两个事例非常普通，却是很多家长容易忽视的，实际上，这些看似很平常的生活，父母只要善于运用这些平常的情景，学会观察和引导，就可以随时随地开发孩子的思维能力。

31. 送孩子去幼儿园的窍门

薛夫子

寄语：孩子一般在两岁半以后就可以入幼儿园。但在入园以前，父母最好先引导孩子熟悉幼儿园的环境，再就是要多给孩子以鼓励和适当的奖励，一定要及时去幼儿园接孩子。

　　可怜天下父母心，大概每个家庭第一次送孩子去幼儿园，恐怕都是非常困难的。我妻子自己不忍心送孩子去幼儿园，这个任务只能由我来完成了。我送女儿去幼儿园，也费了很大周折。

　　我在大学工作，本来在大学居住，但大学的房子比较小，有了女儿之后，就住在市政府家属院。为了能够顺利送孩子入大学幼儿园，我多次利用周末的时间，领着女儿去幼儿园熟悉环境，培养女儿对幼儿园的兴趣。

　　但是，第一次正式送女儿去幼儿园的时候，妻子不忍心去送，只好由我自己送女儿去幼儿园。女儿非常不愿意去，我劝慰女儿说"爸爸要上班，不上班不行。"女儿就撒娇说："我不让爸爸上班，我让爸爸在家里上班，不让爸爸出去上班。"我哄着女儿说："我上班挣钱给你买好吃的"。女儿说："我什么好吃的也不要了，小画书也不要了。我叫你在家里跟我玩。"女儿边说边哭。看着女儿不愿意去幼儿园的样子，我心里也很难过，也真是于心不忍，但为了孩子的成长，又必须"狠心"地送孩子去幼儿园啊！女儿很乖，也很懂事地说："爸爸，我听话，我去幼儿园，你早早地去接我。"就这样，我狠着心把孩子第一次送进了幼儿园。这时，女儿只有两岁多。

　　通过送女儿去幼儿园这件事，我的体会是，第一，在孩子入幼儿园以前，家长最好先领着孩子去幼儿园熟悉和适应一下环境；第二，让孩子理解为什么必须去幼儿园；第三，适当给孩子一点承诺，比如早些去接孩子，或者给孩子买新的玩具或好吃的东西等。

32. "感情比大海还深"

薛夫子

　　寄语：父母要真心爱孩子，让孩子体会到父母对自己的爱。两岁的孩子已经具有很强的想象力和初步的抽象思维能力。对此，父母们一定要及时因势利导，顺其自然，加大智力开发的力度。

　　根据我们对女儿的观察，女儿在两岁的时候，智力已经发展到超出我们想象的程度，真的是功夫不负有心人。

平时我对孩子要求比较严格一些，而妻子对女儿相对比较溺爱一些。一天晚上，两岁的女儿躺下十几分钟，闭着眼睛好像已经睡熟了，我也确实认为女儿已经睡了。这时，妻子坐在孩子身边做针线活，我坐在床边与妻子谈起教育孩子的问题。我说妻子："你以后不能太娇惯孩子了，这样娇惯对孩子的成长没有好处……"我正说着，突然听见女儿仿佛是自言自语的说话声："爸爸又说我的坏话了，说，说去吧！"女儿的话音未落，妻子就情不自禁地笑出声来，并且又重复了女儿的话。我又气又笑，禁不住又问了女儿一遍。女儿依然闭着眼睛又重复了她刚才说的话，真让人感到非常有趣。一个只有两岁的孩子，怎么能够说出具有大人语气的话呢？这说明孩子的心理上似乎知道我在说她的"坏话"，而且还很冷静，还很坦然地对待我说她的"坏话"，而且似乎理解我说她的"坏话"并不是真正的坏话，而是为了她的成长。一个两岁孩子的心智已经达到如此成熟，确实令我们感到很吃惊。

还有一个"我一般化"的故事。女儿小时候很秀气，也很漂亮，幼儿园的阿姨都说她像个小天使。女儿去幼儿园不久，幼儿园的阿姨向我们讲了女儿"一般化"的故事。阿姨夸奖我的女儿说："燕燕，你真漂亮！"没有想到女儿竟然回答说："阿姨，我不漂亮，我一般化。"女儿说完了"我一般化"这句话，让幼儿园的老师感到非常有趣，因为"一般化"是一个非常抽象的词汇，幼儿一般是不会使用这么抽象的词汇的，没有想到，女儿竟然能够运用这么恰当，至于女儿是什么时间学的"一般化"这个词，是向谁学的，我们也不知道。

还有一个"感情比大海还深"的故事。一天早晨，我正要搬着自行车下楼送女儿去幼儿园，刚开门的时候，不到三岁的女儿突然对我说道："爸爸，我和你感情可深了！比大海还深呢！"我正在为女儿这句话感到惊讶的时候，恰巧对门邻居赵科长的爱人也正出门准备上班，她听见女儿的这句话，也非常惊讶，笑着对我说道："薛老师，你女儿怎么能说出这么感人的话来！"事后我想，因为自行车放在楼下经常被偷，我每天为了送女儿去幼儿园，都要把自行车从楼上搬下楼，而接她回家以后总是把自行车搬到楼上，女儿也许是看到我每天上下楼搬自行车很不容易，这才说出了这么感人的话，但她怎么学的这句话，我也感到百思不得其解。后来，我问女儿，女儿告诉我说，是她想出来的。

以上三个事例都对我们产生了比较大的震撼：一个两三岁的孩子，思维竟然那么富有独特性、丰富性和想象性，确实令人吃惊。

33. "我以为是谁的爸爸"

薛夫子

寄语：父母要学会通过日常的生活，引导孩子提高观察力、记忆力、语言能力和想象力。

按照心理学的原理，一般来说，婴幼儿的思维系统还不够完善和成熟，因此记忆力还是比较肤浅，对事物缺乏长时间的记忆，但从我女儿的记忆力来看，却推翻了心理学的这一原理。

两岁多的女儿能够记住半年前的事物。1988 年春天，我去中国社会科学院学习，暑假放假的时候，从北京坐夜车到曲阜，已经是第二天早晨五点多钟。我回到家，看到女儿刚起床穿好了衣服。我站在床前看着她，故意不和她说话，看看女儿与我分开半年后是否还能够认出我。结果，女儿仔细打量了我一会，很惊喜地自言自语地说道："哎，哎，我以为是谁的爸爸唻，原来是我的爸爸回来了！"一边说着，一边伸着胳膊向我走过来。我看到女儿半年没有见到我，竟然还能够认出我来，自然格外高兴，就马上双手把女儿抱了起来。这个事例说明，孩子在两岁的时候，就已经具有很好的记忆力，能够记住半年前的事物，我们父女虽然已经分开半年，女儿却能够依然记得自己的爸爸。女儿是 1986 年 6 月出生的，我 1988 年 3 月到北京学习，7 月初暑假放假回家，这样算起来，我离开女儿的时候，女儿才 1 岁 9 个月，但半年后仍然认识爸爸，这说明幼儿已经具有比较强的记忆力了。

有一天，我送女儿去幼儿园经过曲阜市酒厂的时候，我顺便告诉女儿"这是曲阜酒厂"。过了四五天，我带着女儿又经过曲阜酒厂的时候，女儿主动告诉我："爸爸，酒厂，是造酒的工厂。"我夸奖说，好孩子，你的记忆力真强。女儿听到我夸奖的时候，竟然高兴的笑了。

还有一次，女儿从幼儿园回家以后，我和妻子看见女儿的裤子比较脏，就问女儿是在幼儿园里摔倒了吗？女儿告诉我们说，是摔倒了。妻子问女儿："是谁把你扶起来的？"女儿说是自己爬起来的，然后学着幼儿园马阿姨的口吻说："自己爬起来！"学的表情和口气都惟妙惟肖，非常有趣。

通过以上的事例，我们有意识的通过日常的生活，观察和锻炼孩子的记忆力，从中也取得了比较理想的效果。平时教孩子的一些知识和认识的一些事物，孩子一般都能够长时间记住，这说明孩子的记忆力是可以培养的。

34. "梧桐树"与触类旁通

薛夫子

寄语：培养孩子触类旁通的能力，由已知推及到未知，既可以促进孩子想象力的发展，又可以促进孩子逻辑思维能力的发展。

孩子在幼儿时期，就已经具有了比较强的触类旁通的能力，但很多父母往往疏忽了孩子的这种能力。培养孩子触类旁通的能力，既可以促进孩子想象力的发展，又可以促进孩子逻辑思维能力的发展。父母们如果不注意及时培养，客观上就会在不知不觉中压抑了孩子这种触类旁通的能力。

女儿一岁的时候，已经学会了很多常用的称呼语，见了比自己大的女孩，就知道喊"姐姐"；见了比自己大的男孩，就喊"哥哥"；见了老爷爷，知道喊"爷爷"；见了老奶奶，知道喊"奶奶"。从逻辑的角度来看，女儿这时由已知的"姐姐"、"哥哥"、"爷爷"和"奶奶"，推及到未知的"姐姐"、"哥哥"、"爷爷"和"奶奶"。这种由已知推及到未知的逻辑，实际上就是触类旁通的能力。

女儿还能够从已知的梧桐树推及到未知的梧桐树。我的家离曲阜镇政府很近，闲暇时间，我经常领着两岁的女儿到曲阜镇的院子里玩。院子里有柳树、松树和梧桐树。女儿这时只有三岁，我让女儿认识了这三种不同的树，告诉她树的名字，以此培养她的记忆力。后来，我骑着自行车带她去大学的路上，当她发现路边居民的院子里有梧桐树的时候，她便惊喜地喊道："爸爸，梧桐树!"一边说，还一边用手指着梧桐树。女儿看见梧桐树的惊喜表情，简直不亚于哥伦布发现新大陆。我问她："你是怎么认识这是梧桐树的?"女儿回答说："梧桐树上有小豆豆。"我恍然大悟，原来，女儿发现了曲阜镇大院里秋天梧桐树开花后结出的干果，当见到居民院子里的树上有干果，就推论出这是梧桐树。女儿还问我："爸爸，梧桐树上的小豆豆是什么呀?"我被女儿的好奇心惊呆了，耐心地进行了解释。由此，我忽然想到，女儿这是举一反三、触类旁通的典型案例：她见过的梧桐树上有"小豆豆"，以此类推，她就认为，凡是有"小豆豆"的树，就是梧桐树。

孩子的以上推理虽然具有经验主义的特点，但却说明孩子能够善于从日常生活经验上升到逻辑推理的能力，能够发现"姐姐"、"哥哥"、"爷爷"和"奶奶"的一般特点；发现"梧桐树"上具有"小豆豆"的一般特点，这才能够推及到其他的同类事物，这是孩子非常可贵的思维拓展。

35. 别具一格的独特催眠曲

薛夫子

寄语：引导孩子聆听优美的音乐，对于养成孩子和谐完美的性格和开发智力都非常重要，同时，也有助于孩子在体验美和感受美中获得身心愉悦。

欣赏音乐是一种审美活动，音乐教育对于开发孩子的智力、陶冶情操具有特殊的作用。在孩子处于婴幼儿时期，父母还可以经常引导孩子欣赏一些优美的音乐，让孩子在聆听音乐的同时，体验美和感受美。

根据胎教经验以及对婴幼儿的教育经验，适当的音乐确实能够刺激孩子的想象力和审美感受力。但是，家长需要注意的是有些音乐并不适合孩子欣赏，比如，从小聆听摇滚乐长大的孩子，长大后会可能会有暴力倾向；从小聆听伤感的音乐长大的孩子，长大后可能具有忧郁感伤的气质。我们平时除了让孩子听一些优美的轻音乐以外，有时还经常教她唱一些优美的歌曲。

此外，我们用独特的"催眠曲"诱导孩子晚上的睡眠，也比较成功。具体做法是：到了晚上，在孩子即将睡觉的时候，我们跟女儿说："我唱歌，你睡觉"。我们经常给女儿唱的是《踏浪》、《垄上行》和《军港之夜》这三首歌曲。这三首歌曲都具有比较优美的风格，节奏明快又不失舒缓，快乐而又不失优美，很适合孩子的催眠。这样，久而久之，女儿在听我们唱歌的同时，一方面获得了情感的愉悦，培养了音乐感，另一方面又在心神安宁中不知不觉地进入梦乡。

我们为女儿唱的"催眠曲"，主要是为了让孩子能够在身心愉悦的状态下进入睡眠状态，这样做能够使孩子的神经系统处于放松状态，孩子在非常快乐的审美状态下安然入睡，有利于孩子的身心健康和心智的协调发展。

36. 引导孩子进行语言互动

薛夫子

寄语：语言是思想的外壳和载体。父母一定要尽早开发孩子的语言能力，即使在孩子还在婴儿期，父母也应该对孩子早说话。孩子早说话既是父母培养的结果，也是孩子比较聪明的表现。

在孩子婴幼儿时期，父母要尽可能多与孩子进行语言交流，促进孩子的思维能力和语言能力的协调发展。家长一定不能因为工作忙等各种理由忽略了与孩子的交流。

我和女儿的对话中曾经有三个小故事：

关于"找公公"的故事。女儿两岁的时候，有一天上午，我和女儿在家里玩，女儿突然问我："爸爸，你叫我爷爷是'爸爸'，我妈妈叫我爷爷什么呀？"我很随意地跟女儿开玩笑说："你妈妈叫爷爷是'公公'。等你长大了，我也给你找个公公，好吗？"女儿一边笑一边回答："爸爸，你真好玩，惹得我哟，真笑死我了！"我问："你笑什么？"女儿笑着说道："我笑你给我找公公嘞！"

关于"好朋友"的故事。一天晚上，我坐在沙发上，两岁的女儿走到我跟前，也要坐在我坐的沙发上，因为我坐的是单人沙发，两个人坐不开，于是，我希望女儿能够坐在我的腿上。女儿却说："爸爸，咱俩是好朋友。"女儿的话把我和妻子都说笑了，我只好把女儿抱在我坐的沙发上。

关于"别装蒜"的故事。一天早晨，我刚刚睡醒。女儿说："爸爸，快起来吧!"我故意逗女儿："我还没睡醒呢!"女儿却说："爸爸，你别睡了!"我故意逗女儿说："我假装睡还不行吗?"女儿听了我的话，竟然冒出这么一句："别装蒜了!"我和妻子都被女儿的话说笑了。我们不知道，女儿究竟什么时候学会了"装蒜"这个词，竟然还能够活学活用。女儿这时只有两岁，竟然学会了说这么有趣的话。

通过以上事例，我们发现，父母与孩子进行语言的互动，不仅可以增加亲情和生活的情趣，而且可以促进孩子思维能力与语言能力的协调发展。

37. 引导孩子讲故事的方法

薛夫子

寄语：父母引导孩子讲故事，非常有利于促进幼儿想象力和语言能力的协调发展。为此，父母要有耐心、恒心，要因势利导，引导孩子按照孩子的逻辑去构思故事。

父母引导孩子讲故事，非常有利于促进幼儿想象力和语言能力的协调发展。但如何引导孩子讲故事，确实需要费一番脑筋。为此，父母最好懂一点儿童心理学，熟悉一点思维科学的基本原理，通过孩子讲故事，开发孩子的说话能力和想象力。

第一，可以引导孩子看图说话，让孩子根据图画提供的内容，展开联想和想象，说出自己对图画内容的理解。这样有利于拓宽孩子的思维空间，丰富和提高想象能力。孩子在看图说话的时候，父母不要拘泥于孩子说的是否与图画内容一致，而是看孩子的思路按照孩子的逻辑能否自圆其说。父母不能用大人的思维和科学思维去衡量和要求孩子看图说话，而是看孩子看图说话的时候，是否具有发散思维，是否具有独特的想象力。

第二，引导孩子学画画，然后让孩子说出自己绘画的具体内容。父母对孩子画画，不要看孩子画的是否与真的事物一样，是否模仿的像，而是注重孩子观察力、想象力和动手能力的训练。在这种情况下，如果孩子画得很逼真，父母可以夸奖；即使孩子画得不太完美，父母也不要责怪，因为在孩子自己看来，自己画的是非常完美的，甚至能够绘声绘色地向大人说出自己画的是什么。

第三，鼓励孩子讲出自己在幼儿园或者其它时间自己的见闻，包括孩子感兴趣的人物、动物和事件。孩子通过叙述这些自己经历过的事情，不但可以加深孩子的记忆力，而且还有利于增强孩子的复现的想象力。所谓复现的想象力，是指对经历过的事情的记忆能力，如孩子对见过的人和事、看过的小画书、看过的电视节目等，如果能够记得住，说明孩子具有比较强的复现的想象力。根据创造心理学的原理，复现的想象力是创造的想象力重要的前提和基础，所以，幼儿如果能够叙述自己的所见所闻，客观上能够锻炼和提高复现的想象力，为以后培养创造性的想象力奠定坚实的思维基础。

第四，引导孩子沿着大人讲故事的思路继续往下讲。我在给女儿讲故事的时候，经常在讲到故事比较紧张有趣的时候，停顿下来，让女儿沿着我讲的故事，继续往下讲。这样做的好处很多，一是能够培养孩子对故事的理解力和想象力；二是能够提高孩子对故事中的人物性格、情感逻辑和故事情节的理解和感悟，全面拓展孩子的思维能力和语言表达能力。

在引导孩子讲故事的时候，一定不要对孩子求全责备，不能拿大人的标准去要求孩子，而是要学会鼓励，让孩子感受到讲故事的快乐，获得一种成就感。这样，久而久之，孩子就愿意讲故事了。孩子只要能够大胆的讲，就能够锻炼思维能力和语言表达能力。

38. 寓教于乐促进快乐成长

薛夫子

寄语：父母引导孩子学习汉字，最初可以引导孩子认识象形字，然后可以引导孩子通过学习和识记汉字，提高孩子的想象力和记忆力，同时也提高孩子的说话能力。

引导幼儿学认字，这也是中国家长普遍关注的问题。根据我们的经验，我们认为，引导孩子学认字，特别需要父母对孩子因势利导，父母应该尽量掌握一些认字的技巧。

第一，引导孩子看图认字。我在女儿两岁半的时候，开始引导女儿学认字。一开始，我拿出《看图识字》的画本时，女儿只认画，不认字。我用铅笔在稿纸上写了"大"、"小"和"月"三个字，告诉女儿这几个字的读音，结果不到一分钟，女儿就认下来了。为了能够让女儿记住这几个字，过了一小会，我再指着稿纸上的"大"、"小"和"月"这三个字问女儿，我发现女儿都记住了。

第二，通过汉字的相似性启发孩子认字。教会孩子认字并不是主要的目的，而是通过鼓励孩子认字，可以有效地激发孩子的记忆力、观察力和想象力。有一次，我问女儿："'人'字上边加一道'横'，是个什么字？"女儿很快地回答说是个"大"字。我又问："再加上一道'横'呢？"女儿马上说是一个"天"字。通过这种认字方式，可以激发孩子的记忆力，而且还能够激发想象力和观察力。女儿通过对一些相似汉字的识别，不但能够认识一些常见的汉字，而且还能够辨别一些相似的汉字，如"人"、"大"和"天"字的联系与异同，"土"、"士"和"王"字的联系与异同，"臣"和"巨"字的联系与异同等。其中，对孩子讲"臣"和"巨"字的联系与异同，还可以借助于形象化的想象与对比，启发孩子掌握这两个字的联系和区别，比如父母可以引导孩子："臣"对"巨"说："你看咱哥俩面积一样大，可是我三室两厅，你是一室两厅。"这样给孩子们讲两个字的形象异同，既可以激发孩子的观察力，又可以刺激孩子的想象力。

第三，认字最好从学习象形字开始。象形文字由来已久。埃及的象形文字、苏美尔文、古印度文以及中国的甲骨文，都是独立地从原始社会最简单的图画和花纹产生出来的。我国最初的文字就属于象形文字，甲骨文、石刻文和金文亦算是象形文字。象形文字是华夏民族智慧的结，也是老祖宗们从原始的描摹事物的记录方式的一种传承，也是最形象，演变至今保存最完好的一种汉字字体。目前，我国纳西族所采用的东巴文和水族的水书，是现存世上唯一仍在使用的象形文字系统。我们发现，一开始教孩子认字，最好从一些象形字开始，因为汉字中的象形字与实际上的事物非常相似，所以孩子容易理解和记忆，如"山"、"月"、"鱼"、"人"、"田"等，孩子都比较容易辨识。其中，"山"字很像大自然的山；"月"字像一弯月亮的形状；"鱼"是一条有鱼头、鱼身、鱼尾的游鱼；"人"很像一个行走的人；"田"很像田野里整整齐齐的土地。

第四，教孩子学唱儿歌或朗读一些短小精悍的唐诗绝句等，鼓励孩子潜移默化地学习认字。根据观察，孩子学会了儿歌或者一些短小精悍的诗歌的时候，对这些儿歌或诗歌的文字也会不知不觉地加以识别了。孩子学唱儿歌的好处很多：锻炼呼吸能力，提高肺活量；培养音乐节奏感；提高欣赏儿歌的审美能力等。孩子朗读诗歌，有利于培养孩子认字，提高阅读能力、审美能力和想象能力。此外，父母还可以酌情引导孩子阅读和背诵一些短篇的国学经典，如三字经、古代格言警句、诗经等，都有利于提高孩子的认字能力和综合能力。

第五，从日常生活中引导孩子认字。比如平时生活中接触到的玩具、生活用品、房间摆设、大街上的树木花卉、各种鸟类和动物等，都可以引发孩子极大的兴趣，然后家长可以因势利导，告诉孩子这些事物的名字和写法，这在实质上是把文字的学习与生活实践结合起来，所以，这也是孩子学习汉字的一种非常有效的方式。

在孩子学汉字的问题上，家长切忌急于求成，一定要讲究认字的趣味性、自由性，在顺其自然、潜移默化中，就能够让孩子在快乐中不知不觉地学习汉字。

39. 学会游泳促进强身健体

薛夫子

寄语：让孩子学游泳，不但培养孩子掌握了一种生存的本领，而且还非常有利于孩子身体和心智的和谐发展，培养孩子的自信心和勇敢的精神。学游泳，要循序渐进，父母要做好监护人，确保孩子的安全。

让幼儿学游泳，不仅能够促进幼儿的身体健康，提高身心协调能力，而且还有利于培养孩子的胆识和勇气。

游泳的姿势一般分为蝶泳、仰泳、蛙泳和自由泳（也称爬泳）。因为我女儿那时只有四岁，学习蝶泳、仰泳和蛙泳都不太合适，我就在大学的游泳池里只教她学习自由泳。

让孩子学游泳具有以下好处：

第一，孩子在游泳池里游泳，能够促进身体的新陈代谢，增强身体对外界的适应能力。游泳池的水温一般为 26 度到 28 度，孩子学游泳，散热快，耗能大，神经系统能够通过调整，迅速做出反应，有利于促进身体的新陈代谢，增强身体对外界的适应能力。

第二，引导孩子学游泳，能够促进孩子的全身松弛和舒展，使身体得到全面、匀称、协调的发展，使肌肉线条流畅，促进孩子身体的健美。女儿长大以后的身材一直比较苗条、匀称和谐，也许与幼儿时学游泳有一定的关系。

第三，孩子学游泳，能够强化肺功能的训练，而肺功能的强弱由呼吸肌功能的强弱来决定，通过学习游泳，能够有效地改善和提高孩子的肺活量，发挥强身健体的作用。

第四，孩子学游泳的时候，身体的各个器官都能够得到协调的锻炼，有利于促进血液循环，对心脏起到锻炼的作用。

第五，教孩子学游泳，除了身体的锻炼以外，还让孩子掌握了一门在特定条件下的生存本领。古人云，艺多不压身，学会游泳总比"旱鸭子"要好一些。

第六，让孩子学游泳，除了以上好处以外，还非常有利于培养孩子的胆识和勇气。孩子自己在水里游泳，这需要多大的信心和勇气！可以设想，当幼儿自己能够独立在游泳池里游泳的时候，孩子的胆识、信心和勇气就会在不知不觉中培育起来了。

我在教女儿学游泳的时候，最初是让她先带着救生圈自由地在水池里漂浮着戏水玩耍，培养她对水的兴趣和胆量，然后慢慢摘下她的救生圈，让她穿着一种带有浮力作用的背心，在水里玩耍。等女儿慢慢熟悉水性的时候，我才教她学游泳。她很快就学会了游泳，开始游的时候，我让她在浅水区游，然后慢慢再让她到深水区里游泳。我在她身边游泳，以确保女儿的安全。过了没几天，女儿就能够摘下浮力背心，自己游泳了，一次可以游50米。这时她才只有四岁。

让孩子学游泳，不但培养孩子掌握了一种生存的本领，而且还非常有利于促进孩子身体和心智的和谐发展。父母们在具备一定条件、确保孩子安全的前提下，不妨让孩子大胆一试。

40. 自觉与孩子一起喝姜汤

薛夫子

> **寄语：**父母不但可以分享孩子的快乐，也要理解和分享孩子的痛苦。一定要让孩子学会吃苦，敢于吃苦，逐渐养成勇敢的人生态度。

父母对孩子的爱往往是无私的。女儿小时候感冒的时候，医生总是习惯给她打针，吃西药。后来，我们在中医的建议下，遇到女儿感冒的时候，为了减轻孩子吃西药的副作用和打针的痛苦，我们有时就给孩子喝点中药。

对于一个只有两岁的孩子来说，喝中药无疑是一件很痛苦的事情。有一次，女儿患了感冒，为了减少打针和吃西药对身体的副作用，医生为女儿开了几副中药。因为妻子是公务员，还担任领导职务，没有时间，我就亲自为女儿熬药，照顾女儿喝药。但是，女儿怕喝中药，每当我们劝她喝药的时候，她总是再三向后推托说："我待会儿再喝。"过了一会，让她喝的时候，女儿又说："再过一会"，就这样一直往后拖，或者说："等睡觉的时候再喝。"针对女儿不愿意喝中药的情况，我就特意先品尝一下女儿的中药，让女儿感觉到爸爸不怕喝中药。女儿在我的鼓励下，虽然不太情愿，但还是鼓起勇气喝下去。

为了预防女儿的感冒或者在女儿感冒初期，我们有时还煮一些姜汤让女儿喝。当然，女儿也不愿意喝姜汤。我对姜汤进行了改良，除了姜以外，我还加上了大葱和大蒜一起煮。为了能够鼓励孩子喝姜汤，我就多煮一些姜汤，把煮好的姜汤分成两碗，让孩子挑选一碗比较少的，然后让她看着，我先把那碗比较多一些的姜汤喝下去。女儿在我的鼓励下，也能够凭借自己的意志，把自己那一碗姜汤喝完。

与孩子一起喝姜汤，看起来是一件小事，但对孩子却具有积极的意义。我们这样做的目的一是为了女儿的身体健康；二是让孩子学会吃苦和勇敢；三是为了能够让女儿体现出父母无私的爱和呵护。

通过上述分析可见，父母千万不能轻视对于孩子婴幼儿期的早期教育，不要认为孩子小，可以放任自流，或者因为父母自己工作忙，就顾不上培养孩子。对于婴幼儿期的孩子，父母重点是养成孩子良好的生活习惯，保障孩子的身体健康，要注重开发孩子的语言能力和想象力，培养孩子初步的动手能力。

第三部分

儿童期的教育

儿童期（6—10岁）是孩子智力发展的第三个飞跃期，主要是孩子从小学一年级到三年级的时间。父母应该抓住这一个时期，加强对孩子智力的开发。

41. 给想象力插上腾飞的翅膀

薛夫子

寄语：在培养孩子的想象力方面，家长一定要充分认识培养孩子想象力的重要性，因为想象力是创造力的核心和关键。孩子的想象力是成长过程中非常重要的一种能力。

在儿童期，家长还应该继续开发孩子的想象力，在婴幼儿阶段激发想象力的基础上，给孩子的想象力插上翱翔的翅膀，适当增加想象力的广度和深度。

孩子在儿童期，可以继续玩拼图、搭积木、剪纸、叠纸、玩撕纸、自由地画画，对大自然的事物进行联想和想象，在日常生活中激发想象力。此外，为了进一步激发孩子的想象力，家长这一阶段要注意两个转变：

第一，由婴幼儿期时父母经常给孩子讲故事，逐步转化为儿童期由孩子多给父母讲故事。孩子如果是在刚上小学的年龄，父母可以让孩子给父母讲看图说话的具体内容，讲自己读过的各种小画书，也可以向父母讲自己在学校和课外活动中的所见所闻。孩子这种讲述本身，有利于调动和强化自己复现的想象力，增强自己的记忆表象，而复现的想象力和记忆表象恰恰是创造的想象力的重要基础。我女儿刚到六岁就上一年级了，在一年级语文课上，老师曾经布置让学生看图说话，其中就有一个《小白兔采蘑菇》的图画，女儿还非常认真地展开联想和想象，以此为题，写了一篇《小白兔采蘑菇》的作文，受到了老师的表扬，这篇作文后来被收录到《全国著名师大附小优秀作文选》正式出版。我们鼓励孩子为我们讲《小白兔采蘑菇》的故事，女儿绘声绘色、声情并茂地给我们进行了讲解。

第二，引导孩子加强课外文学作品阅读。文学是语言的艺术，也是想象力的"游戏"，因为文学作品具有形象的间接性的特点，虽然不如绘画、戏剧、影视等艺术具有形象的直观可视性，但文学形象的间接性恰恰非常有利于激发读者的想象力，这对于培养孩子的想象力是十分必要的。孩子在三四年级的时候，随着识字数量的增多，家长可以引导孩子加强课外阅读，然后鼓励孩子把课外阅读的故事内容讲给父母听。在这方面，父母千万不要低估了孩子的阅读能力。实际上，孩子即使不认识作品中的一些字，并不影响孩子对作品基本内容的理解。

一般而言，孩子到了三四年级的时候，已经认识了大部分常用的汉字，具备了基本的阅读能力。我9岁上小学三年级的时候，忽然发现家里有一套线装本的《三国演义》八卷本，竟然爱不释手。这套《三国演义》不但是竖排版的，而且还是繁体字，当时我虽然对书中的一些地名和人名不是都认识，但我知道这些字是某个地名和某个人名就可以了，因为在下文中如果再出现这几个字，我就知道是某某地名或某某人名，这并不影响我对作品的基本理解。阅读《三国演义》不但激发了我的想象力，而且还很大程度上影响了我的大半生，也激励和促进了我的人才学研究。

第三，家长还可以引导孩子树立美好的人生理想，由此激发孩子对未来人生的想象力。我们都会发现这样的现象：大人可能经常问孩子："小朋友，你长大了以后想干什么呀？"孩子会天真自豪地回答："我长大了要当科学家！"孩子这种回答看似很随意，但蕴含了孩子对未来人生的美好理想，其中也在一定程度上展现了孩子的想象力。父母对孩子的人生理想，千万不要泼冷水，而是应该为孩子鼓掌加油。

第四，引导孩子在观察生活中激发想象力。就像平凡中蕴含着伟大一样，即使平凡的生活，也可以激发孩子的想象力。达·芬奇曾经指出，"请观察一堵污渍斑斑的墙面或五光十色的石子。倘若你正想构思一幅风景画，你会发现其中似乎真有不少风景：纵横分布着的山岳、河流、岩石、树木、大平原、山谷、丘陵。你还能见到各种战争，见到人物疾速的动作、面部古怪的表情，各种服装，以及无数的都能组成完整形象的事物。墙面与多色的石子的此种情景正如在缭绕的钟声里，你能听到可能想出来的一切姓名与字眼。切莫轻视我的意见，我得提醒你们，时时驻足凝视污墙、火焰余烬、云彩、污泥以及诸如此类的事物，于你并不困难，只要思索得当，你确能收获奇妙的思想。思想一被刺激，能有种种新发明：比如人兽战争的场面，各种风景构图，以及妖魔鬼怪之类的事物。这都因为思想受到朦胧事物的刺激，而能有所发明"。（戴勉编译《达·芬奇论绘画》，第31～33页，广西师范大学出版社，2003年版）达·芬奇这段话对于我们激发孩子的想象力非常具有启发意义。在他看来，"像污渍斑斑的墙面或五光十色的石子"，都能够激发人们的想象力，很显然，在日常生活中，只要家长引导及时恰当，生活中的许多事物都可以成为激发孩子想象力的源泉，父母可以随时随地培养孩子的联想和想象能力。

在培养孩子的想象力方面，家长一定要充分认识到，想象力是创造力的核心和关键，因此，培养孩子的想象力，这是孩子成长过程中非常重要的一种能力，其他的学习和实践在很大程度上都是为了培养孩子的想象力。

42. "软糖实验" 与孤独体验

薛夫子

寄语：父母要善于运用"软糖实验"的原理，培养孩子学会一个人的时候克服孤独心理，逐步培养孩子自信、自主与自我调控和自我激励的能力。

在孩子的儿童期，家长适当让孩子体验一下孤独，让孩子在孤独中展开联想和想象，这对于激发孩子的想象力，也有特殊的积极意义。

我们夫妻两个人的工作都很忙，有时两个人可能都要出差，或者临时加班，这样，孩子有时候只好一个人待在家里，特别是幼儿园下班后有时孩子自己拿着钥匙开门回家，一个人要待在家里好几个小时。为了安全起见，我们一般会委托老乡或者比较熟悉的大学生帮助照看一小会儿，但有时因为临时加班，就只好让孩子自己待在家里。这样，怎么让孩子一个人待在家里，不感到害怕，也不害怕孤独，就是我们当时必须考虑的问题。为了让孩子克服孤独，我们借鉴了"软糖实验"的原理。

心理学上有个著名的"软糖实验"。1960年，心理学家瓦特·米歇尔在斯坦福大学的幼儿园做了一个"软糖实验"。他召集了一群四岁的小孩，每人面前放了一个软糖，对他们说，小朋友们，老师要出去一会儿，你们面前的软糖不要吃。如果你控制住自己不吃这个软糖，老师回来会再奖励你一个软糖。结果，有些孩子控制不住欲望，马上把软糖吃掉；有些孩子能够克制欲望，不吃软糖。多年来，米歇尔继续跟踪观察这些小孩到上小学、初中，发现能控制住自己不去吃软糖的小孩上了初中后，大多数表现比较好，成绩、合作精神都比较好，有毅力；而控制不住自己的，表现不好，这些孩子走上社会后的表现大概也是如此。这个实验给我们的启示是：人的自控能力大小，跟人的一生成功与否有着密切的关系。

为了培养孩子战胜孤独的信心，我们鼓励孩子学会勇敢，并且告诉她现在是几点几分，到几点几分，我们就回来了。女儿看了看挂钟，虽然不太情愿，但还是向我们提出了要求，希望我们一定要在几点几分回来。我们看到女儿非常懂事，就承诺道，只要女儿听话，我们就给她买好吃或者好玩的东西。事后，我们都是说话算数，严格履行我们的许诺。正因为我们经常和女儿以挂钟的时间为约定，所以，我女儿很早就学会了看挂钟的时间。这样，久而久之，孩子学会了不怕孤独，在孤独中能够自己学习和玩耍。

但是，我们认为，让孩子体验孤独的次数不能太多，要适可而止，尽量不要让孩子单独自己晚上在家里，孩子太小，一个人毕竟不太安全。

43. "小雄鹰"与想象力开发

薛夫子

寄语：父母要引导孩子具有初步的信仰，引导孩子通过某种信仰，激发孩子的想象力，培养孩子对未来生活的美好愿景。

为了让孩子不怕孤独，并且能够在孤独中展开丰富的想象，我还为女儿创造了一个"小雄鹰"的故事。我当时想：孩子在幼儿和童年期，需要有幻想，也需要有神话意识。根据孩子的年龄以及我们的文化背景，我们不可能让孩子去信仰上帝，也不可能让三岁的女儿那么早就信仰共产主义。所以，我就萌发了编一个小雄鹰的故事的最初灵感。

我告诉女儿，你有一个好朋友，它就是小雄鹰。它每天都在天空上展翅飞翔，无论刮风下雨，还是电闪雷鸣，它都勇敢地在天空上飞翔。它知道你在家里，它会从天空中往下看，能够看见你的一切，所以，你不要害怕，它时刻在关心着你，保护着你。小雄鹰如果不勇敢，就不可能在天空上飞翔。你要向小雄鹰学习，无所畏惧，非常勇敢地飞翔。

女儿那时只有三四岁，完全被我编造的小雄鹰的故事迷住了，这只小雄鹰也成为了女儿意念中最好的朋友，她似乎感受到了小雄鹰的真实存在，因此自觉不自觉地把小雄鹰视为心灵深处一个重要的精神支柱，于是，女儿不再害怕孤独。小雄鹰的故事伴随着女儿健康快乐的成长，一直伴随着女儿上完小学，后来，女儿随着年龄的增长，虽然已经不再相信小雄鹰的真实存在，但小雄鹰的精神已经深深烙在她的心灵，直到伴随她读完大学。

关于小雄鹰的故事对女儿的影响，2005年9月26日，女儿在上大学三年级的时候，曾经写过这样一篇《童话》：

一直想为它写点什么，我的小雄鹰，在我美丽的童话里，张开翅膀守护着我的那只小雄鹰……

记得小时候，就是小乔（女儿的名字中有个"乔"字，她的同学们都称呼她"小乔"）还只能算得上是"小小乔"的时候，我总会感冒，时常上不了幼儿园，只得天天呆在家里。而妈妈的工作很忙，还好爸爸是大学里面的教授，不需要在办公室坐班，但要自己搞学术研究，所以也无暇陪我。

可是，就我一个小朋友在家，没有人陪我玩，每天都很孤单……

直到有一天，爸爸告诉我，我其实有好朋友的，他叫"小雄鹰"。无论我做什么，小雄鹰都会一直陪在我的身边，静静的守护着我。

于是呢，我每天都会望着天空，就那样专注的望着，时而喃喃自语，时而露出开心的笑容，我在给我的小雄鹰汇报我每天的生活呢……

嘀嗒嘀嗒，开心的日子就这样流淌着，平滑而有质感。

直到有一天，我突然察觉到，为什么我的小雄鹰不来看我呢？"为什么？"我伤心地问爸爸。忧伤，溢满了我稚嫩的脸庞。

爸爸悄悄的告诉我说："嘘，宝贝儿，小声点儿。你的小雄鹰在天上飞啊飞，它总可以看到你的啊！当心它听到你说它的坏话啊！"听到这里，小小乔笑了。

从那以后，每当爸爸看到一只大鸟飞过天空，都会告诉我说，宝贝儿，快看，你的小雄鹰来看你了！这个时候，我总会非常激动，满怀憧憬的仰望着天空，目光始终跟随着我的"小雄鹰"……

日子，就是这样一天一天的过着，我的幼儿园时代，并没有因为我缺席而黯淡无光；而我的童年，却充满了快乐和无限的想象！

再后来，好久好久天空中看不到任何一只大鸟，我问爸爸，小雄鹰很久没来看我了吧？小乔记得很清楚，爸爸是这么说的，"孩子要长大了，你的小雄鹰还要去帮助和陪伴其他需要他的孩子啊！"

后来的后来，延续到很久很久，我一直相信小雄鹰的存在！一如每次想到它，脑海中总是温馨的一塌糊涂。

现在，小小乔长大了，懂事了，长成了懂事的小乔，明白我的小雄鹰只属于爸爸苦心为我打造的美丽童话，但小乔依然深深的相信，在天空中，有只属于我的"小雄鹰"，它守护着我，看我成长，伴我长大……我所经历的一切，开心的，抑或是悲伤的，都只是上天给我的考验，我相信，自己将来一定会成功。小雄鹰激励我积极向上，养成我乐天的性格。我坚信！嘻嘻，因为我有我的小雄鹰嘛！

更因为，我有一个为我谱写童话的好爸爸！父爱如山，爱是那样的伟大，他没有在我的童话里以守护神的形象出现，却送给我了整个美丽的童话王国！！！他不必是支撑我一片天空的小雄鹰，却赐予了我整个梦的天堂！！！

自己渐渐明白，其实，一直以来，我只是想为我亲爱的爸爸写点什么，哪怕只是借着我喜欢的那只小雄鹰！

明天就是爸爸的生日了，仅以此文献给我亲爱的爸爸，祝他生日快乐！其他的祝福女儿想藏在心中，一切感激，就让这个小短文替我表达吧！

我还想对我的小雄鹰说：谢谢你，我知道你一直都在我身边，有一天，我会像你一样展翅飞翔！

想起那首《童话》（光良唱的一首流行歌曲《童话》），相信我们会像童话故事里，幸福和快乐是结局！

从女儿写的这篇《童话》中可以发现，"小雄鹰"的故事像一个美丽的童话，时刻激励着女儿的成长，寄托着女儿对美好生活的希望。我们也坚信，女儿一定能够像"小雄鹰"一样展翅飞翔。

44. 鼓励孩子为家长"讲课"

薛夫子

寄语： 在不加重孩子学习负担的前提下，父母引导和鼓励孩子为自己"讲课"，有利于促进孩子对所学课程的理解和记忆，有利于提高孩子的语言表达能力和思维能力，也有利于提高孩子的自信心。

为了提高孩子的学习成绩，大多数家庭，都是父母给孩子辅导作业，但我们很少给孩子辅导，而是让孩子给我们"讲课"。所谓让孩子给我们"讲课"，实际上，就是鼓励孩子把在学校里学到的知识给父母做简要的讲解，目的有两个：一是看看孩子在课堂上学的知识是否牢固；二是通过鼓励孩子为父母讲课，进一步锻炼和提高孩子的综合素质和综合能力。我们的具体做法如下：

第一，根据孩子课程学习的进度，在孩子放学回家做完作业以后，我们找出孩子所学内容中比较难的部分，让孩子给我们做简要的讲解。有时，我们装作不懂，以向孩子请教的方式，引导孩子为我们讲解。通过这种方式，可以激发孩子的自信心，也有利于促进孩子对知识的学习、理解和记忆，同时，让孩子感到知识的力量，给孩子提供一个展示自我的机会，孩子会认识到，正是因为自己学好了知识，父母才向自己请教。

第二，利用周末的时间，让孩子讲这一周自己对所学的课程哪一部分最感兴趣，然后引导和鼓励孩子讲讲她最感兴趣的知识点。这样，我们不仅可以了解和检验女儿这一周对所学课程的掌握情况，发现女儿哪些方面学习比较扎实，哪些方面学习还不够扎实，进而找出女儿学习方面的闪光点和不足，以利于总结学习检验，纠正和弥补不足。

第三，在日常生活中，鼓励孩子把自己平时最感兴趣的事情，包括小朋友的故事、可爱的小动物，或者看到的各种社会现象和自然现象，都可以及时引导孩子以"讲故事"的方式，进行简要的讲解。这样做非常有利于孩子智力的发展，促进孩子思维能力与语言能力的协调发展，也能够促进孩子的认知能力和初步的判断能力。

鼓励孩子为父母"讲课"，既要不拘一格，又要遵循孩子的身心发展规律，不能强迫孩子"讲课"，而是要考虑到时间、地点和孩子的心情状况。另外，对孩子"讲课"，不能求全责备，而是要以鼓励为主，孩子只要讲，这就是成功了一半。父母可以从孩子的"讲课"过程，发现孩子对学习内容的理解和掌握程度，发现存在的问题等。

45. 引导孩子掌握写字的方法

薛夫子

寄语：引导孩子学汉字，一定要注意引导孩子对汉字的兴趣，要善于运用汉字一些特殊的结构和组合方式，激发孩子学习汉字的兴趣，引导孩子识记汉字，而不能机械记忆，更不能依靠大量的重复抄写来记忆汉字。

我国的小学生学语文课一个重要的内容就是教会孩子认字和写字，因为认字和写字这是学习语文的基础。但在如何教孩子认字和写字的问题上，长期以来，许多学校的做法是让孩子把一个字重复写若干个，多至几十个甚至数百个。老师们认为，学生这样重复书写，才能够记住这些字。其实，这种做法不但劳而无功，甚至具有极其严重的负面作用。

第一，兴趣是最好的老师，老师如果强迫学生重复写很多字，就很可能压抑孩子学习汉字的兴趣，因为从心理学的角度来看，人们一般都不喜欢简单机械的劳动，既然如此，老师让小学生把每个生字重复写若干遍，客观上势必压抑了学生学习汉字的兴趣。我们可以设想，不要说让一些几岁的孩子重复写很多字，即使让我们这些成年人重复写字，我们难免也会产生厌烦情绪。很显然，孩子如果没有学习汉字的兴趣，那么就不可能很好地学好汉字，甚至可能影响到对语文的整体学习。

第二，加重孩子的学习负担，影响了孩子对其他课程的学习以及课外活动，也在一定程度上影响了素质教育。可以设想，让孩子把大量的时间和精力花费在繁琐的重复写字上，岂不是在浪费孩子的生命？哪里还谈得上素质教育呢？

第三，影响了孩子的身体健康。孩子大量重复写汉字，不但压抑了学习语文的兴趣，加重了学习负担，而且还在一定程度上影响了孩子的身体健康。孩子越写越累，再累也要完成老师交给的作业。这样长此以往，孩子的身体也会受到一些影响。根据统计，一些重点小学三年级的学生中，已经有约三分之一的孩子患有近视眼，这足以说明我们的教育确实出了问题。

我们反对让孩子重复写很多字，这并不意味着不让孩子写字，而是认为应该让孩子科学的学习汉字，科学的练习写字，注重写字的高效率，做到省时省力。具体做法如下：

其一，老师讲语文课的时候，把一些生字生词的特点讲出来，善于找出一些汉字的异同点，以加深学生对汉字特点的理解和掌握，体现出"汉字趣谈"的特点。比如下列汉字的妙趣：

"巴"对"爸"说："你可真够孝顺的了，总能看着你背着父亲到处散步。"

"北"对"比"说："哈哈，你怎么把头扭过去了？"

"夫"对"天"说:"我总算有出头之日了!"

"哭"对"器"说:"你比我厉害,我只有两张嘴,而你上面有两张嘴,下面还有两张嘴!"

"门"对"问"说:"你装上猫眼了?"

"人"对"囚"说:"违法了吧?早不听我的。"

"外"对"处"说:"要想不挨处分,手就别伸那么长。"

"自"对"目"说:"你单位裁员了?"

······

这种比喻非常形象地描述了每组两个字的异同点,非常有利于学生识别和记忆。

其二,父母和老师可以把象形字、会意字以及形声字的不同特点及时予以总结,非常有利于孩子对汉字的认识、理解和掌握。会意是为了弥补象形和指事的局限而创造出来的造字方法,与象形、指事相比,会意法具有明显的优越性,例如"灶、尘、国"等。会意字是两个或两个以上的形体的融合,可以表示许多抽象的、用象形或指事的方法难以表示的意义。孩子学习会意字,有利于激发想象力和学习汉字的兴趣。

其三,父母要善意通过激发孩子的想象力,加强对汉字的理解和学习。比如:

品:一口,一口,再来一口,味道好极了!

值:人要站得直,才能有身价。

位:人要坚持立场,才能找到自己的位置。

谊:人说话要适宜,才能增进感情。

方:万人出点子,就会有好方法。

功:要想成功,就要努力。成功=工作+努力。

赖:懒汉不用心,不思进取,只想不劳而获。

悲:心头想入非非,结果就会可悲。

智:人要聪明,应该每天知道多一点,每天把"知"当成头等大事。

······

上述解释汉字,并不是从字源学的角度对汉字的科学解释,而是为了让孩子从趣味的角度学习汉字。这样阐发汉字，目的是通过激发孩子的联想能力和想象能力，在引导孩子识别汉字的同时，一方面培养孩子的学习兴趣，一方面有利于对汉字的识别和记忆。

其四，根据我们的经验，我们认为，对于儿童期的孩子来说，要记住一个汉字，在让孩子明白这个汉字的读音和意思的基础上，一般只要认真重复写三至五遍就可以了，对于一些难以掌握的特殊汉字，最多也不要超过十遍。这样能够避免孩子对重复写字产生厌恶情绪，更有利于培养孩子学习语文的兴趣。让孩子重复写很多字，这种疲劳战术只能导致孩子的疲劳和厌烦，客观上成为影响孩子学习积极性的重要诱因。

46. 孩子回家完成作业的动机

薛夫子

寄语：孩子做作业，只是加深对所学课程理解的一种方式，不是唯一的方式，更不是放学回家学习的唯一方式。大部分作业应该在学校内完成，教师不要让孩子把做作业当做应付教师的一种被动学习的方式。

在任何学校，老师几乎都会给学生布置作业，但遗憾的是，有不少老师并不知道为什么要布置作业，不懂得如何布置作业。特别是孩子的儿童期，老师如果布置的作用不恰当，实际上反而会影响孩子的学习与成才。

根据我们的了解，很多孩子放学后回家做作业，并不是为了好好学习，更不是为了成才，而是为了应付老师，因为如果完不成作业，就会挨老师的批评，甚至被罚站或者罚写更多的作业。

有一次，我问8岁的女儿："你做作业是为了好好学习，还是怕不做作业就挨老师的批评？"女儿知道我问她的意思，马上就回答我说："当然是为了好好学习啦！"我说："你要和爸爸说实话，如果你不做作业，老师也不批评你，你还做作业吗？"女儿回答说："那当然就不做了。"女儿的回答很具有普遍性。这个事例启发我们，老师们千万不要认为，学生做作业能够促进好好学习，而事实上往往事与愿违，特别是老师如果布置作业太多，轻则导致学生产生"糊弄"老师的心理，重则导致学生产生厌学情绪，甚至会严重影响孩子的身心健康。实际上，大部分年龄比较小的孩子回家做作业，确实不是为了好好学习，而仅仅是为了应付老师的检查。这一点，老师和家长都必须明白，再也不能片面看待孩子做家庭作业这件事了。

根据素质教育与创新教育的需要，孩子在儿童期，老师应该尽量少布置家庭作业，把孩子的业余时间真正还给孩子。为此，正确的做法是：

第一，老师根据教学的需要，酌情布置作业，作业应该少而精，而且原则上应该让学生在课堂上就能够完成作业。

第二，教师要具有较高的素质和教书育人的能力，能够让学生在课堂上基本上理解和掌握课本上的主要内容，而不是把学习任务留给放学之后。

第三，儿童期的孩子在放学之后，除了做少量的家庭作业以外，其它的时间主要用于课外阅读，阅读科幻故事、通俗的经典读物，玩游戏等。

老师和家长都要明白，引导孩子积极参加课外丰富多彩的活动，这本身就是大学习观的体现，本身也都是学习，是更丰富更广义的学习，从长远的角度和根本的角度来看，这样恰恰能够拓展孩子的视野，锻炼孩子的多种能力，促进孩子更好地成才。

47. 养成孩子良好的各种习惯

薛夫子

寄语：习惯成自然，孩子养成什么习惯，就会拥有什么样的人生。从小养成孩子良好的生活习惯、学习习惯、做人做事的习惯，对于促进孩子的和谐发展非常重要。

从人才培养的角度来看，养成良好的习惯对于孩子成才具有非常重要的意义。因此，在孩子的婴幼儿时期，家长就应该培养孩子的良好习惯；而到了儿童期，家长应该与老师形成合力，努力从学校到家庭全方位培养孩子的良好习惯。正如教育家叶圣陶先生认为，教育就是习惯的培养。叶圣陶这句名言恰恰看到了培养孩子良好习惯对于成才的重要性。

第一，养成孩子良好的生活习惯，这是孩子形成各种良好习惯的基础。良好的行为习惯是从婴幼儿时期就开始逐渐形成的，它贯穿于孩子日常生活的各个方面。父母应善于抓住孩子日常生活的各个环节，注意从孩子的点滴小事抓起。在日常的饮食起居中培养孩子良好的生活习惯，鼓励孩子独立吃饭穿衣、收拾书包等，逐步培养孩子的生活自理能力以及相对的独立能力，在收拾简单的家务等劳动中培养孩子勤奋与热爱劳动的习惯。

第二，养成孩子良好的学习习惯，在平时的作业以及游戏中培养孩子热爱学习与正确学习的习惯，这是提高孩子学习效率的重要前提。比如，引导孩子自己收拾书包，自己收拾玩具、画笔等，把这些玩具和画笔放在应该放的地方。再如孩子的学习姿势，也要引起父母的特别注意。在这方面，我们根据了解和观察，许多孩子缺乏好的学习习惯，比如做作业比较疲劳的时候，很多孩子的头抬不起来，而且还越来越低，这是导致孩子视力下降最直接的原因。大学阶段，90%以上的大学生眼睛患有不同程度的近视，约有70%以上的人拿笔的姿势不正确。因此，我在大学里授课的时候，还要经常提醒大学生拿好笔，抬起头来。所以，有必要从幼儿园开始抓起，一开始就引导孩子们养成良好的学习习惯，并逐步在小学和中学阶段的成长过程中进行引导、强化训练，以形成稳定的自觉行为。

　　第三，养成孩子良好的合群习惯，在待人接物的过程中培养孩子文明礼貌的习惯。现在的孩子虽然大多数是独生子女，在父母面前都是"小皇帝"，但在儿童时期，父母和学校为了培养孩子适应社会的能力，就必须逐渐养成孩子具有合群的习惯。其一，鼓励孩子与不同个性、不同家庭、不同性别的孩子或同学，进行正常的交往；其二，培养孩子能够迅速融入一个陌生环境，培养与陌生人打交道的能力，也就是说，不要让孩子"认生"，如果孩子怕见陌生人，就会影响孩子的思维能力以及性格的和谐发展。

　　第四，培养孩子关心社会、服务他人的意识。在这一点上，从幼儿园开始，一直到小学、中学，班级都要安排各种干部。对此，老师与家长一定不要把学生当干部看做是培养孩子具有特权思想的方式，而是要通过安排孩子担任一些班级职务，引导孩子认识这些职务的职责是为大家服务，从中得到锻炼和提高各种思维能力和组织协调能力，千万不要把社会存在的"官本位"意识带进学校，以免孩子们在幼小的心灵中就形成"当官"的思想。

　　为了养成孩子的良好习惯，父母应该做到如下几点：

　　第一，父母应该以身作则，给孩子做出表率。父母要自觉养成良好的卫生习惯、生活习惯，尊老爱幼，道德高尚，语言文明，在各个方面都为孩子树立模仿的正面榜样。如果父母不能在孩子面前以身作则，就不可能养成孩子的好习惯。

　　第二，父母教育孩子要注意方式方法，切忌简单粗暴。在这方面，父母一定要注意，孩子毕竟是孩子，不是大人，他们的年龄特点决定了他们不可能像大人一样具有严格的自律意识和他律意识，也不可能考虑到某个事情可能产生的后果，也不可能认识到问题的严重性。因此，我们大人不能按照大人的观点和标准去衡量孩子是否懂事，因为孩子有孩子的观念、标准及其思维方式。

　　第三，父母要注重从小事做起，注意孩子言行的细节，关心孩子的站相、坐相、走相、吃相；注意孩子每一次作业或考试书写是否认真；注意孩子的思维方式以及做人做事是否合乎常情常理等。比如，我一位朋友告诉我这么一件事：他 1984 年出国考察回来的时候，带了一些纪念品赠给亲友，其中赠给亲戚的一个孩子一个纪念品，但这个孩子不喜欢，孩子的妈妈竟然让他再换一个别的纪念品，而他带回的纪念品都是根据要赠送的人不同的情况购买的，孩子妈妈的要求客观上就打乱了他的计划。而这件事情虽小，但反映了这个孩子的任性，过于自我，甚至自私的特点，孩子的妈妈如果不从小事做起，养成孩子的好习惯，就不利于培养孩子。

培养孩子的良好习惯要从小事入手，一叶知秋，见微知著。我们在培养孩子良好习惯方面，采取了全方位的思路，作为父母，我们在自己的言行方面，都严于律己，以身作则，为孩子树立借鉴和模仿的榜样，收到了良好的效果。

实践证明，培养孩子的良好习惯越早越好。良好的习惯是人们自觉形成和发展起来的，一旦养成了好的习惯，这些好的习惯反过来就能够成为一种强大的能量，能够积极促进人生的和谐发展，这对于提高孩子的素质，促进人才培养，都具有重要的意义。

48. 培养孩子同情心的方法

薛夫子

寄语： 培养孩子的同情心，这是孩子未来成人必须具备的人性美，也是培养孩子善良品质的重要内容。孩子如果没有同情心，就缺乏做人的基本素质。

同情心又称同情感，是一种对他人的不幸遭遇产生情感共鸣并对其行动的关心、赞成、支持的一种积极的情感。作为一种高级的社会性情感，一个人同情心的强弱与其对人生的认识、态度、动机、行为等都有着密切的联系，因而直接影响着一个人的成就动机与内驱力。从人才培养的角度来看，在孩子处于儿童期，家长和学校都要关注孩子同情心的培养。

第一，培养孩子的同情心，能够促进孩子人性的完善。孟德斯鸠认为，同情是善良心所启发的一种情感的反映，培根则把同情看做在一切内在的道德和尊严中为最高的美德。所以，我们不要小看同情心对于人生的重要性，同情心可以使人变得可亲可敬，变得伟大崇高，使人具有人性的光辉。从人性的角度来看，人之所以为人，就在于人有人性；从素质教育的角度来看，培养孩子具有人的素质，这是素质教育的基础和前提。在中国哲学史上，孟子主张性善论，荀子认为人的本性是恶的，需要后天的修炼，才能够恢复人的善性。无论是孟子的性善论还是荀子的性恶论，他们都注重人的后天修养。因此，无论是学校还是家长，都应该注重培养孩子的同情心，这是保持孩子人之所以为人的重要举措。同情心本质上就是人的善良之心、美德之心与人性之基。也就是说，既然是人，就应该有人性，而人一旦失去了人性，那么人就不复为人，就失去了人的本质。

第二，培养孩子的同情心，能促使孩子设身处地的理解他人的愿望和需要，进而见诸行动并给予相应的关怀、支持和帮助。社会的和谐需要人际关系的和谐，而人际关系的和谐客观上要求人与人之间能够互相理解、互相帮助。因此，培养孩子的同情心，引导孩子站在一些弱势群体的角度来体验和感悟人生，设身处地的为他人着想，理解他人的困境、痛苦和正常需求，并力所能及地并给予相应的关怀、支持和帮助，这对于促进孩子换位思考的能力，学会感悟和体验人生的艰难性，对于促进孩子心灵的完善，养成孩子的人文情怀，具有重要的积极意义。

第三，培养孩子的同情心，有利于培养孩子的团队精神和集体主义观念。儿童期的孩子已经进入了一个相对独立的团队，所在的小组、班级、学校，乃至社区等，都在一定程度上具有了团队的意义。这样，培养孩子的同情心，从小养成孩子的团队精神和集体主义观念，让团队和集体里到处都充满爱，这对于孩子的成长是非常有利的，也有利于提升孩子所在团队的发展合力。如果孩子们都有爱心，学会无私奉献，孩子们的生活将充满温暖，一个充满爱心的团队是温暖幸福的，一个充满爱心的集体是和谐美好的。你的孩子学会关爱他人的同时，也会得到博大的爱。

第四，培养孩子的同情心，有利于促进孩子之间人际关系的和谐友爱。由于现在的孩子大多是独生子女，长期受到父母的呵护疼爱，甚至是溺爱，从小被家人宠爱惯了，平时很少想起关心他人。因此，为了孩子的健康成长，父母和老师都应该培养孩子的同情心，引导孩子学会关心同学和其他小朋友，促进孩子与同学和其他小朋友关系的和谐。假如父母们都培养孩子的同情心，孩子们所处的群体就一定能够充满团结友爱的气氛，孩子能够处处感受到他人对自己的关心，这样非常有利于孩子的身心健康，有利于孩子迅速适应学校的环境。

第五，培养孩子的同情心，有利于激励孩子的成就动机和社会责任感，促进孩子的成才。从同情心产生的外在原因来看，激发同情心产生的直接原因是特定的同情对象；从同情心产生的内在原因来看，激发同情心产生的直接原因是人的爱心。同情对象一般都是弱势群体或者一般人由于某种原因遭遇困境甚至不幸，孩子如果具有同情心，就会去关心自己所了解的同情对象，假如要付诸关爱的行动，就要具备关爱同情对象的能力，而由于孩子暂时不具备关爱他人的能力，这本身对孩子的心理上就是一种刺激或激发，面对需要同情的对象，孩子可能萌发一种自我激励的心理机制，在内心深处激励自己一定要长本事，才能有能力去关心他人，奉献和回报社会。因此，我们认为，培养孩子的同情心，有利于激励孩子的成就动机和社会责任感，促进孩子的成才。

为了培养孩子的同情心，我们还需要注意两个问题：其一，父母们首先要具有同情心，只有父母具有同情心，才能潜移默化地熏陶和培养孩子的同情心。其二，在充分肯定培养孩子同情心重要性的同时，我们还要特别注意保护孩子的同情心。孩子的同情心一旦遭遇到骗子，而孩子一旦知道自己被人骗了，就会极大地伤害同情心。近些年来，一些职业乞丐，装作残疾人到处乞讨，而孩子们根本无法判断骗子的伎俩。当孩子发现自己的同情心被欺骗，而得不到父母和老师相应的鼓励时，就会对自己的同情心品质产生质疑，进而产生对同情心的抗拒心理。

在培养孩子的同情心方面，我和爱人不仅多次为灾区捐款，而且也经常关心贫困大学生的助学活动，对有困难的学生给予力所能及的帮助。在女儿上小学和中学、大学的时候，我们一直注意从女儿小的时候，不断培养女儿的同情心，鼓励和支持女儿帮助那些比较困难的同学。女儿有个小学同学家庭比较困难，女儿就让我们帮助她的同学，给她的同学买衣服和学习用品等。我们肯定和鼓励女儿的同情心，就力所能及的帮助她的这位同学。

49. 培养孩子责任心的方法

薛夫子

寄语：培养孩子的责任心，非常有利于促进孩子智力和多种能力的全面发展。孩子有了责任心，认识问题、思考问题和解决问题，才能够站得高，看得远。

人生在世，责任有大有小，除非是不懂事的婴幼儿，年龄稍微大一点的孩子都要承担自己应该承担的那份责任。从人才培养的角度来看，家长帮助孩子树立责任心，有利于锻炼和提高孩子的多种素质和能力。比如，所有的父母和老师既要认识到父母和老师在孩子学习和生活中的教育和指导的责任，又要让孩子认识到自己在学习和生活中的责任。

第一，父母要引导孩子学会照料自己的饮食起居，让孩子学会洗碗、洗手帕，整理自己的床铺、用具，让孩子认识到自己应该担负的责任，并且鼓励孩子自觉履行自己的那份责任。

第二，父母要鼓励孩子力所能及地做一些家务，在父母做家务的时候，让孩子做个小帮手，帮助打扫卫生，做一点简单的饭菜，到商店买点零星的小商品，甚至家里来客人的时候，帮助倒茶端水等。

第三，父母要鼓励孩子自觉关心所在的学校、班级的发展，关心同学和小朋友，培养集体荣誉感和争先创优的进取精神，认识到自己作为集体的一员，应该自觉履行一个成员在团队中的责任。

第四，父母要鼓励孩子对未来的责任心。所谓对未来的责任心，是指孩子为了未来能够干一番事业，从小就应该认真学习，修身养性，为未来的发展打下坚实的基础。

关于培养孩子的责任心，我曾经多次调研过一些大学生。我问大学生："当妈妈做家务比较忙的时候，你会怎么做？"很多大学生很自然回答："妈妈，我来帮你做！"对此，乍看起来，大学生的回答没有任何问题，但大学生的回答中蕴含了一个前提，即大学生内心认为，这些家务似乎就应该是妈妈来做，所以当妈妈忙不过来的时候，作为儿女应该"帮助"妈妈来做家务，而不是自己应该做。所以，大学生的回答意味着大学生家庭责任感的缺失，而这种家庭责任感的缺失，实际上早在这些大学生的孩提时代，就已经被父母们所扼杀了。

我们认为，父母通过培养孩子的责任心，应该让孩子认识到自己的责任，这份责任无论或大或小。孩子只要自觉履行自己的责任，而通过履行各种责任，有利于培养孩子的人文精神、敬业精神和团队精神，锻炼和提高孩子的动手能力，独立处理问题的能力等。

50. 培养孩子自信心的方法

薛夫子

寄语：孩子最容易养成的两种不良性格就是自负和自卑，而这两种性格都会影响孩子的正常发展。父母培养孩子的自信心，不但对于预防和校正自卑或自负的不良性格非常重要，而且对于促进孩子的学习和成才，也非常重要。

自信心是一个人内在的重要动力，也是构成生命活力的重要源泉。人生在世，如果没有自信心，精神就会萎靡不振，人生就会失去进取的动力。因此，家长应该特别重视培养孩子的自信心。

第一，对于孩子学习的进步，父母要及时真诚地表扬。在这方面，父母不要老是把别的优秀孩子与自己的孩子比，而应该看到只要自己的孩子与以前相比，有了一点进步，家长就要给予鼓励和表扬。家长一定要注意，孩子的自信心是经过长期的培养和鼓励才能够养成的，家长只有经常表扬和鼓励孩子，孩子才能增强自信心，而孩子只有增强了自信心，才能主动积极地学习。

第二，对孩子做对了其他的事情，父母也要给予表扬。比如孩子助人为乐，关心他人，尊老爱幼，热爱劳动，勤俭节约，彬彬有礼，做事认真等，父母都应该适时地给予表扬。

第三，鼓励孩子改正错误。孩子的错误主要表现在两个方面：其一，学习粗心马虎。父母如果发现孩子最近学习比较认真细心，学习态度比以前端正了，不太马虎粗心了，就要及时给予表扬，使孩子每天都感觉自己学习上的进步，体验到认真和细心的快乐，哪怕是改正一个缺点。其二，不慎做错了其他事情。对于孩子做错的其他事情，家长不要纠缠不休，而是要帮助孩子分析做错事情的原因，然后鼓励孩子进行纠正。比如孩子不小心摔坏了茶杯、吃饭用的碗等，父母一般 不要责怪孩子，只要叮嘱孩子以后细心一些，孩子一般就会改掉粗心的毛病。

第四，引导和鼓励孩子善于提出问题。孩子提出问题的过程是一个思考问题的过程，也是一个拓展思维和深化思维的过程。因此，父母要鼓励孩子多问为什么，哪怕孩子提出的问题是胡思乱想、异想天开，甚至是荒诞不经，也不要轻率地予以否定。父母对于孩子提出的问题，应该尽量回答；如果暂时回答不了，也要经过思考或查证以后再给予回答，一定不能采取堵塞的方式。

第五，父母在平时可以给孩子制定几个容易达到的小目标。孩子如果通过认真和努力，就可以达到目标，孩子在感受到实现目标的快乐的同时，有利于激励自信心，还非常有利于开发潜能。

第六，激发和刺激孩子的学习欲望。父母可以通过日常生活以及学习的方方面面，引导孩子认识学习的重要性，让孩子认识"知识就是力量"，"知识可以改变人的命运"的道理，激发和刺激孩子的学习欲望，按照大学习观的视野，引导和鼓励孩子进行广泛而又深入的学习。

第七，父母要及时矫正孩子的自卑心理。自卑心与自信心是相反的，孩子一旦具有了自卑心，就必然失去了自信心，因此，父母要时刻注意和预防孩子自卑心的出现。预防孩子自卑，最基本的有两点：一是父母或者老师不要经常批评孩子，特别是不能当着同学们的面经常批评孩子；二是父母不要经常把孩子一个人放在家里，以免让孩子形成孤独的心理特征而导致自卑。

第八，父母还要注意和预防孩子的自负心理。自负和自信有时很难区分，但自信是对个人自我的正确认知，而自负却是对自我的过度认知，即过高地估计了自己。现在的孩子很多是独生子女，不仅非常自信，而且还有不少孩子具有自负心理，因为自信过度一点就是自负，所以，父母也要注意和预防孩子及时矫正自负心理。

第九，为了培养孩子的自信心，父母还应该以平等民主的态度对待孩子，把孩子当做一个有思想、有尊严、有人格的人来看，只有这样，才能够促进孩子自信的养成；而在专制和武断的氛围下，不可能培养孩子的自信心。

自信心是人生一种重要的人格品质，对健康的心理和成功的人生有极大影响。父母一定要重视对孩子自信心的培养，让自信心成为孩子前进的重要动力，成为学习进步和未来事业成功的重要内驱力。

51. 保护孩子自尊心的方法

薛夫子

　　寄语： 人的自尊心是人性尊严和人格尊严的重要内涵。父母要保护孩子的自尊心，但自尊心不等于虚荣心。父母批评孩子，要注意批评孩子的时间、地点和场合。无论如何，父母一定不能打骂孩子，要动之以情，晓之以理。

在对待孩子的自尊心方面，我们很多成年人好了疮疤忘了疼，早已忘记自己小时候是否还有自尊心的问题，对所谓"不懂事"的孩子，轻则训斥，重则打骂，严重伤害了孩子的自尊心，影响了孩子的健康发展。

第一，父母和老师都要充分认识到，很小的孩子就已经具有了比较强的自尊心，千万不能以为孩子小，没有什么自尊心，就不给孩子面子。关于孩子的自尊心问题，我小时候就有非常深刻的体会。我五岁时上小学一年级，六岁上二年级，开学后不久，老师与我父亲商量说要让我降级，理由就是我年龄太小了，因为二年级的同学普遍比我大两三岁，老师说怕累坏了我。在父亲和老师的劝说下，我被迫降到一年级。那时我虽然只有六岁，但感觉降级很丢人，认为自己是个大孩子了，怎么又退回去与小朋友一起学习呢？在这种想法的影响下，感到自尊心似乎受到了伤害，经过一个多月的时间，我才逐渐适应了一年级的环境。一般来说，孩子在幼儿时期，就已经形成了初步的自尊心；而到了儿童期，孩子的自尊心已经基本形成，但由于儿童期的孩子还缺乏足够的抗压能力和抗挫折能力，所以，父母和老师要充分顾及孩子的心理特点，充分尊重孩子的自尊心，对其进行必要的因势利导，而决不能一厢情愿地按照大人的观点去衡量和判断孩子。

第二，父母和老师一般不要当众批评孩子。孩子在儿童期，一般都具有比较强的自尊心，很看重自己的面子。自尊心实际上也是人的一种羞耻心，而羞耻心在孩子一岁的时候已经开始萌芽了，因此，即使孩子做错了事，父母和老师一般不需要当着很多人的面批评孩子，让孩子感到羞耻。我曾经见过这样一个事例：有一次，我在工作之余到附近一个中学的操场散步，正赶上这个中学的学生做课间操。我忽然发现，一个班主任老师对一个来晚的男生当众进行了严肃的批评。这件事对我触动很大，我作为一个旁观者，感觉老师这样做似乎有些过分，由此进一步认识到老师保护孩子自尊心的重要性。我从事大学教育三十多年，没有一次当众点名批评某个学生，即使学生确实做错了事情，我也尽量顾及学生的面子。

第三，在任何情况下，父母和老师都不能对孩子采取语言暴力。父母或老师经常喜欢使用的语言暴力有"你真笨！""你笨死了！""憨死了！""真愚蠢！""你真是个蠢货！""你怎么这么没出息！""朽木不可雕也"，"你爹妈怎么教的？""叫你家长来！""罚你再抄20遍！""你考不上学这辈子就完了！"可谓不一而足。父母和老师这样说，就会严重挫伤孩子的自尊心，容易造成孩子的性格扭曲。语言暴力客观上会伤害孩子的自尊心，作为父母和老师，一定不要讽刺挖苦孩子，对于孩子学习成绩不好或做错了事情，要找出具体的原因，不能过多地责备孩子，我们不妨设想，政党、政府以及我们成人都会犯错误，我们经常说人无完人，一些儿童期的孩子又怎么可能不做错事情呢？正确的做法是多给孩子一些理解和鼓励，对孩子经常说："你真行，这个问题回答的不错。""你可以大胆讲，说错了没有关系。""我小时候比你们笨多了，经过后来的努力，才有了明显的进步。""这次没有考好，没关系，但要找出不明白的问题。"

第四，在任何情况下，父母和老师都不能体罚孩子。父母和老师体罚孩子，轻则说，这是一种无知的行为；重则说，这是一种十分恶劣的行为；轻则说，体罚孩子很容易损坏孩子的身体健康；重则说，体罚孩子很容易产生极其严重的心理后果。有些父母和老师，从根本上扭曲了与孩子或学生的关系，把自己视为高高在上的权威，甚至像一个君主，不能平等地对待孩子。这样的父母或老师，只能把孩子培养成一个失败者。多年来，中小学教师体罚学生的新闻屡见不鲜，说明我们的基础教育确实存在比较严重的问题，迫切需要完善教育制度和提高教师素质及时解决。

第五，父母和老师不能惩罚孩子多做作业。特别是老师对待学生，可能因为学生做错了题，而惩罚学生把做错的题重复做若干遍。这种惩罚措施，客观上严重压抑了孩子的学习积极性，可能形成孩子厌恶学习的心理障碍，甚至最终走向逃学。一位数学老师当众训斥五年级的一个考试成绩差的学生，并罚抄试卷三遍。这个学生平时性格内向，从此更加精神压抑，一上数学课就有一种莫名的畏惧感，后来家长不得不叫他休学。

第六，父母和老师不要欺骗或戏弄孩子。父母和老师要认真对待孩子的愿望和要求，不能戏弄和欺骗孩子，因为孩子受到戏弄和欺骗，就容易变成不知羞耻的人，也会去戏弄和欺骗别人，并且不再相信父母了。历史上有个曾子杀猪教子的故事，曾子深深懂得，诚实守信，说话算话是做人的基本准则，若失言不杀猪，那么家中的猪保住了，却失去了孩子的信任。

第七，父母和老师也不能吓唬孩子。当孩子不听话的时候，有些父母和老师不是对孩子循循善诱，而是用可怕的故事吓唬孩子。这样只能导致孩子心理上的恐惧感，不利于孩子的心理健康，有可能造成孩子胆小怕事的性格，做事谨小慎微，缺乏自信和魄力。

为了维护孩子的自尊心，父母和老师要注意如下几点：其一，对待孩子要学会宽容，孩子毕竟还只是孩子，父母不能要求孩子像大人一样懂事，更何况成年人有时也很不懂事，甚至还违法乱纪；其二，不要轻易上纲上线，把孩子的过失或错误扩大化；其三，切忌不问青红皂白和事情缘由轻率地责怪孩子；其四，不要经常拿别的孩子的长处比自己孩子的短处，要发现自己孩子的闪光点；其五，对于孩子过去做错的事情，不要陈芝麻、乱谷子地翻"旧账"，要有"往者不可谏，来者犹可追"的未来意识；其六，对孩子的成绩要给予及时的鼓励和赞赏，激励孩子积极向上的自尊心。其七，父母和老师在孩子面前不能搞"一言堂"，要允许和鼓励孩子与父母和老师能够平等地交流思想和意见。

当然，在培养孩子自尊心的时候，父母和老师还要注意，自尊心不同于虚荣心，对于孩子出现的问题，还是应该根据具体情况，该表扬就表扬，该批评就批评，对于存在的问题不能一味迁就。对于一味迁就或者一味表扬的孩子，孩子在成长过程中，往往缺乏对挫折的忍受力，经不起生活的磨难。

52. 偶尔给孩子一点点溺爱

薛夫子

　　寄语：从总体和原则上而言，父母一定不能溺爱孩子，但可以偶尔给孩子一点溺爱，让孩子充分感受到亲情的温馨，让孩子学会通过偶尔的溺爱释放自己的情绪。要允许孩子在父母面前适当的撒点娇，但撒娇要有度。

为了培养孩子成才，从总体上来说，父母应该关爱孩子，一般是不能溺爱孩子的，但不能从一个极端走向另一个极端。也就是说，家长在孩子面前，不能总是显得非常严肃的样子，老是板着个脸。从心理学的角度来看，家长适当给孩子一点点溺爱，有利于和谐父母与孩子的关系，促进孩子的健康成长。

家庭是每个家庭成员最温馨的家园，也是激发情感、表达情感和释放情感最自由、最快乐、也是最具诗意的栖居之所。正因为如此，父母适当给孩子一点点溺爱，才能够更让孩子感受到亲情和家庭的自由与温馨。

第一，偶尔给孩子一点点溺爱，让孩子更好地体验和感受家庭的亲情。父母平时对孩子道德修养和学习等方面都可以严格要求，但在一家人都比较闲暇的时间，在心情比较放松的状态下，父母与子女的关系可以更融洽、更亲密与更自由一些，偶尔给孩子一点点溺爱，允许孩子在父母面前撒点娇，让孩子更好地体验和感受家庭的亲情，这样更有利于孩子的发展。

第二，偶尔给孩子一点点溺爱，让孩子更好地发展自由的天性。从哲学的角度来看，每个人都具有自由的天性，而孩子在社会化的过程中，非常需要维护和保持人的自由天性。父母偶尔给孩子一点点溺爱，让孩子在父母面前无拘无束地快乐地成长，客观上能够让孩子更好地发展自由的天性，这从根本上有利于孩子实现人的本质。

第三，偶尔给孩子一点点溺爱，有利于家长了解孩子的个性。当父母适当给孩子一点溺爱的时候，孩子在父母面前能够获得较大程度的自由，可以毫无保留地表现自己的个性。这样有利于父母了解孩子的个性，父母可以根据孩子个性的具体表现，有的放矢地塑造孩子和谐完美的精神个性。

第四，偶尔给孩子一点点溺爱，有利于家长了解孩子的兴趣。当父母适当给孩子一点溺爱的时候，孩子在父母面前获得了较大程度的自由，因而能够自由地表现出自己对某些事物的独特兴趣，因此，父母可以根据孩子的兴趣及其表现形式，了解孩子兴趣的特点，把握孩子的这些兴趣对于以后成才的特殊意义，这样父母可以酌情对孩子的兴趣因势利导，促进孩子更好地成才。

第五，偶尔给孩子一点点溺爱，有利于家长了解孩子的潜能。孩子的潜能不仅可以通过平时的学习表现出来，而且还可以通过在父母的呵护下，自由地畅谈人生的未来与美好的理想，自由地抒发自己的感情，自由地做自己喜欢做的事情。而当父母给孩子一点点溺爱的时候，孩子在自由的情境下，能够毫无保留地释放自己的某些潜能，而父母则可以从中发现孩子某些在平时不易发现的闪光点，然后对孩子的这些闪光点通过因势利导，而点燃孩子心灵智慧的星火燎原。

第六，偶尔给孩子一点点溺爱，有利于促进孩子的心理健康。孩子在平时的学习中可能会出现一些压力，在与小朋友交往中，也可能会出现一些矛盾等，这些因素有时可能困扰着孩子的心灵，孩子的心理压力需要在父母面前得到缓解和释放，因此，父母可以适当给孩子一点点溺爱，这样有利于促进孩子的心理健康。

在这方面，我们对待女儿除了正常的关爱以外，有时也适当给女儿一点点溺爱，让女儿能够充分体会到我们对她的爱，让女儿的心灵有一个慰藉和释放的港湾，因为我们要努力把家庭建设成一个温馨而有诗意的乐园。

53. 闲暇时间开发孩子潜能

薛夫子

　　寄语：闲暇时间是孩子自由发展的时间，父母要善于利用闲暇时间释放孩子的个性，培养孩子对事物的良好兴趣，引导孩子玩各种健康的游戏，到野外郊游，到工厂、农村、花园、书店等，尽力扩大孩子视野，丰富孩子的观察力和想象力。

　　在应试教育的制约下，孩子除了每天完成作业后，剩余时间很少，闲暇时间主要集中在周末和寒暑假的时间。父母如何利用孩子有限的闲暇时间，开发孩子的潜能，这是父母必须要考虑的重要问题。

　　闲暇时间开发孩子潜能的方式很多，其中包括引导孩子玩智力游戏，阅读科幻故事、文学名著，看电视里的动物世界、各种动画片节目，参加各种旅游，从事一些力所能及的家务劳动，进行体育锻炼，引导孩子画画，参加各种手工制作（包括小设计、小发明等），适当参加一些才艺学习班，家长与孩子互动讲故事等等。我在开发孩子的潜能方面，以上这些方式都尝试过，都取得了一定的效果。比如，我们的女儿两岁时，很喜欢画画，女儿每画完一个图画，我们都会很感兴趣地问她："你画的是什么呀？真好看！你给爸爸妈妈讲讲你这幅画是什么意思好吗？"在我们的引导下，女儿就会兴高采烈地给我们讲她画的是什么。尽管女儿画的有时什么都不像，但她讲的故事却有声有色。这时我们通常会给女儿一些鼓励和赞扬。我们在乎的不是一个两岁女儿的画画水平，在乎的是女儿通过自己的绘画和讲解，开拓了她的空间想象能力，提高了大脑与手指的协调能力和语言表达能力。

　　特别强调的是，父母带领孩子去"三店"不如去"一店"。这里所说的"三店"，是指商店、饭店和美发店；"一店"是指书店。有些家长在闲暇时间总是喜欢领着孩子逛商场，下饭店，去美发店，而恰恰忽略了领着孩子去书店。当然，这里不是说父母不能领着孩子去商店、饭店和美发店，而是说，相比之下，应该适当多领着孩子去书店看看。父母通过领着孩子去书店，可以发现孩子对各种图书的兴趣，从中发现孩子的某些潜能。父母如果能够及时发现孩子的兴趣和潜能，再加上及时的因势利导，就非常有利于孩子的成才。

　　需要注意的是，父母在闲暇时间开发孩子的潜能，切忌拔苗助长，也不能给孩子增添额外的学习负担，而是应该在释放孩子自由天性的同时，一方面要顺其自然，另一方面又要因势利导，让孩子的各种潜能沿着科学的轨道得到积极有效地开发。例如，我们的女儿在幼儿园时期，我们经常利用饭前饭后时间，与女儿共同做一个游戏，我们为游戏取名为"抓特务"。女儿小的时候还没有这么多的智商玩具，我们当时的工资也比较低，就把饼干盒之类的硬纸板剪成同等大小的方纸块，在纸块上写上阿拉伯数字和画上简单的水果、桃子、梨等等。我们出题说6个苹果加3个梨，再减去5个桃子，最后那个数就是隐藏的特务。从个位数到十位数再到百位数，循序渐进，到女儿 5 岁时 100 以里的连续加减，张口就能算出来。女儿小时候非常愿意玩这样的游戏，以至于初中、高中一直都是班里的数学课代表。

当然，利用闲暇时间开发孩子的潜能，没有固定的模式，家长可以根据孩子的具体情况以及自己的实际情况，可以随时随地、采取灵活多样的方式，自由地开发孩子的潜能。

54. 掌握提高孩子情商的方法

薛夫子

寄语： 提高孩子的情商，对于促进孩子成长与成才，具有特殊的重要意义。智商反映孩子的聪明程度，但情商不仅促进智商的发展，而且直接决定和影响着智商的发展方向，决定孩子做什么和怎么做。情商在人的成才因素中几乎占到 80%。

情商作为一个心理学概念，近二十年来，对哲学、管理学、社会学、教育学和人才学等若干学科都产生了重要影响。从人才学的角度来看，一个人的情商高低将会直接影响着个人的成才。因此，父母和老师都要努力提高孩子的情商。

丹尼尔·戈尔曼提出的情商概念，颠覆了智力天生的理念，给人类社会带来了极大的冲击。情商（Emotional Quotient），简称 EQ，主要是指人在情绪、情感、意志、耐受挫折等方面的素质，也就是"情绪智慧"或"情绪智商"，又称为"情绪智力"，简称情商，与智商相对。情商主要包括五个要素：第一，自我认知的能力；第二，自我调控的能力；第三，自我激励的能力；第四，移情的能力；第五，人际交往的能力。其中，自我认知的能力，即要求能够正确的认识自己；自我调控的能力，即要求能够控制自己的情绪；自我激励的能力，即要求个人能够自我激励，学习的动力来自个人生命的内部，而不是家庭、学校和社会这些外在因素约束；移情的能力，即理解他人情绪的能力；人际交往的能力，即要求个人能够与他人和谐相处，具有人际关系的和谐美。在这五个要素中，前三个要素主要是个体在主观上的自我认知、自我调控与自我激励；后两个要素主要是要求个人应该具有的处世态度，要求善解人意，自觉与他人建立和谐的人际关系。按照成功学或人才学的角度来看，人才学家和心理学家一般认为，一个人的智商只占个人成功因素的20％左右，而情商却能够占到成功因素的80％左右，可见情商对于人生的重要性。

孩子在儿童期，正处于从家庭开始走向学校，从室内走出室外活动的重要转折期，也是情商形成和发展的第一个关键期。因此，父母和老师都要抓住这一时期，夯实孩子情商的基础。孩子在儿童期很容易计较小事，我们为了提高孩子的情商，经常提醒女儿应该计较什么，不应该计较什么；遇到不开心的事，无论是什么事情，我们都会及时地开导她，让她有一个阳光的心态。每天睡觉前，她妈妈都会问问她，你今天最高兴的事情是什么，你给妈妈说一说。她就会叙述一天高兴的事情，然后，她妈妈会让她想着这件高兴的事情去睡觉。我们常常看到女儿睡着了，嘴边还挂着笑容。由于我们阳光的教育方式，女儿养成了乐观、阳光、开朗、知书达理的好性格。

根据情商理论，我们认为儿童时期应该培养情商的五个要素：

第一，培养孩子的自我认知能力。在这方面，父母和老师可以引导孩子认识自己日常的学习和生活中的优点，找出存在的不足，通过对孩子的循循善诱，让孩子发扬优点，改正学习和生活中的一些不良习惯。父母和老师还可以通过对孩子与孩子之间的比较，让孩子通过了解其他孩子的优点和不足，在学习其他孩子优点的同时，也要以其他孩子的错误为戒。

第二，培养孩子自我调控的能力。自我调控实际上也就是自我管理、自主管理。在这方面，父母和老师可以鼓励孩子自己吃饭、穿衣，自己上学，上课认真听讲，独立完成作业，自己收拾书包等，甚至可以通过特定的"软糖实验"，进一步培养和提高孩子的自我调控能力。特别是对于孩子平时的学习成绩以及考试成绩，父母要引导孩子胜不骄败不馁，在成绩面前保持清醒的头脑，对学习成绩的评价，具有一个比较客观的态度。

第三，培养孩子的自我激励能力。在这方面，父母和老师在平时不仅要鼓励孩子主动学习以及参加各种活动的积极性，而且还要对孩子的进步及时给予鼓励和表扬，对于孩子做得不对的地方，不要求全责备，而是给予理解和宽容，保护孩子思维的主动性和创造性，由孩子过去被动地"要我学"转化为自觉地"我要学"。在孩子学习方面，很多孩子存在着为父母和老师学习的错误观点，父母应该因势利导，引导孩子明确学习目的，端正学习动机，让孩子自主学习，快乐学习，是为了学好知识更好地成才而学习。

第四，培养孩子移情的能力。移情的能力也就是善解人意的能力。在这方面，父母和老师要一方面要引导孩子理解父母和老师对自己的关心和博大的爱；另一方面还要引导孩子对其他的孩子的理解，能够分享他人的快乐，体谅他人的痛苦。要引导孩子虚心学习别人的长处，对别人的困难表示同情和关心，不幸灾乐祸等。

第五，培养孩子的人际交往能力。戈尔曼发现人的大脑需要与他人交流，我们大脑的实质就是社交性的大脑。人际互动对人类的影响超出了我们的想象，在这个过程中我们会分泌各类激素，调节着我们体内从心脏到免疫系统的活动，以至于我们会像感染感冒一样感染他人的情绪，而与世隔绝和无情的社会压力也会导致我们的寿命缩短。从成功学的角度来看，人际交往能力对于一个人的事业成功至关重要，所以，父母和老师应该特别注意培养儿童期孩子的人际交往能力。在这方面，父母和老师应该引导孩子与孩子之间学会互相关心，互相帮助，能够与不同性格、不同年龄的小朋友交往，甚至学会与陌生人打交道，如何识别骗子的伎俩等。为了引导孩子与小朋友正确的交往，要教育孩子克服骄傲自满、盛气凌人等不良现象。

在提高孩子的情商过程中，帮助孩子克服粗心的毛病，是非常重要的。据了解，许多孩子平时学习还不错，可是一到考试就犯粗心大意的毛病，这几乎是小学生粗心大意的通病。上世纪 90 年代初，为了纠正及预防女儿粗心大意的毛病，我们全家爱上了正大综艺找错误的节目。我们和女儿与节目同欢同乐，看节目时，我们让女儿认真看，记住每个环节，到了找错误的时刻，女儿会准确找出错误，找对了错误会非常兴奋，她也会高喊对了！错了！女儿受益于正大综艺这个节目，整个小学阶段学习都比较细心，经常会考双 100 分，很少犯粗心大意的毛病，为以后的初中、高中乃至于大学都打下了一个很好的基础。

为了提高孩子的情商，父母还可以对孩子的情绪因势利导，进行积极的调控。我的朋友给我发的邮件中有父亲教育孩子的这么一个故事：

儿8岁，顽皮，与大同学打架。伤痕累累，回，大哭不止。

"委屈？"

"委屈！"儿泣答。

"愤怒？"

"愤怒！"儿嚎啕。

"你打算怎么办？"再问，"需要爸爸为你做点什么？"

"爸爸，我要找块砖头，明天从背后去砸他！"

"嗯，我看行！爸爸明天为你准备砖头。"继续问，"还有呢？"

"爸爸，你给我弄把刀，我明天从背后去捅他！"

"好！这个更解气，爸爸这就去准备一下。"我上楼。

理解支持，儿渐平静。约20分钟，我从楼上搬一大堆衣服及棉被？

"儿子，你决定了吗？是用砖头，还是用刀呀？"

"但是，爸爸，你搬那么多衣服被子干吗？"儿困惑。

"儿子，是这样的：如果你用砖头砸他，那么警察就会把我们带走，在监狱里大概只要住一个月，我们就带些短衣薄被就可以；如果你用刀子捅他，那么我们在监狱里至少3年回不来，我们可要多带些衣服被子，四季都要带齐！"

"所以，儿子你决定了吗？爸爸愿意支持你！"

"要这样的？"儿惊愕。

"是这样的，法律是这样规定的！"我趁机普法。

"爸爸，那我们就不干了吧？！"

"儿子，你不是很愤怒吗？""嗨嗨，爸爸，我已经不愤怒了，其实我也有错。"儿脸红。

"好，爸爸支持你！"

自此，儿学会了选择和代价。

这个故事告诉我们，父母在培养孩子的情商时，不一定采取严厉和强迫的手段，去逼迫孩子做某件事，或者不让孩子做某件事，而是可以对孩子因势利导，甚至运用归谬法，引导孩子认识缺乏节制和贸然冲动可能带来的严重后果，让孩子在是非面前和行为面前，做出冷静和正确的选择。如此一来，孩子的情商也就不知不觉地培养起来了。当然，培养孩子的情商绝非一日之功，而需要假以时日，需要长期的磨练和养成。对此，父母和老师要率先垂范，教育方式要循序渐进，不能急于求成，而是坚持打持久战。

55. 掌握言传身教的教育方法

薛夫子

寄语： 父母是孩子人生最初的老师，也是孩子一生的顾问。父母如何对孩子言传身教，这是任何父母都需要正确解决的问题。父母应该在自己的一言一行中都要为孩子树立正确的人生榜样。

从家庭教育的角度来看，父母对孩子的影响既是直接的，也是潜移默化的，贯穿于孩子成长的一生。父母的言传身教具有润物细无声的特殊作用，一言一行都需要注意对孩子的影响。

从家庭伦理的角度来看，父母在家庭内部如何处理家庭关系，直接影响着孩子的心灵。比如，在孩子的眼里，父母如果不尊重爷爷奶奶和外公外婆，就会潜移默化地影响到孩子将来对父母的尊重。

从家庭暴力的影响来看，如果父母有暴力倾向，孩子长大以后，很可能也出现暴力倾向。曾经有这么一个犯罪青年，经常打骂父亲。乍一看到电视里这个报道，觉得这个青年真是十恶不赦，罪大恶极。但从其打骂父亲的发展过程来看，却是他父亲种下的苦果。这位父亲年轻的时候，经常酗酒，不但打骂儿子，而且还打骂自己的父亲。所以，这个孩子最后走向犯罪，与他从小潜移默化地受到了父亲家庭暴力的影响是分不开的，等他长大以后，逐渐养成了好吃懒做的坏习惯，就开始打骂自己的父亲了。

从社会公德来看，父母如果在社会上处事文明，人际关系和谐，那么，孩子也就会受到父母正面的影响；如果父母本身做人的素质差，好赚别人的便宜，自私自利，就必然影响到孩子的人生观。曾经有这么一个真实的故事：母女俩坐公交车，女儿主动为别人让座，却被母亲骂了一顿。可以设想：这位母亲在社会公德方面是不合格的，如果不及时改正，就很可能影响到自己女儿的道德养成。

从家长的事业心来看，父母如果具有比较强的事业心，能够勤奋敬业，甚至干出一番成就，就能够对孩子发生积极的影响。在这方面，我们有这样的经验：当女儿小的时候，我和女儿约定好，我先给她讲一段故事或者陪她玩一会儿，然后我们就各人做自己的事情，我看书写文章，女儿自己看故事书或者玩积木等。我在女儿面前，一直保持了勤奋学习的形象，这对女儿的学习都产生潜移默化的积极影响。

在对孩子言传身教的问题上，并不是说只有父母做出了成就，才能够对孩子进行言传身教，而是说，父母对孩子的言传身教具有多方面的丰富内容。在日常生活中，父母要带头尊老爱幼，注意自己的言行文明；在工作中，要勤奋敬业，尊重领导，团结同事；在精神世界的层面，父母要带头树立正确的世界观、人生观、价值观、爱情观、金钱观和权力观；在个性的修养方面，父母要自觉塑造和谐完美的精神个性，预防和杜绝语言暴力等等。总之，父母对孩子的言传身教，表现在许多方面，为人父母，只要具有对孩子的责任心，在学习、生活和工作中，自觉为孩子树立榜样，就能够促进孩子的健康成长。

56. 应该正确对待孩子的兴趣

薛夫子

寄语：兴趣只是一个人主观要素中其中的一个要素，孩子成长不能拘泥于某种兴趣。孩子的兴趣是可以培养的，也是可以转移的。关键是要找到和发现适合孩子人生发展的某个兴趣点，由此进行潜能的开发。

人们常说，兴趣是最好的老师。就一般意义上来说，父母确实应该特别关注孩子的学习兴趣问题，比如在课程学习方面，孩子是否特别喜欢某一门课程，而不太喜欢某一门课程；在日常生活、课外活动或者外出参观旅游等活动中，是否发现孩子对某些事物具有特别浓厚的兴趣等等。敏锐的父母可能从孩子的某些兴趣中发现孩子的闪光点，如果加以因势利导，也许就能够成为孩子今后学习乃至事业发展的一个突破口。但是，父母在根据孩子的某些兴趣确立孩子以后的发展方向时，却必须非常审慎，因为兴趣虽然是重要的，但孩子的兴趣不仅是比较幼稚的，而且也是不断处于发展变化的，因而也是可以转移和可以培养的。

父母在对待孩子的兴趣上，要注意三点：

第一，孩子的兴趣是可以转移的。孩子由于年龄比较小，有很大的可塑性，尚缺发定性，因此，在特定的环境下，孩子对某个事物产生了兴趣，是很正常的，但因为这些兴趣的产生往往是很偶然的，还缺乏理性的积淀，因此也是很容易发生变化的。从心理学的角度来看，中老年见异思迁的比较少，而青少年则很容易见异思迁，而见异思迁在某种程度上来说，也就意味着对某些事物兴趣的转移。从饮食心理学的角度来看，对某些食物的食欲，老年人一般是回想起过去喜欢吃的某种事物，就会产生想吃的欲望；而青少年则不可能对没有听说和没有见过的食物有丝毫的食欲。换言之，青少年如果见到了一种新的食物，就可能激发其吃的欲望或者吃的兴趣；而老年人则单凭回想，就可能激起对某种食物的兴趣。所以，许多孩子的兴趣是不稳定的，一旦遇到其它新鲜事物，就可能很快失去过去对某个事物的兴趣，而培养起新的兴趣。

第二，孩子的兴趣是可以培养的。旧兴趣的转移与新兴趣的生成是相辅相成的。对于这一点，父母一定要注意，孩子最初对某个事物的兴趣不一定能够持久地发展下去，最初的这个兴趣也不一定是孩子潜能的闪光点；而随着孩子年龄的增长，随着学习视野和生活视野的扩大，很可能遇到若干自己感兴趣的事情，从而萌发出新的兴趣。这些新的兴趣也许就是孩子以后潜能开发的闪光点。因此，父母不要固执于孩子已有的某种兴趣，而是运用发展变化的观点，辩证地看待孩子兴趣的发展变化，从中选择和把握孩子的最佳兴趣。心理学证明，每个人的一生中，都有可能对很多事物产生兴趣，只不过是有些兴趣也许刚刚产生，就会因为某些原因而失去了，或者自我抑制了；有些兴趣则成为人生潜能最重要的突破口，或者成为个人的首选职业，或者成为最重要的"副业"。对于这一点，许多父母要充分认识到这一点：

不要把孩子的兴趣与未来的职业简单的划等号。

第三，父母要把孩子兴趣的广泛性与专注性结合起来。所谓兴趣的广泛性，是指父母培养孩子，要尽可能培养孩子对事物具有比较广泛的兴趣，热爱人生，热爱生活，喜欢所有的课程，不偏科，争取全面发展；所谓专注性，这里是指孩子在一定的时间和空间中，对某个事物能够保持比较浓厚的兴趣，从而能够集中时间和精力投入某个事物。比如学习的时候，能够集中精力专心致志、聚精会神；而娱乐休息的时候，也能够放松心情，高高兴兴地玩耍。

此外，父母在对待孩子的兴趣时，还要考虑孩子的兴趣未来是否具有实现的可能性和现实性。这就所说，要对孩子的兴趣进行科学分析，既不能对孩子的兴趣熟视无睹，也不能盲目地受制于孩子的兴趣。比如，现在许多家长让孩子假期学钢琴，学绘画，就不一定让孩子将来一定从事钢琴和绘画的工作。发现孩子的兴趣，关心孩子的兴趣，培养孩子的兴趣，这都是家长应该做而且必须做的，但一定不要盲目地对待孩子的兴趣。

简言之，孩子的兴趣是一个变数，家长对孩子的兴趣不能简单化，也不能一概而论，要根据孩子兴趣的实际情况，用发展变化的观点，对孩子的兴趣进行科学的分析，力求把培养孩子的兴趣与孩子的学习以及生涯设计结合起来，让兴趣引领孩子发展，成为开发孩子潜能的导航器。

57. 培养孩子健康的业余爱好

薛夫子

寄语：孩子的业余爱好能够丰富孩子的生活，提高孩子的生活质量，是开发生命潜能的重要举措，因此，父母一定要培养孩子健康的业余爱好，但千万不要把孩子塞进业余各种学习班或者补习班里。

孩子在儿童期，学校的学习任务还不是太重，有比较多的闲暇时间，父母可以利用孩子的闲暇时间，引导孩子培养一些健康丰富的业余爱好。

第一，围绕着课程学习，引导孩子玩一些与课程学习相关的游戏。比如看图填成语，或者给成语填空；围绕实验课，可以做一些手工制作，玩变形金刚；围绕语文课，玩猜字的游戏，看图说话；围绕数学课，玩一些与日常生活相关的数字游戏等，比如领着孩子去商场超市、书店购物的时候，父母可以让孩子算算一共花了多少钱。这样做能够激发孩子极大的兴趣，促进孩子智力的发展，增强理解问题和分析问题的能力。

第二，引导孩子学习一些简单的舞蹈、器乐和歌曲。让孩子学习舞蹈，有很多方式，如果父母会跳舞，可以由父母教孩子跳；父母如果不会，可以让孩子跟着电视或录音机随机自由地跳舞。让孩子学习器乐，如果条件允许的话，家长可以聘请一个家庭教师，为孩子指导学习某种乐器。我们当时是请了一个音乐系的大学生为女儿教小提琴，女儿对拉小提琴很感兴趣，但后来由于学习任务较重，就暂时放弃了。引导孩子唱歌的方式有很多种，首先父母大部分都会唱一些经典或者比较流行的校园歌曲等，可以随时教会孩子唱歌；其次，电视中的少儿节目中也有很多的歌曲，父母可以引导孩子随机学习唱歌；再次，传统的录音机和现代的 MP3、MP4 等都可以帮助孩子学唱歌曲。另外，从计算机上的搜狗音乐可以听到很多歌曲，也可以下载下来让孩子学唱。

第三，引导孩子学习绘画，对于培养孩子的观察力、注意力具有特殊的重要性。我在长期讲授《西方美学》的过程中，对于达·芬奇画蛋的故事做了新的思考：达·芬奇的老师让他先学习画蛋，具有非常深刻的意义。从不同的角度来看，鸡蛋的形状差异很大，另外还有一个深层次的问题，就是主观动机与客观效果的统一性问题，画蛋的时候，你即使主观上想画出一个逼真的鸡蛋，但客观上未必就一定能够画出一个逼真的鸡蛋，画出来的鸡蛋很难与真的鸡蛋一样。所以，家长引导儿童期的孩子继续学习绘画，对于孩子的心智协调发展，提高孩子的观察力和想象力，都具有特殊的意义。在这方面，我们也曾经聘请了一个美术系的大学生教女儿学习绘画，也收到了比较理想的效果。

关于培养孩子健康的业余爱好，这里的关键不是让孩子学习和掌握某种技能，比如学会拉小提琴、钢琴或者绘画等，而是通过培养这些业余爱好，重在学习过程，孩子就在这些业余爱好中不断地提升了各种素质，增强了各

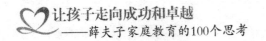
种能力，其中包括观察能力、联想和想象能力、动手能力等。

但是，在这方面，许多父母自觉不自觉地犯了强迫孩子学习某种技能的错误。如有的家长强迫孩子学钢琴，学绘画，学外语，把孩子的周末和假期基本上完全占领了。据《浙江卫视》、《凤凰卫视》、《南方都市报》等媒体2013年7月15日报道："女子花近12万为5岁儿子报17个培优班"，被称为"最着急"家长。这位母亲让孩子周一拼音，周二陶土，周三声乐，周四英语，周五钢琴，周末识字和数学……从孩子半岁至今，徐女士先后为他报了17个培优班，包括英语、数学、识字、声乐、画画、表演、手工等一些课程。

对于这位"最着急"家长，我们可以看看部分网友的评论：

龙的传人老球迷［福建福州］：被家长逼着失去快乐和童真的小孩是可怜的，家长是可悲和可恨的，时代是悲剧的。

kaixincidian49［河北邢台］：即使是个机器人也会被你折腾死的！人才不是这样逼出来的！

文不成武不行［浙江台州］：5岁的小孩，上17个培优班再加1个幼儿园，整18个，要发啊！发前可别把小孩逼疯了，这其实就是虐待儿童。

我把老大弄丢了［福建龙岩］：等孩子长大，你还是疯人院去看他吧。

阿祥11111［北京］：畸形的教育造就了畸形的家长。

苏拉阿蒙［广东广州］：看看欧美小孩在做什么，我们小孩在做什么；再看看欧美小孩成年后如何生活，我们小孩成年后如何生活。

手机用户［上海］：这个孩子好可怜，他妈妈剥夺了他的童年。

中天世贸－Stuart［澳大利亚新南威尔士］：想看看培养出一个什么怪胎。

光说不做不是我的风格［浙江嘉兴］：望子成龙之心苦了当妈的。可是，孩子的童年这么过，他能快乐吗？

用户3632854665［四川成都］：只能说这个母亲太无知，太虚荣，她不爱孩子，是在折磨孩子。她实在应该多看看关于教育的书籍。她太不懂教育了。

···········

父母培养孩子健康的业余爱好，最重要的要给孩子以最大的自由，通过释放孩子的自由天性，扩大孩子的视野、放飞孩子的想象力，培养孩子的综合素质，促进孩子的心智全面和谐的自由发展，而绝非强迫孩子学会一些专业技能。

58. 尽量扩大孩子的生活视野

薛夫子

　　寄语：读万卷书，行万里路是古代人们成才的重要规律。对于今天的孩子来说，父母仍然应该引导孩子读万卷书，行万里路。通过扩大孩子的生活视野，提高孩子的人文素养，激发孩子的想象力。

　　古人注重经多见广，所谓读万卷书，行万里路，说明一个人的历练和开阔视野对于人生成才都是非常重要的。特别在孩子 10 岁以前，父母应该尽量开阔孩子的视野，让孩子在开阔视野中增长见识，拓展思维。

　　第一，带领孩子到广阔的田野领略大自然的美好风光。辽阔的田野，蓝天白云，天似穹庐，笼罩四野，苍苍茫茫，蔚为壮观，颇有些气象万千的大气与辽阔。田野里的空气非常清新，视野非常开阔，一年四季景色不同，田野里的庄稼、蔬菜、各种水果、各种不同的花儿、草儿颜色各异，可谓异彩纷呈，美不胜收。父母带领孩子经常去田野观光，一方面有利于孩子识别各种自然事物的特点、作用及其名字，而且还有利于拓展孩子开放的视野，丰富孩子的生活，增加孩子的生活情趣，呼吸新鲜空气。在这方面，我们当时具有得天独厚的条件，因为我当时在山东曲阜师范大学工作，学校周围就是农村和田野，我们经常在周末领着孩子到田野里体验和观察生活，我们一起挖野菜，让孩子捉蝴蝶，看蜻蜓，看水渠里的潺潺流水，看菜园里的西红柿、黄瓜、丝瓜、芸豆、大白菜等各种蔬菜，看农民收割小麦。孩子通过在田野的所见所闻，不仅看到了农民的艰辛，各种农作物的种植、成长、丰收和采集，而且还了解到了许多在书本和课堂上学不到的知识。

　　第二，带领孩子去商店、书店、集市开阔眼界。商店里的各种商品琳琅满目，从色彩到结构形式各具特色、异彩纷呈，父母带领孩子去商店，可以让孩子感受商品的色彩、款式，培养孩子的审美能力，开阔孩子的眼界。书店是父母最应该领孩子去的地方，人们常说开卷有益，而父母领孩子去书店，当然也非常有益，能够引导孩子对书籍的热爱，激发孩子的求知欲和学习兴趣。集市则是一个"小社会"，那里的商品也是形形色色、五花八门，人群熙熙攘攘，车水马龙，非常热闹。孩子去集市也有利于开阔眼界，增长见识，了解各种风俗人情。在这方面，我们大学校园内就有书店、商店，学校门外就是集市，我们经常领着孩子逛书店，领着孩子去集市和商店，买菜和购买其他商品，目的就是开阔孩子的眼界。关于领着女儿赶集，我们父女俩还遇到这么一件很有趣的事：有一次，我领着女儿到集市买鸡蛋，卖主是一位姑娘，当我们称好了鸡蛋想付钱的时候，我突然想起自己因为换衣服而没有带钱，于是，我和卖主说："我先欠着你的钱吧！下次再给你"。我之所以这样说，是因为我经常到集市买菜，很多卖主都认识我，我即使暂时没有带钱，也可以买菜，下次再给他们钱。但这位姑娘因为和我不认识，担心我以后不给她钱，就向我提出了一个建议："你先把孩子放在这里吧！等你把鸡蛋送回家，拿回来钱的时候，你再领走孩子。"我听了这位姑娘的"高见"，又气又笑，对她说："你担心我把你的鸡蛋拿跑了，难道我就不怕你把我女儿拐走了？"这位姑娘听了我的话感到很不好意思，也哈哈笑了起来。后来，她说她直接把鸡蛋送到我家里，我再付钱。根据这个真实的故事，我引导女儿思考：爸爸为了买鸡蛋，是否应该把女儿"当"在一位陌生的卖主那里？这里面既有数学计算问题，又有安全教育问题，也有亲情与鸡蛋孰重孰轻的问题。

第三，带领孩子外出观光旅游。观光旅游非常有利于开阔孩子的眼界，提高孩子的人文素养，激发孩子的想象力，开阔孩子的思维视野。在这方面，我们在女儿很小的时候，就领着她在曲阜参观了世界文化遗产"三孔"：孔府、孔庙和孔林，到邹城参观了孟子庙，攀登了著名的峄山，引导女儿领略"孔子登东山而小鲁，登泰山而小天下"（《孟子·尽心上》）的自然风光。东山，即指峄山。它雄峙于孟子故里邹城市城南 10 公里处，自然景观优美奇特，素有"岱南奇观"、"邹鲁秀灵"之美誉。我们还带领女儿到青岛观赏了崂山和大海，到济宁参观了太白楼，到济南参观了大明湖、趵突泉等许多景点，到枣庄参观了万亩石榴园，到泰安登上了雄伟的泰山。这些景点有山有水等美丽的自然风光，有传统文化人文景观，也有现代科技展览，能够极大地放飞孩子的想象力，开阔孩子的眼界。

第四，带领孩子走亲访友。家长带领孩子走亲访友，在增强亲情和友情的同时，有利于扩大孩子的视野。一般而言，孩子到了亲戚朋友那里，一方面可以体验到那里的风土人情，既可以与亲戚朋友家的小伙伴一起玩，也会得到亲戚朋友的特殊关照；亲戚朋友一般也都会逗孩子玩一会，甚至谈一些孩子感兴趣的话题。这样，孩子每次走亲访友，都是一次特殊的学习和人生体验，也都是一次视野的开阔和思维能力的培养。

生活是最好的教科书，历练是特殊的精神财富，家长引导孩子扩大生活视野，有利于增长见识，提高人际交往能力，锻炼多种思维能力。为了扩大孩子的生活视野，父母们应该把孩子视为能够在天空中自由飞翔的小雄鹰，而不是被迫关在笼子里的小鸟。

59. 培养孩子初步的审美能力

薛夫子

寄语：审美对孩子的影响是全方位的、整体性的，能够激发儿童的形象思维、逻辑思维、辐射思维和辐集思维，积极促进多种思维方式在相互作用、相互渗透、相互促进、相互补充的过程中的协调发展，使儿童的各种智能和情感在互补优化中和谐健康的同步发展。

培养儿童的审美能力，对于孩子的成长具有特殊的重要意义。在美学向社会生活广泛渗透和影响的时代，"诗意地栖居"已经成为时代发展的重要走向，因此，无论是日常生活的审美还是素质教育，都需要培养孩子的审美能力。

第一，培养儿童学会对日常生活的审美。在日常生活中，许多平凡的事物都具有美的风采。给孩子买衣服的时候，父母可以告诉孩子，这件衣服是什么色彩的，告诉孩子这件衣服很漂亮。这样久而久之，孩子就学会了对衣服色彩美的感知。家长还可以引导孩子欣赏各种玩具的美，家庭各种摆设的美，房间装修的美，各种水果的美，各种小动物的美、各种花卉的美等。

第二，培养儿童学会欣赏和表现社会美。儿童正处于从家庭走向学校的第一个阶段，开始初步接触人生与社会，家长要引导孩子学会欣赏和赞美生活中先进的人和事，鼓励孩子向模范人物学习，引导和鼓励孩子爱学习，懂礼貌，行为美。

第三，引导儿童学会欣赏自然美。儿童这一时期已经能够独立活动，家长在条件具备的前提下，尽可能带领孩子外出参观一些自然名胜，孩子从中可以开阔眼界，激发审美能力。在瑰丽神奇的自然美中，壮美的泰山，优美的黄山，秀丽的漓江，粗犷的沙漠，茫茫的雪原，潺潺的小溪，雄浑的大海，浩瀚的星空等等，都可以成为孩子的审美对象。在这方面，父母首先就要具备较高的美学素养，然后在领着孩子参观的过程中，可以向孩子声情并茂地介绍这些自然景观的特色，从而培养孩子的审美能力。

第四，引导儿童欣赏艺术美。主要包括欣赏绘画的美、适合儿童观看的影视节目、建筑艺术的美、雕塑的美、文学故事的美、音乐的美。在琳琅满目的艺术画廊中，不同的艺术具有不同的审美风格，如豪放、婉约、典雅、古朴、平淡、清新、自然、沉郁、浪漫……可谓应有尽有。孩子通过欣赏风格迥异的艺术作品，就会逐渐培养起对于艺术美的热爱，慢慢增强对艺术作品的审美感受力。在这方面，父母如果能够用比较标准的普通话朗诵唐诗宋词和一些很优美的散文，客观上就会影响孩子对文学的爱好和兴趣。

为了提高孩子的审美能力，父母一方面要遵循儿童审美的基本规律，让孩子在潜移默化、循序渐进中不知不觉地学会欣赏美，另一方面要充分认识培养孩子的审美能力对于孩子成长的重要性。审美对孩子的影响是全方位的、整体性的，不仅能够激发儿童的形象思维，而且也能够激发儿童的逻辑思维、辐射思维和辐集思维，积极促进多种思维方式在相互作用、相互渗透、相互促进、相互补充的过程中的协调发展，使儿童的各种智能和情感在互补优化中和谐健康的同步发展。

60. 激发和满足孩子的求知欲

薛夫子

寄语： 求知欲是任何人获取知识重要的内在动力。父母应该通过多种方式，激发孩子的求知欲，尽量满足孩子的求知欲。求知欲的满足，意味着孩子学习的进步，也意味着孩子潜能的开发。

孩子在儿童期，恰巧开始读小学的时候，按照年龄基本上处于读 1～3 年级的阶段。在这一阶段，孩子的求知欲发展非常迅速，父母要抓住这个有利时机，善于激发孩子的求知欲，尽最大努力满足孩子的求知欲。

第一，父母要在日常生活中满足孩子的求知欲。在日常的生活中，孩子可能会向父母问这问那，这是孩子智力发展的重要表现。对此，不少父母因为工作忙或家务忙，就对孩子的问话推诿和搪塞，客观上极大地制约和影响了孩子的求知欲。正确的做法是：父母既要及时回答孩子的询问，又要积极启发和引导孩子多问"这是什么？""为什么？""这是怎么回事？"等。孩子提出的问题越是千奇百怪，说明孩子的求知欲越强、想象力越发达。父母对于孩子的求知欲应该给予积极鼓励，尽量满足孩子的求知欲。

第二，父母要尽量满足孩子课外阅读过程中的求知欲。儿童期的孩子已经具有了初步的阅读能力，但在课外阅读的时候，仍会遇到一些阅读上的困惑，比如书中的生字、生词，书中的某些人物和事件以及故事所蕴含的道理等，可能随时会问自己的父母。这时，父母就应该耐心地给予回答和解释，并且在此基础上给予必要的因势利导，以加深孩子对问题的理解。比如，孩子在这一阶段，也许有很多孩子可能阅读过《十万个为什么》这类科普读物，而孩子对其中的一些原理也许弄并不明白，父母一旦发现孩子阅读过程中产生了困惑，就要及时给予解惑，不能推诿，更不能嫌麻烦。

第三，父母除了被动地回答孩子的询问以外，还应该根据孩子求知欲的强弱以及学习情况，主动启发孩子思考一些问题，善于激活孩子潜在的求知欲。从创造性和心理学的角度来看，每个人内心深处都具有较强的求知欲，只不过是由于主客观的多种原因，有人的求知欲得到了释放和满足，而许多人的求知欲则受到了压抑和束缚。在这方面，父母可以采取下面几种方法启发孩子思考问题：其一，面对某一个事物或现象，父母可以装作不知或不懂，以此激发孩子对问题的思考。孩子如果认为自己能够回答出连父母都不明白的问题，会以此感到自豪和骄傲，进而强化了个人的求知欲。其二，父母如果发现孩子对某个事物或现象一知半解，主动引导和启发孩子思考这个问题，一直到豁然开朗为止。其三，父母认为某个问题或道理很重要，主动引导孩子思考这个问题或道理，激活孩子潜在的求知欲。

激发和满足孩子的求知欲，这不是父母一时的心血来潮，而是需要父母持之以恒、坚持不懈。父母要根据孩子的年龄、个性、学识、心境以及求知欲的强弱等实际情况，通过各种行之有效的方式，不断满足孩子的求知欲，让孩子在满足求知欲的过程中，激活思维，提高认识问题、分析问题和解决问题的能力。

第四部分

少年期的教育

少年期（10—15、16岁）的孩子开始进入青春期，是孩子身体发育和智力发育的加速时期，也是个性初步形成的重要阶段。这一阶段，父母培养孩子的任务非常繁重，既要塑造孩子和谐完美的精神个性，预防和化解所谓的"逆反心理"，引导孩子适应青春期的生理特点，又要引导孩子进一步掌握初中和高中的学习方法，顺利完成中高乃至高考。

61. 为孩子"逆反心理"平反

薛夫子

寄语： 所谓"逆反心理"，实际上符合孩子青春期心理发展的规律性。父母要学会运用"美、情、理"疗法，以科学的方法，积极引导孩子正确的自我认知以及对世界的认知，学会自我调控和自我激励，把孩子所谓的"逆反心理"转化为积极进取的精神动力。

孩子进入青春期以后，许多父母和老师认为孩子似乎不如以前那么听话了，孩子有时还会跟父母顶嘴，甚至发脾气。父母和老师对于孩子的"逆反心理"感到非常头痛。其实，所谓"逆反心理"，实际上是孩子成长过程中的一种特殊现象，即孩子对父母和老师的意见不再像过去那样认同和顺从，而是表现出与父母或老师不同的意见和态度，有时甚至产生顶撞父母和老师的现象。我认为，只要我们正确认识，积极应对，完全可以及时化解孩子这种所谓的"逆反心理"。

第一，要正确认识"逆反心理"产生的原因。在一些家长看来，孩子如果不认同父母的世界观、人生观和价值观等，没有按照父母的愿望去学习和生活，就意味着他们具有逆反心理。实际上，父母往往把孩子的不同意见视为"逆反"，而没有对具体的"逆反"进行客观的分析和判断，只是按照自己的主观意愿作为判断是非的唯一标准。父母往往是先入为主的认为孩子进入青春期就容易产生逆反心理，因而把逆反心理归结为孩子成长过程中必然会出现"不懂事"的一种心理现象。实际上，父母这种看法恰恰是片面的，也是不科学的。因为孩子在成长过程中，随着年龄、阅历和才学的增长，逐渐开阔了视野，在逐渐形成独立人格的同时，还对社会人生逐步具有了自己独特的认识和体验，自觉不自觉地形成了自己的世界观、人生观和价值观，而这些不可能与父母对孩子的期望完全相同，如果父母与孩子缺少必要的沟通，而只是对孩子指手划脚，简单地进行道德说教或者训斥，就必然导致孩子所谓的"逆反心理"。

第二，所谓"逆反心理"实际上符合孩子青春期身心发展的规律性，主要表现在两个方面：一方面，孩子随着独立人格的逐渐形成，必然追求自由和平等，进而追求理想的学习、生活和工作方式，他们也希望父母能够理解和尊重他们，平等的与他们进行交流和对话，渴望父母能够聆听他们心灵的声音；另一方面，孩子随着年龄、社会阅历和各种知识能力的增长，他们对社会和人生的认识逐渐具有了独立见解，也许不无一定道理。大家知道，当黄河成为"地上河"的时候，黄河决堤虽然不符合我们的希望和利益，但客观上符合水的特性，体现了"水向低处流"的运动规律；树木的生长过程中会滋生许多枝杈，这尽管不符合我们人类对于木材的需要，但客观上也符合树木生长的规律性。因此，"治川者决之使导"，治园者修剪树杈。同样，孩子在成长过程中，某些所谓的"逆反心理"虽然不符合家长的心愿，但符合青少年自身成长的规律性。因此，父母应该像"治民者宣之使言"那样，心平气和地与孩子进行沟通，对其进行积极的疏导。

第三，所谓"逆反心理"实际上符合孩子青春期与父母交流的互动性。在家庭内部父母与子女的关系上，许多父母没有认识到自己已经相对处于

"静止"的状态，这里所谓的"静止"，是指父母的身高不再长高，知识和能力也相对处于比较稳定的状态，因此父母在孩子的心理和视野中是比较固定或者比较稳定的形象。而孩子在幼儿阶段，对父母的身高是仰视的，对父母的知识和能力也是非常钦佩的，但随着孩子年龄的增长，进入青春期的孩子，一方面许多身高已经超过了父母的身高，平时面对父母的时候，不需要像以前那样仰视，而是平视甚至是俯视了；另一方面，青春期的孩子已经进入初中甚至是高中，孩子的知识和能力也得到了快速提高，过去崇拜父母的心理在逐渐弱化，甚至还会有一种优越感，即少数孩子会认为自己的知识和能力已经超过了父母。可以设想：无论是身高优势，还是知识和能力优势，孩子只要认为与父母相比，自己具有这些"优势"，就不会像过去那样对父母毕恭毕敬，唯命是从，而是一定要寻求自己的话语权，来表达自己的思想、意志和愿望。而许多父母对孩子青春期的上述变化缺乏敏感，麻木不仁的认为自己是绝对正确的，因此在与孩子的交流中，就会以不变应万变，自觉不自觉地对孩子继续发号施令，继续搞家长权威。如此一来，父母没有随着孩子的成长而一起进步，没有与时俱进，与时俱变，就必然导致与孩子交流中的冲突甚至是对立，不怪自己的方法不对、观念陈旧，反而责怪孩子有"逆反心理"，把父母与孩子之间的对立和冲突都归结为孩子"不懂事"，有"逆反心理"。实际上，许多父母这种片面甚至错误的观点往往不经意间误解了孩子。

第四，用"美、情、理"疗法化解"逆反心理"。我们在正确认识孩子所谓"逆反心理"合规律性的前提下，还应该看到，孩子进入青年期以后，通过对过去的"逆反心理"进行自我校正，会逐渐认同家庭、社会的主流观点。对此，父母没有必要杞人忧天。而对于青春期的孩子，父母则应该积极采取"美、情、理"疗法，循序渐进的化解孩子的"逆反心理"。"美、情、理"疗法就是对孩子"感之以美、动之以情、晓之以理"。具体来说，感之以美，就是要求父母以美的方式，润物细无声的熏陶孩子的心灵，力求以美感人；动之以情，就是要求父母以关爱之心和真诚的感情去扣动孩子心灵的弦子，以情悦人，做到彼此之间情感的相通相融；晓之以理，就是对孩子实行哲理疗法，要求父母以智启人，以理服人，让孩子心悦诚服的理解、接受、认同和悦纳你的观点，从而逐渐培养自我调控的能力。

家长在运用"美、情、理"疗法的过程中，特别要注意晓之以理，因为晓之以理从根本上符合孩子的身心发展特点。为此，父母最好学点哲学，能够用深入浅出的哲理，分析事物发展的来龙去脉和前因后果，开启孩子的心智，以哲理疗法为孩子的人生引路导航，积极引导孩子正确的自我认知以及对世界的认知，学会自我调控和自我激励。如此一来，父母就可以通过因势利导，把孩子所谓的"逆反心理"纳入和谐发展的轨道上来，进而把"逆反心理"转化为他们积极进取的精神动力。

62. 掌握开发孩子潜能的方法

薛夫子

寄语：开发孩子的潜能是父母和老师共同的任务。开发潜能，要从婴儿期开始。潜能开发遵循着用进废退的开发规律，只要遵循孩子的身心成长规律，因势利导，越是科学的开发，就越有利于激活孩子的潜能。

孩子进入少年期，随着学习任务的加重，需要掌握科学的学习方法，进一步提高学习效率，也需要进一步开发自己的潜能。作为父母来说，应该在开发孩子的潜能方面，力求掌握潜能开发的新方法。

第一，引导孩子掌握科学的阅读方法。孩子进入少年期，随着课程内容的加深，需要加大阅读量，通过提高阅读效率，开发孩子的潜能。为此，父母可以指导孩子掌握一些科学的阅读方法。常用的阅读方法有：

①一气呵成法。这种阅读方法是指让孩子集中课余时间，在一定的时间内，集中精力读一本好书。这种阅读方法体现出阅读与思考的连贯性，有利于孩子对作品形成整体印象。

②宏观扫描法，也可以称之为一目十行法。对于一般的读物，不需要细读，而只是一般的了解，父母可以让孩子运用宏观扫描法，类似囫囵吞枣，一目十行，对作品内容有个大致的了解就行了。

③字斟句酌法。对于一些经典作品，父母需要引导孩子对作品字斟句

酌，如文眼、诗眼和关键的一些句子、段落和章节等，要吃透内涵，理解精髓，必要时对作品可以朗读和背诵。对一些很精彩的句子或者段落，也要精读细读。

④首尾兼顾法。这是对一些一般读物进行宏观扫描的一种特殊的阅读方法，所谓首尾兼顾，是指孩子在阅读的时候，首先阅读每一自然段开头带有引领性和概括性的一句话或一段话，然后再阅读每一自然段末尾带有总结性的一句话或一段话。因为每段开头和结尾的部分是这一自然段内容的概括，所以，孩子只要阅读每段的开头和结尾部分，就能够大致了解这段文字乃至这本书的内容。

⑤诗意朗读法。这是父母引导孩子阅读文学作品时的阅读方式，如阅读诗词、散文、散文诗、小说等，都可以采用诗意朗读法，声情并茂，如身临其境。这种诗意朗读非常有利于孩子欣赏文学作品，培养孩子阅读和欣赏文学作品的兴趣，有利于促进孩子的审美能力和想象力。

⑥优化组合法。这是从总体上对孩子阅读进行的一种宏观要求，也就是为了优化孩子的知识结构和能力结构，需要引导孩子在阅读方面，能够科学合理地安排阅读书目及其阅读的门类，注重不同学科、不同种类、不同风格的优化组合。

⑦举一反三法。比喻从一件事情类推而知道其他许多事情。《论语·述而》："举一隅不以三隅反，则不复也。"举一反三用在阅读上，这是引导孩子触类旁通、融会贯通、开阔思路的一种阅读方法，引导孩子通过阅读，能够窥一斑而见全豹，一叶知秋，一滴水见出太阳的光辉。

⑧心灵澄明法。这是指孩子在阅读以前，先去掉自己心里的各种先入为主的偏见，以澄明的心灵面对作品，用心灵直接与作品对话、交流、共鸣。这样有利于孩子克服自己的偏见，比较客观公正地体验、感悟和分析作品。

⑨反复品味法。反复品味是指反复阅读同一部作品，对其反复欣赏玩味思考。这里要求孩子在阅读一些经典著作的时候，需要反复品味，因为只有反复品味，才能够更好地理解和把握作品丰富的意蕴。在反复品味的时候，既可以对作品整体上反复品味，也可以对作品中的某一个部分反复品味。

第二，引导孩子掌握科学的记忆方法。随着孩子进入中学阶段，孩子需要在理解的基础上记忆大量的知识，这就需要掌握科学的记忆方法。常见的记忆方法有下列几种：

①课后回忆法。课后回忆法分为两种：其一，是指孩子在每堂课下课后，可以用1～2分钟的时间，对老师刚才讲的主要内容进行快速的回忆，就像电影中的快镜头一样，这种短暂而又快速的回忆，能够产生事半功倍的记忆效果。其二，孩子在放学以后，对老师这一天在课堂上讲的主要内容进行回忆，这是一种基本的回忆方法。

②快速记忆法。快速记忆法是指通过激活孩子的注意力、想象力、记忆力、创造力，通过有趣的奇特联想，注重逻辑思维与形象思维的优化组合，把枯燥乏味的记忆内容转化为生动易记的感性物象，达到准确的记忆目的。在此基础上，通过科学的复习方法，达到记忆快速、长久、牢固的目的，从而提高记忆效率，增强学习效果。在这方面，我们为了培养孩子的记忆力，除了平时的训练以外，还在女儿11岁的时候，让女儿去北京参加了《快速记忆》训练班，达到了增强记忆力的预期目的。

③早晚温习法。这是指对于重要的学习内容，除了早晨进行阅读或预习以外，还应该在晚上进行必要的温习，也就是温故知新。按照记忆速度来说，人在早晨的记忆力最好，但经过一天的时间，早晨记忆的知识也最容易忘记；而晚上的记忆力比较差，但一旦记住了，却不容易忘记。因此，有必要把早上的学习与晚上的温习结合起来，才能够记忆深刻，不容易忘记。

④纵串横连法。这种记忆方法特别适合学习历史等具有"史"的内容的知识。所谓纵串横连，是指一方面按照时间的线索，对所学的内容按照"历时性"进行串联，理清其中的承接关系及其对后世的影响；另一方面对所学的内容按照特定时代的横断面即"共时性"，进行横向连结，然后把纵向的"历时性"与横向的"共时性"和谐统一起来。通过建立"历时性"与"共时性"交叉立体的知识坐标系，非常有利于促进孩子对所学内容进行系统的理解和整体把握。

⑤诗歌记忆法。诗歌记忆法是增强记忆经常使用的一种方法。父母、老师和孩子都可以从自己的角度出发，对孩子需要重点掌握的学习内容，进行必要的诗歌编码。具体做法：为了理解和记忆一些公式、概念、原理或人

物、事件等，可以对这些内容编写成诗歌的形式，这样读起来朗朗上口，既有趣味性、审美性，又有内容的连续性，便于理解和记忆。如记忆化合价时，就可以把元素不同的化合价按照文字的读音编成诗歌的样式，如：一价氢氯钾钠银，二价氧钙钡镁锌。由于押韵，这样背诵时朗朗上口，孩子容易记忆。

第三，引导孩子通过比较，发现不同学科的异同点。孩子进入中学以后，学习的课程较之小学，已经发生了很大的变化，主要表现在学科的拓展方面，除了小学时的语文和数学以外，还开设物理、化学、地理、外语、计算机等其他课程。为了促进孩子的潜能开发，让孩子更好地掌握所学的知识，父母有必要引导孩子理解和掌握不同学科的异同点。首先，让孩子理解和掌握不同学科的不同点。只有让孩子理解不同学科的独特性，理解各种学科独特的学习对象，才能有利于孩子对学习内容的记忆，因为按照心理学的原理，人们一般能够记住那些比较特殊的记忆对象。其次，要让孩子理解和掌握不同学科之间的相同点，包括数理化之间的相同性，文史哲不分家等。事实上，不但理工科之间有许多相同性，文科之间有许多相同性，甚至就连文理之间也具有一些相同性和内在的联系。比如，用哲学中的辩证思维来学习各种课程，用物理学中的匀速直线运动原理，来研究历史中社会发展规律问题，用聚焦理论来解释创造力的问题，用测不准关系来研究人才鉴别的测不准问题等。父母通过引导孩子发现和掌握不同学科之间的交叉、渗透与融合，有利于孩子开发潜能，促进孩子全面系统地掌握所学的内容。

第四，灵感顿悟法。这是激发孩子产生创造性灵感的一种思维方法。主要做法是：孩子在遇到困惑而百思不得其解的时候，父母要引导孩子暂时放弃思考，而通过必要的心理休整或某种机遇来临的时候，新的思路也许就会油然而生，创新灵感转瞬间可能会豁然开朗，而产生灵感的顿悟。比如做作业的时候，遇到难题，可以暂时放弃，先做其他的作业，而等做完其他作业的时候，再做这个难题，也许马上就会豁然开朗。

开发孩子潜能的方法有很多，除了上述方法以外，还有逆向思维法、设疑疑问法、头脑风暴法、辐射思维法等多种方法，父母可以根据孩子的实际情况，采取灵活多变的方法。

63. "解放了"与孩子的解放

薛夫子

寄语：著名的"钱学森之问"揭示了我国各类学校教育缺乏对学生想象力和创造力的培养，大量的应试教育束缚了孩子的身体和心灵。解放孩子的身心，仍然任重道远。

少年期是孩子个性的形成期和发展期。这一阶段，孩子的个性塑造一方面需要按照社会化的要求加强自律和他律；另一方面，为了培养孩子和谐的个性，还需要适当释放孩子的个性，让孩子的心灵得到真正的解放。

少年期的孩子正处于上中学的阶段，这时期的孩子因为要适应中学的环境，适应各种课程的学习，适应新的人际关系，作为孩子来说，不仅需要学会从穿衣到吃饭等日常生活上的基本自理，还要争取比较好的学习成绩，因为许多父母总是希望孩子的成绩要保持前三名，这样势必给大部分孩子造成较大的压力。根据素质教育以及人才培养的需要，根据少年期的性格特点，父母和老师应该学会让孩子释放压力，而学校如果每天从早到晚，都把学生封闭在校园里，不给学生以释放个性的空间，这对于学生的身心健康是极其不利的。在这方面，我国许多所谓"全封闭式学校"或者"半军事化管理学校"，虽然能够维持学校的纪律，也能够在一定程度上有利于学生的人身安全，但却是一种压抑学生个性的管理模式，体现了在院子里试图练出千里马的悖论。事实上，中学虽然可以把学校建成"全封闭式学校"或者"半军事化管理学校"，但学生的一生不可能永远封闭在校园里，最终还是要走向开放的社会。

我亲自见过这么一个事例：初夏的一个晚上，我路过一所省重点中学的门口时，模模糊糊地看到一群孩子趴在学校门口的铁大门上，从里面向外望着，孩子们时高时低的说笑声不时地敲打着我的耳鼓。已经快九点多了，孩子们怎么还不回家呢？我正在纳闷儿，一阵清脆的铃声终于让门卫打开了那两扇沉重的铁门。刹那间，孩子们欢呼跳跃着冲出大门，一边蹦着跳着，一边大声喊着："解放了！"我不禁为之一震，定睛一看，原来是一些十多岁的孩子，估计是初中的学生。据了解，这所中学的晚自习共有三节课，允许初中生上前两节，但是不允许离校，于是才出现了"解放了"的"喜剧"场面。我们想想看，一些初中生喊出"解放了"的时候，他们不仅获得了身体的解放，也在较大程度上获得了个性的解放与心灵的解放。

看来，对那些十几岁的孩子来说，漫长的学校苦读无疑是枯燥而又乏味的，而那紧锁的校门多么像无情的桎梏啊！说心里话，我作为教师，当然知道抓教学质量的重要，可是，让十几岁的孩子在学校里从早晨熬到晚上十点，是不是违背了教育规律？是否损害了孩子们的身心健康？"解放了！"这是孩子们发自肺腑的呐喊，也是对应试教育的强烈抗议！是的，他们涌出校门，暂时真的解放了，有一种说不出的自由与轻松。然而，明天呢？明天的明天呢？孩子们什么时间才能得到真正的解放？

为了解放孩子的个性，能够促进少年期的孩子和谐发展，中学和家长应该互相配合，努力完成应试教育向素质教育的转变，把孩子每天的课余时间和周末时间解放出来，让孩子在课堂上就能够学习和掌握课本的内容；而让孩子们在课余时间和周末时间用于休闲，发展多种兴趣爱好，放飞心灵，释放个性，开发各种潜能。

64. 培养和谐完美的精神个性

薛夫子

寄语：怎样培养独生子女和谐完美的个性，已经成为父母和学校素质教育的一项重要任务。孩子个性是否和谐，直接影响着孩子的学习和成长，影响着孩子能否养成团队精神与合作精神。

由于中、小学长期忽视素质教育，不重视学生的知识结构、能力结构、心理结构与个性是否和谐，学生只要考高分，就可以"一俊遮百丑"。这种教育模式已经严重影响了孩子个性的塑造，一些中学生的个性表现为自负、自卑、鲁莽、怯懦、急躁、害羞、孤僻、多愁善感等。

从人才学的角度来看，塑造和谐完美的精神个性是人才开发的重要前提，也是一个人取得事业成功的重要主观因素。因此，父母要充分认识培养孩子个性和谐的重要性。荀子《修身》中说道："治气、养心之术：血气刚强，则柔之以调和；知虑渐深，则一之以易良；勇毅猛戾，则辅之以道顺；剂给便利，则节之以动止；狭隘褊小，则廓之以广大；卑湿重迟贪利，则抗之以高志；庸众驽散，则刦之以师友；怠慢僄弃，则昭之以祸灾；愚款端悫，则合之以礼乐，通之以思索。凡治气、养心之术，莫径由礼，莫要得师，莫神一好。夫是之谓治气、养心之术也。"荀子这段话对于培养孩子和谐完美的精神个性非常具有启发意义，在荀子看来，和谐完美的精神个性体现了中和之美，需要治气养心之术的调理。我们由荀子的理论推及到今天的教育，毫无疑问，孩子在中学生时期，这是人的个性形成和发展的重要阶段，无论是从学习、高考，还是为未来的人生理想，都需要中学生努力塑造自己和谐的个性。

如果从心理健康的角度来看，一般说来，孩子的个性越和谐，其人际关系就越和谐，能够体现出家庭关系、同学关系和师生关系的美，这在客观上非常有利于孩子未来的成才；反之，孩子的个性如果不和谐，则容易产生心理障碍，导致家庭关系、同学关系和师生关系的多种冲突，阻碍正常的人际交往和信息交流，客观上也影响以后的成才。关于个性塑造，亚里士多德分析了各种性格类型的过度、中庸与不及三种特点，认为只有中庸才是最好的性格。比如，鲁莽是过度，怯懦是不足，而勇敢则是中庸；自负是过度，自卑是不足，而自信则是中庸。从亚里士多德的中庸理论来看，自负、自卑、鲁莽、怯懦、急躁、害羞、孤僻等这些不良的性格特征，不符合中庸的精神，应该予以矫正，努力塑造自信、勇敢、稳重、大方、坚定、谦虚、谨慎、诚实、热情、开朗等中庸的个性。

从孩子的不良个性来看，现在许多独生子女个性存在的主要问题是自私、虚荣、自我、霸道，缺乏同情心，缺乏孔融让梨的风度，缺乏与小伙伴之间纯真的友谊等。这些不良的个性特征在一定程度上影响了孩子与小伙伴之间的和谐关系，也会给老师留下不好的印象。

为了塑造和谐完美的精神个性，父母应该引导孩子具有远大的理想。因为孩子具有了远大理想，才能对自己高标准严要求，才能加强自律，自觉修身养性，自觉接受他律，把个性纳入实现远大理想和社会道德规范的轨道，让美好的理想作为意念想像，为发展和谐的个性引路导航。

65. 初中生能做大学生的试卷

薛夫子

寄语： 对孩子进行素质教育与创新教育，不仅可以通过系统的课堂学习，而且还可以通过日常潜移默化的熏陶和影响，提高孩子的素质、创新意识和创新能力。

初中生怎么可能做大学生的试卷呢？乍看起来，这是一个令人匪夷所思的问题，但一次偶然的事件，却对我产生了很大启发。

我亲自经历过这样一件事：有一次，我把一份大学中文系汉语言文学专业大学生考试完的《文学理论》空白试卷拿回家，女儿无意间看见了，嚷着也要看看试卷，还说看看自己是否也会做。我心想，《文学理论》是大学中文系一年级学生的专业课程，女儿那时刚上初二，根本不可能会做《文学理论》的卷子。卷子的第一部分是判断题，让学生判断对错，一共 10 道题，总共 10 分。让我没有想到的是，女儿竟然判断对了 7 道题。女儿告诉我，虽然她说不出判断的具体理由，但是凭着感觉认为哪些是对的，哪些是错的。这件事对我触动很大，事后我想，女儿之所以能够判对 7 道题，看似偶然，其实也有其内在的依据，这就是我平时对女儿潜移默化的熏陶和影响，因为我在大学中文系教书，平时与学生谈话或者与女儿在一起的时候，也会经常不知不觉地谈起文学问题。

由此可见，我有两点体会：一是父母对孩子平时潜移默化的熏陶和影响非常必要，父母要善于利用闲暇时间多与孩子交流；二是孩子的大学习观是对课堂学习的重要补充，课堂是学习，课外也是学习。

父母对孩子平时潜移默化的熏陶和影响，对于孩子的成长是非常重要的。中国古代作家认为写作"功夫在诗外"，意思是说，作家要创造出好的文学作品，要从现实生活中发现和挖掘创作的源泉和激发灵感。而从培养孩子成才的角度来看，除了学校教育以外，家庭对孩子的熏陶和影响确实不可小觑。为此，在平时的生活中，父母应该把自己的知识潜移默化地传授给孩子，而且能够让孩子不知不觉地理解和掌握这些知识。从学习的效果来看，父母对孩子的这种潜移默化的熏陶和影响，对于孩子的成长是不可或缺的，孩子由于是在不知不觉和自由自觉的"双觉"中学习和掌握了一些比较感兴趣的知识，因此客观上往往具有事半功倍的持久效果。

孩子的大学习观是对课堂学习的重要补充，这里的意思是说，作为父母对孩子的熏陶和影响，应该成为孩子大学习观的重要内容之一。所谓大学习观，是指人生的一切都是学习，学习即人生，人生即学习。因为孩子的一生接触最多的就是自己的父母，因而受到父母的影响也是最大最持久的。因此，从大学习观的角度来看，父母应该把自己与孩子接触时的一言一行，都看作是对孩子的一种熏陶和教育，这样非常有利于孩子的学习进步。

66. 继续提高孩子的整体素质

薛夫子

寄语：父母一定要认识素质对于孩子成才的重要性。素质是决定一个人是否成功的最基本、也是最重要的内在依据，孩子只有具备了比较高的素质，才能够真正提高各种能力。父母要注意培养孩子的健康素质、道德素质、学习素质、思维素质。

从父母的角度来看，怎样提高孩子的整体素质，这是直接影响孩子是否成才的重要话题，父母必须认真思考如何提高孩子整体素质的方法。人的素质表现在很多方面，人才培养也需要培养多方面的素质，但对于少年儿童而言，主要应该培养四种素质：健康素质、道德素质、学习素质和思维素质。

父母应该培养孩子的健康素质。健康素质包括身体素质与心理素质，也就是应该培养孩子的身心健康两个方面的和谐统一。在这方面，父母需要注意三点：第一，鼓励孩子加强户外锻炼，增强健康体质，预防感冒，让孩子能够健康成长；第二，要特别注意保护孩子的视力，这时期孩子的学习任务开始逐渐加重，父母和老师都要注意教会孩子正确的学习姿势，包括拿笔写字的姿势，保持正确的坐姿，保持与书本之间的距离等；第三，要尽量为孩子提供科学合理的饮食，养成孩子良好的生活习惯，既要预防孩子为了爱美而盲目减肥，又要预防孩子由于营养过剩而肥胖。

父母要培养孩子的道德素质。孩子的道德素质是人生完成社会化的基本要求，父母必须认真培养孩子的道德素质，养成孩子基本的道德观念，如热爱祖国，尊老爱幼，遵守纪律，团结同学，热爱劳动，拾金不昧等。在这方面，父母要注意以下几点：第一，让孩子理解父母工作和做家务的辛苦。第二，让孩子在学习之余，尽可能地从事一些力所能及的家务劳动，培养孩子热爱劳动的观念。第三，培养孩子良好的生活公德。第四，孩子进入少年期，是人生态度和习惯养成的重要时期，特别需要养成认真做事的人生态度。第五，培养孩子具有文明的人文素养，让孩子理解人类应有的尊严感、人与人之间的理解、宽容、人与社会之间的自由与责任、权利与义务以及对人类与自然的关爱之心，鼓励孩子言谈举止文明礼貌、文质彬彬，体现出新时代少年应有的风采。父母在培养孩子的道德素质方面，千万不要认为孩子还小，长大了自己会懂事的，一定要克服"树大自然直"的片面认识，既要遵循孩子身心健康的成长规律，又要对孩子的道德素质养成因势利导，防患于未然。为了让孩子早日长成参天大树，就需要父母和老师这些园丁们从"小树"开始，就要及时修剪"树杈"。

父母要培养孩子的学习素质。在这方面，父母需要注意以下几点：第一，培养孩子树立敢于求真的科学精神。父母要善于激发孩子的求知欲，激励孩子具有求真的科学精神和大无畏的探索精神，敢于执着地追求事物的真理。第二，培养孩子认真的学习态度，积极配合老师，鼓励和要求孩子认真学习，上课能够聚精会神地听讲，按时认真完成作业。第三，培养孩子学会快乐地学习，让孩子由过去的老师"要我学"逐渐转变为"我要学"，培养孩子的学习兴趣，寓学于乐。第四，培养孩子树立大学习观，倡导广义的学习，突破课堂学习的瓶颈，把课堂学习与课外的学习和谐统一起来。

父母要培养孩子的思维素质。培养孩子的思维素质，这是人才培养的最重要的举措，在这方面，很多家长往往局限于培养孩子的某种技能，局限于学校内的学习，其实，培养孩子的思维素质，可以采取很多渠道和方法。在这方面，父母需要注意以下几点：第一，培养孩子敏捷的反应能力，即思维反应和行为反应的敏捷性，这在孩子的日常生活中就可以得到有效的开发和锻炼，只要父母在平时的生活中对孩子因势利导，激发孩子的反应能力，就可以得到很好的效果。第二，尽量带领或者出去旅游参观，拓宽孩子的思维视野，让孩子经多见广，在丰富孩子的生活视野的过程中，不断拓宽孩子的思维视野。第三，鼓励孩子具有远大的志向，树立高尚的理想，让孩子具有为祖国繁荣昌盛而成才的远大志向，把高尚的理想转化为积极进取与奋发成才的强大动力，因此，父母不但不能笑话孩子"说梦话"，而且还应该积极鼓励，通过孩子对未来的积极想象，让理想的愿景成为激励孩子成长的重要动力。

孩子的素质表现在很多方面，但以上几点则是父母培养孩子最需要注意的。在培养孩子的素质方面，父母一定要认识到素质对于孩子成才的重要性。素质是决定一个人是否成功的最基本、也是最重要的内在依据，孩子只有具备了比较高的素质，才能够真正提高各种能力；反之，如果孩子的素质低下，就不可能具有成才的动力和能力。

67. 应该培养孩子的多种能力

薛夫子

寄语： 父母在培养孩子健康素质、道德素质、学习素质和思维素质的同时，还要努力培养孩子适应社会生活的生存能力、人际沟通与合作能力、语言表达与基本写作能力、良好的审美能力、独立学习的能力、解决冲突的能力。培养创新能力是培养孩子能力的核心和关键，而培养孩子的想象力则是培养创新能力的核心和关键。

在培养孩子的成才过程中，父母还需要正确认识和摆正培养孩子的素质与提高孩子能力的关系问题。素质是一个人根本的、内在的因素，而能力则是一个人素质的外在显现。素质是抽象的，能力是具体的。人的素质一方面要通过能力表现出来，一方面又要依存于自身的能力。因此，父母应该把培养孩子的素质与能力和谐统一起来，在培养孩子健康素质、道德素质、学习素质和思维素质的同时，还要努力培养孩子的多种能力。

第一，培养孩子适应社会生活的生存能力。这一阶段的孩子有的需要住校，有的可能因为父母不在家，成为特殊的"留守儿童"，需要自己做饭，自己睡觉等，这都需要孩子具有适应生活的能力。孩子学会独立生存，对于拓展思维的深度与广度，都具有重要的意义。

第二，培养孩子的人际沟通与合作能力。这时期的孩子的个性正处于迅速形成和发展的飞跃阶段，而且大部分是独生子女，因此需要学会人际沟通，不断培养与同学们的合作能力。父母应该引导孩子学会与别的孩子和谐相处，做到相互理解、相互学习、共同进步。

第三，培养孩子的语言表达与基本写作能力。语言是思想和文化的重要外壳，孩子提高语言表达能力和写作能力，一方面非常有利于提炼孩子的思想，提高孩子的文化素养，另一方面也非常有利于孩子的人际沟通，为将来的工作奠定坚实的语言基础。

第四，培养孩子具有良好的审美能力。审美能力是现代社会文明人应有的基本能力。这时期的孩子已经进入中学阶段，应该逐步培养自己的审美能力，能正确辨别美丑，学会欣赏社会美、自然美和艺术美，做美好生活的欣赏者和创造者。培养孩子的审美能力不仅有利于提高孩子的修养，而且还非常有利于提高孩子的想象力，优化思维能力，促进孩子知情意的协调发展。

第五，培养孩子独立学习的能力。这里所说的独立学习具有两个含义：其一是指孩子能够具有自学教材的能力，自己预习课文的时候，能够基本上理解课文的内容；第二，是指孩子在老师和家长不在的情况下，能够自主学习，自我激励和自我管理，独立完成作业和主动进行课外的学习。这时期的孩子大部分处于初中阶段，也是人生打基础的阶段，随着课程内容的加深和学习任务的繁重，孩子不但需要努力学习，而且还应该善于学习，具有自我管理与自我激励的能力，掌握一些适合自己学习的科学方法，不断培养自己独立的学习能力，学会通过广采博取和深入思考，不断优化知识结构和能力结构。

第六，培养孩子具有解决冲突的能力。随着孩子青春期的到来，孩子自己的身心矛盾、同学与同学之间、师生之间的冲突将会构成比较严重的社会心理问题。因此，父母应该引导孩子科学认识各种冲突产生的偶然性和必然性，找出其"一因多果"或"一果多因"，学会用辩证发展的观点，及时对冲突进行调适，争取防患于未然，把问题解决于萌芽状态之中，让孩子在身心健康、精神愉悦中发展进步。

第七，培养创新能力是培养孩子能力的核心和关键，而培养孩子的想象力则是培养创新能力的核心和关键。培养孩子的创新能力，主要包括创新意识、创新思维和创新能力三个层面。其一，创新意识。创新意识是创新思维和创新能力的前提。父母要引导孩子思考大自然和生活的各种奥秘，善于发现问题和提出问题，敢于怀疑权威，不盲从于教材和老师的讲解，在知识的广采博取中力求达到博、深、新的统一，及时更新观念，尽量了解一些新兴学科与创新的新成果和新动态。其二，创新思维。为了培养孩子的创新思维，父母要特别注意放飞和激发孩子的想象力，引导孩子不断优化思维方式，加强辐射思维与辐集思维的互补，学会新的思维方式，除了掌握逻辑思维和形象思维以外，还要学会逆向思维等，尤其要学会通过多学科和交叉互渗整合中，发现新的意蕴。其三，创新能力。创新能力是创新意识与创新思维在实践中的确证和外化。在这方面，父母要引导孩子创造性地学习，遇到难题不能畏手畏脚，而是要大胆设疑，调动思维的活力，通过创造性地分析例题和作业，逐渐培养孩子的创新能力。

在培养孩子的能力方面，父母切忌越俎代庖。当然，培养孩子的多种能力绝非一曝十寒，而是要日积月累，假以时日，在保障孩子安全的前提下，家长一定要学会放手，要鼓励孩子走出课堂，走出家门，走向田野，走向社会，积极拓展丰富的人生。

68. 应该走出应试教育的误区

薛夫子

　　寄语：应试教育是以提高考试成绩为最终目的，有悖于人才成长规律，背离了教育的本质。因为孩子的发展与成才需要优良的综合素质和多种能力，而绝不仅仅是考试成绩。教育的本质在于"成人"，使每个学生的素质和能力都能够得到全面和谐的发展，而决不是培养高分低能、缺乏创造力的应试高手。

自从恢复高考以来，我国的中学教育逐渐走进了应试教育的死胡同，而素质教育则是雷声大，雨点小。应试教育把应试作为主要的教育目标，是一种比较狭隘的教育模式。所谓应试教育，一般被理解为和素质教育相对的概念，指的是为了考试而开展的教育。应试教育已经严重影响了孩子们的身心健康，也影响了中华民族的创新能力。因此，从人才培养的角度出发，我们必须走出应试教育的误区。

第一，应试教育把孩子变成学习的工具或奴隶。应试教育不是以人才培养为目的，而是以提高升学的录取率为旨归，因此，这种教育理念必然无视或忽视孩子们的身心健康与全面发展，也必然忽视对创新能力的培养，不知不觉地把孩子变成学习的工具或奴隶。在应试教育视野中所谓的"差生"，实际上可能是人才学意义上的优秀生。2006年10月2日徐迅雷在光明网上发表文章，介绍了一位"中国差生"成为"美国天才"的真实故事。王楠子

8 年前是上海某中学一个"标准的差生"，经常被老师"重点关照"，无奈之下赴美求学；8 年后，他成了全美动画比赛个人组冠军，并被老师表扬"是个天才"。可见，王楠子是作为"中国差生"而被中国教育制度所"淘汰"的，却成为被美国教育制度发现、培养起来的"美国天才"。在美国，王楠子从未受到老师的批评，一次他"插嘴"，当堂纠正了美国中学老师的一个错误，没想到老师当场就说：你真是个天才。王楠子的个案对于反思我们的教育颇有启发意义。

第二，应试教育背离了教育的本质。教育的本质在于"成人"，即促使学生能够成为一个真正意义上的人，使每个学生的素质和能力都能够得到全面和谐的发展，而决不是培养高分低能、缺乏创造力的应试高手。根据2007 年 1 月 26 日中央电视台 10 套节目"家庭"栏目报道，16 岁的高二学生牛培行小学时就考试不及格，老师曾经对他失去了信心，牛培行没法正常上学，最后只好参加了兴趣班，到了高二时，竟然获得了 20 多项发明和专利。他的父亲牛青认为孩子玩商高，而玩商高的孩子创造力和想象力高。

第三，应试教育未必能够提高孩子的学习成绩。即使从提高升学率的角度来看，传统的应试教育也未必一定能够提高孩子们的考试成绩。因为按照应试教育的模式，学生要集中主要的时间和精力，掌握教材和课后的练习题，而根本没有时间去阅读课外读物，也没有时间参加社会实践等实践性学习。据了解，某省有个重点中学的老师们在国庆节放假时，竟然给高三的学生布置了 24 套标准试卷，让学生在 3 天的假期内做完。我们可以设想，如果按每套试卷需要 2 个小时计算，24 套试卷则需要 48 个小时！每天需要 16 个小时才能够做完。这种应试教育是以题海战术和疲劳战术为前提的，没有劳逸结合的学习，客观上必然影响学习效率，甚至把孩子变成"水泥脑袋"。很显然，这种应试教育客观上限制了孩子们的视野，忽视对孩子们想象力、创造力的培养，因此，也就不可能从根本上提高他们的考试成绩。

鉴于对应试教育以上三点的分析，要从根本上走出应试教育的误区，必须解决如下几个问题：

第一，打破应试教育瓶颈，充分认识应试教育的严重危害性。从人才培养的角度来看，应试教育导致了智育目标狭隘化，严重制约了学生参与社会实践的时间，影响了学生知识结构和能力结构的和谐发展，也从根本上束缚了学生的全面发展；应试教育还把学生置于樊篱之中，阻碍了学生的个性发展，扼杀了学生的创新精神。

第二，辨证认识应试教育与素质教育的关系。尽管我们反对应试教育，但应试教育与素质教育之间并非绝然对立，而是存在着逻辑上的交叉关系，即应试教育本身应该在客观上培养或训练学生的某种素质，比如记忆力、心理素质，还有对书面文化的学习能力等，绝大多数学生都能在这些方面得到不同程度的锻炼和提高。人们之所以对应试教育有很大的意见，一方面是因为没有看到应试教育和素质教育的内在关联，一方面也与对素质教育本身理解的偏差有关。在许多人看来，好像一搞素质教育，学生就不用考试了，即使成绩考不好，仍然是高素质。这种观点从一个极端走向了另一个极端，显然非常偏颇，也是非常有害的。诚然，通过应试教育培养出来的学生也许会有这样或那样的不足，但是，一个人如果能够通过数不胜数的考试，过关斩将，最终取得好的考试成绩，这起码说明这个学生有比较好的体力、记忆力，也有较强的理解问题和分析问题的能力，甚至包括较好的文字表达能力等等。但是，从人才开发的角度来看，一个人仅有这些能力是远远不够的，这只是最基本的要求。在这个基础上，还需要有更多的知识、更宽广的视野，具有更强的综合能力和活跃的创新能力，尤其是需要培养分析实际问题、解决实际问题和动手的能力，而这些显然是通过一般的考试难以检验的，也是应试教育无法实现的。

第三，素质教育与提高学习成绩的和谐统一。素质教育本身既然是要促进学生的全面发展，当然也要培养学生的记忆力、理解力、想象力、创造力和良好的心理素质，对书面文化的学习能力等。也就是说，一个高素质的学生不但不应该害怕考试，而且还应该比应试教育培养出来的学生能够取得更好的考试成绩。在这方面，早在1989年，我就做过素质教育的实验。当时，我临时为一个重点中学担任两个班级一个学期的语文课。我做到了四点：一是充分发挥学生的学习主体性，注重对学生学习能力的培养；二是运用启发式教学，课堂精讲；三是让学生在理解和掌握教材知识的基础上，当堂完成课后的作业；四要求学生加强课外阅读。经过一学期的教学，期末学生的语文考试成绩全市名列前茅。

当然，要从根本上走出应试教育的误区，一是需要改革高考制度和考试内容；二是提高中学教师的素质和能力，即教书育人的能力；三是尽量采取小班化教学；四是需要学校和家长的密切配合。

69. 提高孩子作文成绩的方法

薛夫子

寄语：孩子写作文最难的是巧妇难为无米之炊。要让孩子写好作文，第一，平时要提高孩子的语言表达能力；第二，"我手写我口"；第三，"我手写我心"；第四，采取"读、析、仿、创"的四字模式；第五，正确认识和处理"源"与"流"的关系。

大家知道，我国中小学的语文是母语，语文学习的好坏直接影响着对其他课程的学习。其中，语文中的作文又是语文的核心和灵魂，也就是说，作文水平既是语文水平的表现，又是学生思想的深度、高度、广度与想象力和创造力的重要表现，因此，无论老师还是家长，都必须高度重视孩子的作文写作。

根据笔者的了解，许多中学生普遍反映，写作文没有素材，不知道些什么，不知道从哪里下笔。我女儿刚升入中学的时候，也有过这种困惑。为了让女儿丰富素材，我开始让女儿看中央电视台焦点访谈节目。女儿看完后，我们让她给我们复述一遍内容，从一开始叙述故事梗概，逐渐转化为详细、细致的叙述故事。因为当时焦点访谈节目这个节目做得很好，时间短，内容新，没有多余的废话。经过一段时间的复述，从这个节目中，女儿掌握了很多素材，有写作文的素材了。接下来，我让女儿看完焦点访谈节目后，不再复述了，而是对这期节目内容做简单的分析、评价和议论，这种分析、评价和议论，也是随着时间的推移从简单到详细。议论着，议论着，有一天她突然对我说："爸爸，这不就是一篇很好的作文吗？"她高兴坏了，从那开始她再也不愁没有素材，再也没有说过不知道从哪里下笔了，她写的作文经常是班里的范文，在中学时期获过全国中学生很多的作文大奖。

要提高作文能力，可以从如下几点尝试：

第一，"我手写我口"。对于初学写作文的学生来说，最简单的就是"我手写我口"，即把自己要说的话用文字表达出来，然后进行适当的修改和完善，使自己要表达的意思更加清晰准确和完善。口头语言是粗糙的，而经过文字的润色，就可能变成言简意赅的精美文字。

第二，"我手写我心"，即把自己心里想的内容，用文字表达出来，包括"我手写我思"和"我手写我情"两个方面。"我手写我思"是指把自己对某个人物、事件和生活场景等具体内容的认识、理解和判断通过文字表达出来；"我手写我情"，则主要是把自己内心的喜怒哀乐等各种感情通过文字表达出来。写作的生命贵在真实，只有通过"我手写我心"，才能真正表达自己内在的真实，才能做到以情感人，以理服人。当然，学生写出来的"我心"和"我情"要达到艺术美，前提是要求学生的"心"和"情"不但是真实的，而且更重要的也是善和美的。

第三，"源"与"流"的和谐统一。"源"与"流"是文学理论的一个重要问题。所谓"源"，是指文学创作的生活源泉，意思是说文学创作应该到社会生活中寻找灵感的源泉；所谓"流"，是指古今中外优秀的文学作品，意思是说优秀的文学作品可以成为文学创作的借鉴和参考。然而，对于许多中学生来说，由于受到应试教育的局限，孩子们早出晚归，回到家做完作业，时间已经很晚了，既没有参加社会生活的机会，也没有充裕的时间阅读优秀的文学作品。中学生既没有"源"，又没有"流"，怎么可能喜欢作文？又怎么能够提高写作水平呢！由此可见，要从根本上提高孩子们的作文水平，一方面让孩子有足够的时间参加社会活动，一方面引导孩子们尽量多阅读古今中外的优秀文学作品，必须做到"源"与"流"的和谐统一。

第四，"读、析、仿、创"的四字模式。为了提高中学生的作文能力，笔者认为，不妨尝试"读、析、仿、创"的四字教学模式（参见《光明日报》1999 年 10 月 13 日，薛永武"怎样提高作文能力"一文）。

读：是指语文教师和家长引导学生阅读优秀范文，朗读时力求字正腔圆，声情并茂，读出感情，读出兴趣，读出内涵，更读出韵味，把作品的艺术美和思想美展示得淋漓尽致，从而引导学生既感受到艺术美，又产生身临其境之感，甚至入乎其内，进入作品所描绘的艺术境界之中，与作品中的人物、情境融汇贯通起来。通过朗读全文，特别是作品的重点章节段落及重点字词句，让学生感受和体验作品中的形象及意境，在加深对内容理解的同时，培养了学习语文的兴趣。

析：是指教师或家长引导学生学会分析文学作品，引导学生学会辐射思维，从四面八方多个角度分析作品，力求辩证的、全方位的把握作品，既要"入乎其内"，又要"出乎其外"，允许学生有独立见解，勇于打破教参的绝对权威。教师或家长还可以引导学生改写范文，因为一个题材或一个题目固然可以写成语文中的某一篇范文，但也可以写成另一个样子的优秀作品。

仿：就是引导学生模仿优秀范文进行写作。模仿是初学写作者的必由之路，但不能机械、被动的、照搬范文式的模仿。教师或家长可以引导学生理清范文的写作思路，比如原作者为什么要写这篇文章，怎样写的，好在哪里，有什么弱点等，认清作者写人、状物、议论、抒情的总体思路及具体表现。在教师指导下和吃透范文的基础上，自觉、主动的模仿范文，做到不照搬原结构，不照抄原来的段落和句子。这种仿写很接近于改写，也是培养学生初步写作能力的重要一步。

创：是指学生独创的写作过程，这是语文教学的关键。实践证明，要获得创作的灵感，学生首先需要扎根于生活的沃土，多实践，多观察，多思考，多感受，多体验，学会感受和认识真善美和假恶丑；在千变万化的自然世界中，学生要从蓝天白云、青山绿水、千岩万壑、奇花异草、日月星辰、茫茫的雪原、广袤的沙漠、滔滔的江河、辽阔的草原、咆哮的大海等自然事物中获得人生的启迪和美的熏陶，以便让大脑能够诸存丰富多彩的记忆表象，其次，在大量记忆表象激发下，调动联想和想象，尤其是创造性的想象，围绕着写作的需要，反复进行构思，直至形成栩栩如生、呼之欲出的文学意象，或者在议论中主题鲜明、正确、深刻、丰富，论证畅达，严谨有序等。这样，学生从腹稿到草稿，还要经过个人多次修改、润色，最后再由教师批阅，肯定优点，指出不足，提出建设性意见。

总之，在中学生写作过程中，读、析、仿是基础，生活是源泉，灵感是动力，创造是目的。写作是一项艰苦、复杂的独创性的精神劳动，需要生活的触发和灵感的萌动，惟其如此，教师最好不让学生当堂作文，也不要作文次数太多，而以两周一篇为宜。

70. 让孩子学会阅读经典名著

寄语：在五彩缤纷、繁花似锦的文学史上，文学名著异彩纷呈，构筑了闪亮耀眼的美的风景线。阅读文学名著能够激发孩子的想象力，优化孩子的思维能力，对孩子产生激励、熏陶和反思作用。

文学名著是文学史上经过历史积淀和考验的经典之作，是文学的精华，是文化的精华，一个浩瀚的海洋，是一个丰富的世界，一个茫茫的宇宙。然而，许多父母受到应试教育的影响，没有认识到孩子阅读文学名著的重要性，担心孩子阅读文学名著，可能影响学习和考试成绩。其实，只要对孩子阅读文学名著因势利导，就能够充分发挥文学名著的重要作用。

第一，阅读文学名著能够激发孩子的想象力。文学作为想象的艺术，文学形象的间接性较之直观可视性的艺术形象，更能激发孩子的联想和想象力，因为想象是文学与创新的关节点，无论是艺术境界的深邃，还是思想的深刻丰富，都离不开作家的想象，都离不开读者的创造性想象。浪漫主义文学的想象大胆、奇特、瑰奇、怪异，超越现实时空的制约，特别是在一些神魔小说、英雄史诗、科幻故事等浪漫主义作品，都具有瑰丽神奇的想象。浪漫主义作品以其超凡的想象，能够打破已有的思维定势，拓展孩子的思维，极大地放飞孩子的想象力。因此，孩子经常阅读浪漫主义的作品，在激发想象力的同时，还有利于矫正自卑、抑郁、苦闷等不良的心理特征，有利于完善和谐完美的精神个性，促进个人的心理健康。从素质教育的角度来看，想象力的开发是培养创新思维的核心和关键。特别是优秀的文学名著，更具有高度的想象力，孩子们经常欣赏文学名著，非常有利于活跃和诱导想象力，这对于培养创新思维具有特殊的重要意义。

第二，阅读文学名著能够优化孩子的思维能力。阅读文学名著不仅能够激发孩子的想象力，而且还能够促进思维能力的优化，促进智力结构的完善。因为孩子们在阅读文学名著的时候，需要情感、灵感、理解、认识和判断等多方面主观要素的和谐发展，而孩子们从小就开始听故事，看图说话，背诵诗歌，写作文，这些文学活动都有利于促进孩子们精神世界的和谐发展，促进思维能力的优化。因此，对于人才开发而言，孩子们在中学阶段，就应该通过广泛地文学阅读，不断培养自己的联想和想象，进一步优化形象思维能力，以促进形象思维与逻辑思维的协调发展。事实上，文学欣赏与创作一样，需要观察、体验、联想、想象，需要形象思维和逻辑思维的交叉融合，需要辐射思维和辐集思维的融合，需要有正确的世界观、人生观、审美观、文学观。在欣赏过程中入乎其内，出乎其外，需要对内蕴丰厚的文学名著进行去粗取精，去伪存真，由此及彼，由表及里的反复推敲，在放飞想象力的基础上，进一步促进各种心理诸要素的优化组合。

第三，阅读文学名著能够对孩子产生激励、熏陶和反思作用。优秀作品对孩子除了具有美感熏陶和认识作用以外，还具有精神激励效应、情感熏陶效应和明镜反思等多种效应。其一，发挥文学名著的精神激励效应。许多文学名著表现了作家积极进取的人生态度，能够鼓舞人，教育人，启迪人，熏陶人，塑造人，具有重要的激励效应。那些歌颂英雄人物、抒发豪情壮志、描绘理想的文学名著，能够给读者强大的精神激励作用，对于青少年的健康成长与立志成才是非常必要的。其二，发挥文学名著的情感熏陶效应。文学名著总是蕴含着丰富的情感，以真诚的情感打动和影响读者的情感。文学作品理想的形象美、情理交融的意境美以及歌颂真善美的真情实感，对于孩子们的情感具有重要的陶冶效应。孩子们阅读文学名著的时候，作品所描写的热爱祖国、思念故乡、歌颂母爱、爱情和友谊等，对于丰富和深化孩子们的情感，都具有积极的作用。其三，发挥文学名著的明镜反思效应。文学是生活和人生的一面镜子，孩子们面对文学这面镜子，可以通过对作品所描写的人和事进行总结和反思，学习文学形象成功的经验，汲取文学形象失败的教训，把握作品所反映的本质真实和历史脉搏。其四，发挥文学名著的明理言志效应。一方面许多优秀的文学名著体现了作者思考问题的深度和广度，能够引导读者多角度、多层次的看问题，克服思维的遮蔽性，能够使读者产生豁然开朗之感，因此，孩子们阅读文学名著有利于提高认识问题的高度；另一方面，许多文学名著中包括大量在做人、治学、理想追求等方面的至理名言，这些格言警句体现了价值的普遍性和永恒性，将会在后世不断阐释中继续蕴含出积极的人生价值，对于孩子们的励志和成长都具有重要的积极意义。

在五彩缤纷、繁花似锦的文学史上，历经大浪淘沙，各种文学名著如璀璨的明星、艺海明珠，构筑了闪亮耀眼的美的风景线。面对历史馈送给我们的文学名著，老师和家长都应该积极引导孩子们登堂入室，用精彩纷呈的文学世界开启孩子们的心灵，丰富和拓展孩子们靓丽的青春人生。

71. 让孩子掌握学外语的方法

薛夫子

寄语：引导孩子学好外语对于开阔孩子的国际视野以及参加高考等都非常重要。关键是要让孩子学会运用外语思维，善于抓住学习外语的所有场合和特殊情境，要克服"哑巴外语"和"聋子外语"。

众所周知，学好外语的重要性对于中学生是不言而喻的。外语既是中学生高考的必考科目，又对未来的就业，参与世界范围内的政治、经济和文化等多方面的交流，都具有重要的意义。那么，怎样让孩子学好外语，也就成为许多父母和老师共同关心的话题。

第一，引导孩子们学会运用外语思维。所谓外语思维，是指在日常的学习和生活中，用外语来表达自己思想感情的一种学习方式。具体来说，是指让孩子用外语来表述自己日常的所见所想，比如早晨起床后，可以用外语来表述自己此时的心情（我今天的心情很愉快 Today I feel very happy）；出门后看到天气很好，马上就用外语说出自己看到的天气情况等等。这种用外语思维的方式对于学习外语非常重要，因为它是建立在触景生情和身临其境的前提下的有感而发，也是从生活中学习外语的最佳方式，所以有利于促进外语与母语在思维上的融通与互动。

第二，从"朗读外语"转向"对话外语"，鼓励孩子们之间多进行外语对话。对于中学生学外语，大家都能够看到的一种现象是：每天早晨学生们几乎都在教室内外朗读外语课文，而所谓朗朗的读书声也大部分是学生读外语的声音。这里所谓的"朗读外语"，指的就是这种以朗读为学习外语的主要方式的做法。实际上，这种读外语的方式并不利于学生提高外语学习的效率。正确的做法是应该把大量的"朗读外语"逐渐转向"对话外语"。这里的"对话外语"是指以人际之间通过用外语对话，以提高外语水平的学习方式。孩子在闲暇时间，通过大量的外语对话，能够极大地提高外语水平，因为通过外语对话，不仅可以激发孩子的思维能力，也能够直接促进对外语语境的理解感悟，增强外语的交际能力。

第三，创造机会，让孩子们多与"老外"进行交流。近些年来，许多中学为了让学生能够学到原汁原味的外语，主要采取两种方式：其一，聘请外籍教师，直接用外语进行教学；其二，加强与外国中学生的交流互动，与国外的中学建立互访关系。这两种方式都是行之有效的，客观上为孩子们提供了与"老外"学习外语的机会。

第四，适当用外语写日记或者其他方式的外语写作。父母和老师还可以鼓励孩子们用外语写日记，通过提高外语的写作能力，有利于对外语的理解和和运用。

第五，利用现代传媒技术学习外语。在现代传媒中，可以充分利用网络、电视、收录机、复读机、外语软件、MP3、MP4等多种现代技术，多渠道的学习外语。

第六，观看一些用外语对话的影视节目。影视节目有的是用外语对话的，父母和老师可以引导孩子们在闲暇时间欣赏一些用外语对话的影视节目，既可以休闲娱乐，又可以提高外语的听力。

第七，阅读一些中英文对照的各种读物。书店和图书馆里都有很多中英文对照的读物，父母和老师可以引导孩子们加强对这类书籍的阅读。阅读这类读物可以增加孩子们学外语的兴趣，也可以提高外语阅读能力。

第八，尝试进行英汉的互译。英汉互译这是检验外语学习的一个重要尺度，孩子们通过英汉互译，可以检验自己学习外语的程度，总结检验，找出不足。

第九，了解和掌握学习外语的一些基本的方法。中学生学习的外语主要是英语，英语作为一种特殊的语言，具有语言的一般特点和基本规律，也具有自己的特点和规律。作为父母和老师，要尽量引导孩子们掌握学习英语的特点和规律。比如英语的发音方法、构词特点以及基本语法等，都需要进行科学的总结。

为了鼓励孩子学好外语，家长和老师还可以引导孩子学会换位思考。要让孩子知道，中国人学英语比外国人学汉语还相对比较容易一些，而外国的许多少年儿童近些年掀起了学汉语热，但外国孩子学汉语比中国孩子学英语要困难得多。孩子如果理解了这一点，就可以提高学外语的积极性和自信心。

值得注意的是，学习外语绝不仅仅是掌握一种语言工具，因为语言不仅是思想的外壳，而且语言本身就是一种思维，因此，中学生学习外语既是高考的需要，也是学习外国文化的需要，更是拓展思维、丰富思想的需要。

72. 让孩子学好数理化的方法

薛夫子

寄语：引导孩子充分认识学好数理化的重要性，理解和掌握数理化一些公式的由来、一些基本的概念和原理，熟悉老师课堂解题的基本思路和基本方法，进而掌握一般的解题思路和方法。

在计划经济的时代，我国就有"学好数理化，走遍天下都不怕"的说法，可见学好数理化对于人生的重要性。在市场经济时代，学好数理化依然是中学生学习的重要任务，那么，怎样才能学好数理化呢？

第一，引导孩子充分认识学好数理化对于人生和社会的重要性。从对于人生的重要性来看，中学生学好数理化，不仅对选择高考志愿具有较大的选择余地，而且对于人的一生也都具有重要的意义，因为人的一生在工作、学习和日常的生活中，都需要大量的数理化知识；从对于工作的重要性来看，国家的科学技术、工农业生产等许多领域，都需要大量的数理化知识。通过引导孩子们认识学好数理化的重要性，鼓励孩子激发学好数理化的兴趣。

第二，引导孩子们理解和掌握数理化一些公式的由来，包括这些公式的推算过程及其原理；让孩子们理解和掌握一些基本的概念和原理，不仅知其然，而且还要知其所以然。对于公式、概念和原理，不能满足于死记硬背，而是让孩子们在理解的基础上融会贯通，活学活用，具有理论联系实际的能力。

第三，引导孩子们重点掌握老师在课堂上所讲解的各种例题。注意分析和掌握各种例题的类型，熟悉老师解题的基本思路和运用的基本方法。一般而言，老师所讲的例题都是很具有代表性的，尤其对于完成课后的思考题和练习题，大多具有指导和示范作用，因此，学生一定要掌握老师所讲的例题，达到举一反三和触类旁通的目的。

第四，通过完成各种练习题，在总结解题经验的基础上，进而掌握一般的解题思路和方法。在学习方法上，学习数理化具有一些共同的基本方法，但也要根据数理化各科各自的不同点，了解和掌握数理化各门课程不同的解题思路和独特的解题方法。

第五，学会数理化需要孩子们的逻辑思维，也需要高度的联想和想象能力，甚至需要辐射思维与辐集思维的和谐统一。比如遇到比较复杂的应用题，解题的时候，就需要调动联想和想象能力，有时甚至需要特殊的空间想象能力，找出已知条件对于解题的具体作用，有时甚至也需要去粗取精、去伪存真、由此及彼、由表及里的一系列推理过程。比如，解几何题就需要逻辑思维和形象思维的有机统一，既需要严密的逻辑演绎，又需要高度的联想和空间想象能力，这种推理过程甚至与研究社会科学都具有许多相似之处。

第六，激发孩子们学习数理化的兴趣和特殊的美感。数理化虽然比较抽象，但也蕴含着巨大的艺术魅力，即科学美学所探讨的科学美。特别是随着科学艺术化与艺术科学化的相互融合，科学越来越艺术化、审美化了，而艺术也越来越科学化了。因此，为了激发孩子们学习数理化的兴趣，感悟数理化作为科学所蕴含的美，老师和父母应该以科学美学的知识和理论，引导孩子们发现数理化的美，如分子式的美、几何图形的美等，进而培养和激发学习数理化的兴趣。

此外，引导孩子们理解和掌握数理化的实践性品格，学会在实际的生活中运用数理化的知识，这样非常有利于增强孩子们学习数理化的兴趣，强化学习数理化的内在动力。

73. 预防和校正孩子偏科现象

薛夫子

寄语：父母可以运用"木桶理论"的原理，引导孩子认识偏科的严重危害性，要防患于未然，或者早发现，找出偏科的原因，根据实际情况找出解决偏科的具体思路和方法。

孩子在中学阶段一旦出现偏科现象，最直接的后果就是可能因为偏科而影响了中考或高考，而更为严重的后果则是因为偏科可能导致孩子知识结构和思维结构的不完善。

第一，对孩子的偏科要预防为主，防患于未然。孩子一旦出现了偏科现象，客观上往往很难进行校正，因此，最好的方法就是预防为主，防患于未然，从孩子进入初中开始，父母和老师都要早作打算，预防孩子的偏科。一旦发现孩子开始有偏科的苗头，早做工作，把偏科解决于萌芽状态。

第二，对孩子偏科的校正。校正孩子的偏科问题，是一个十分棘手的问题，但许多父母和老师对此往往认识不足。为此，需要解决以下三个问题：

其一，充分认识孩子偏科的严重危害性。管理学上有个"木桶理论"，木桶理论表明：一个木桶的容积不取决于这个木桶的长板，而取决于这个木桶的短板。由此可见，这个短板对木桶容积具有直接的决定作用。由此类推，一个孩子在中学阶段如果偏科，就意味着这个孩子的知识结构和能力结构在某一个方面（即偏科这一方面）是一根"短板"，而这个孩子的进步、成长或者成功，在很大程度上要受到这根"短板"的制约和影响。因此，家长要引导孩子充分认识偏科的严重危害性。

其二，找出孩子偏科的具体原因。孩子一旦出现偏科现象，绝非偶然，而往往是由来已久，有其偏科的形成过程及其具体的偏科原因。原因可能有以下几点：①任课教师缺乏教学艺术，不能调动学生对该课程的学习积极性，久而久之，可能影响孩子的学习兴趣。②孩子对某一课程的重要性认识不足，学习不够认真，渐渐影响了对这门课程的学习。③孩子从第一次接触这门课开始，就不喜欢这门课。④孩子开始学习这门课的时候，由于某种原因，在课堂上没有听明白老师的讲课，而课程本身的前后联系非常紧密，因为没有听明白前面的内容，可能就影响到后来的学习，以至于逐渐失去了对这门课学习的信心。⑤从低年级升到高年级的时候，也许会更换老师，有时甚至在一个学期内，因为某种原因，也会中途更换老师。在这种情况下，有的孩子因为适应能力比较差，可能因为老师的更换，而没有及时适应新的任课老师，也会影响对某门课程的学习，进而导致偏科现象。

其三，制定纠正偏科的具体对策。针对孩子已经出现的偏科现象，父母应该与老师及时联系，根据孩子偏科的实际状况，通过分析，找出孩子偏科的具体原因，然后制定纠正偏科的具体对策，对症下药。在具体对策方面，可以采取综合治理的方法，主要由以下几点：①尽量选择好教学质量较高的学校和老师。②引导孩子认识偏科的危害性，要求孩子认真学好所有的课程，不能偏科，在全面发展的基础上，可以适当地突出重点。③激发和诱导孩子对偏科的课程的学习兴趣。在这方面，家长一定要明白，孩子的学习兴趣既是可以培养的，又是可以转移的，不能把兴趣绝对化。④一旦发现孩子偏科，父母要引导孩子找出这门课程学习上的不足，对于一些不懂的问题，要与老师联系，请老师或家教及时补课。⑤受到条件的限制，父母和孩子有时难以选择学校，因此，为了从根本上克服孩子的偏科现象，父母不仅要培养孩子认真的学习态度，而且要培养孩子适应环境的能力，增强孩子的自控能力，以适应不同的老师的教学风格。

孩子偏科对于孩子的发展可能产生最直接的两种影响：一是可能影响到孩子的高考成绩和高考志愿的选择；二是可能会影响到以后孩子职业生涯的选择，甚至影响到成才。从人才学的角度来看，孩子偏科，虽然有可能最终发展为奇才、怪才，但奇才、怪才毕竟只是成才的特殊规律，而不是一般规律。所以，我们不主张孩子偏科，而是注重孩子的全面发展。

从中学目前的情况来看，许多中学生存在着偏科现象。偏科直接影响了孩子知识结构的优化，甚至影响了升学和高考，也从根本上制约和影响了孩子的和谐发展，因此，这个问题必须引起学校和家长的高度关注。

74. 让孩子参加课外学习班

寄语：很多家长不懂的什么才是孩子真正的"起跑线"，花费巨资让孩子参加各种培训班有利有弊，有时甚至弊大于利。参加培训班不是为了学习某一种技能，而是通过学习，全面提高综合素质、想象力和反映能力等。

近些年来，父母为了孩子的高考或者为了培养孩子的素质和能力，让孩子参加了很多的课外学习班，有的取得显著成效，但也有很多父母事与愿违。因此，在确定孩子参加学习班的时候，父母要首先明确孩子参加学习班的目的，是为了侧重培养孩子的素质，还是侧重培养孩子的某种能力，抑或是为了培养素质与能力的结合。从人才培养的角度来看，引导孩子参加课外的各种学习班，主要不是为了培养孩子的某种技能，而是通过学习某种技能，提高孩子的整体素质。一般而言，孩子参加课外的各种学习班主要有下列几种：

第一类，侧重于培养孩子素质的学习班。如围棋学习班、象棋学习班、舞蹈学习班、绘画学习班、各种乐器学习班等。这些各具特色的学习班，客观上都有利于提高孩子的综合素质。棋类学习班有利于激发孩子初步的逻辑思维能力和想象力；舞蹈学习班有利于锻炼身体素质，包括身体的柔软度、灵活度，也能够帮助孩子提高艺术感悟力和表现力；绘画学习班有利于提高孩子的观察力、想象力以及大脑与手指的协同能力（如达·芬奇画蛋）；乐器学习班有利于提高孩子的音乐修养，促进孩子的身心健康。

第二类，侧重于提高孩子学习能力的学习班。这类学习班主要有速读学习班、全脑速读记忆学习班、英语等相关专业学习班。这类学习班的目的主要是为了提高孩子的学习能力，如掌握思维方法、阅读方法、记忆方法以及掌握某些专业课学习成绩的特殊训练方法等。参加这类学习班要注意两点：其一既要让孩子掌握一般的学习方法，又要让孩子发现和掌握适合自己学习的具体方法或者特殊方法；其二是要让孩子根据自己的年龄、个性以及具体学习情况，采取扬长避短的方式，酌情参加某些必要的专业学习班，如英语学习班等。

第三类，侧重于提高孩子创造力的学习班。这类学习班主要有潜能开发训练、学习兴趣培训班等。这类学习班可以按照孩子的实际情况分为三类：其一是智力一般以下的孩子，可以通过参加这类学习班，进行智力开发，达到促进智力发育的目的；其二是智力一般以上的孩子，可以通过参加这类学习班，进一步提高智力，追求卓越；其三是对于那些天才儿童或少年，也可以参加这类学习班，通过潜能开发，力求在智力发展上锦上添花，进一步优化智力结构，完善思维方式和能力结构。

父母们如果为了孩子参加高考，除了艺术类考生可以参加必要的学习班或补习班以外，一般的考生大多不需要刻意参加学习班，只要按照正常的学习计划学习就可以了。

在孩子参加课外学习班方面，我们主要是通过其他方式全面培养孩子的综合素质，比如女儿四五岁的时候学习过绘画，也学习过小提琴。女儿唯一参加的学习班是北京举办的全脑速读记忆学习班。我们认为，参加学习班要根据孩子的实际情况，确定灵活多样的培养方式，参加的班次不在于多而在于精，不要盲目与别人攀比。

75. 扩大视野拓展思维的广度

薛夫子

寄语：父母培养孩子，应该尽量扩大孩子的生活视野，丰富孩子的人生阅历，开阔孩子的思维，点燃孩子心灵的火花，这对于孩子的成长是非常重要的。

培养少年儿童的成长，除了社会文明教育以外，最重要的不是学习书本的知识，而是扩大孩子的生活视野，拓展孩子思维的广度。从人才培养的角度来看，丰富孩子的人生阅历，开阔孩子的思维视野，点燃孩子心灵的火花，这对于孩子的成长是非常重要的。

按照弗洛伊德的观点，人生的童年经历对人生具有重大的影响。事实上，从人才培养的角度来看，童年经历不但在心理上直接影响着人生成年以后的处世态度，甚至也影响着思维方式的形成。我的童年经历也表明了这一点。我老家的村前有条小河，我在河里学会了游泳，小河的意象深深影响着我的心灵；我们村前是一个集市，我小时候经常到集市上去看热闹，这极大的开阔了我的视野；我们村的西面是一条国防公路，各种车辆川流不息，让我增加了见识；我们村的东南面还有解放军的一个师部，我从小经常去部队营房玩耍，看到了直升飞机、水陆两用汽车等当时比较高端的军事设备等。

根据我的童年经历，我们在培养女儿的时候，尽可能让女儿早一些出去见世面，在她几岁的时候，我们就领着她到了兖州、济宁、青岛、济南、枣庄、北京、承德、内蒙古、徐州等地，参观名胜古迹，或拜访名人等，还攀登了泰山、峄山、太白楼、蒙山、尼山（孔子诞生地）。通过带领孩子外出参观，能够极大地开阔孩子的思维视野，激发孩子的思维，放飞孩子的想象力。

在带领孩子外出参观的时候，父母一定不要强迫孩子带着学习压力，比如让孩子参观完以后写多少篇作文等。因为让孩子出去参观，目的就是在参观的同时，让孩子获得更多的心灵自由，培养孩子的观察力，让孩子自由的体验人生，让孩子触景生情，自由的放飞想象力，因此父母决不能把孩子参观当做强迫孩子专业学习的一种方式。正确的方式是对孩子参观采取因势利导的方式，启发孩子的积极思维，引导孩子情不自禁地"我手写我心"，而不能强迫孩子挖空心思去作文，因为强迫孩子写作文，客观上很容易造成孩子旅游时的心理压力，结果往往是适得其反、事与愿违。

76. "小薛老师"的特殊启示

薛夫子

寄语：尊重孩子的成长和进步，尊重孩子的知识和能力，这是父母促进孩子学习的重要方式。尊重知识，尊重人才，父母要从尊重孩子的知识开始做起。

尊重知识，尊重人才，虽然已经成为党和政府重要的人才政策理念，在社会中也似乎已经深入人心，但实际上仍然存在雷声大雨点小的现象。比如说，我们在培养孩子的过程中，无论是学校还是在家庭里，老师对待学生抑或父母对待孩子，实际上往往难以做到尊重知识、尊重人才。在这一点上，教师或父母在学生或孩子面前往往充当绝对权威的角色，不允许学生或孩子有不同于老师或父母的意见，更不允许他们反对自己。

我长期研究人才学，自觉用人才学的知识和原理培养孩子。我们在培养孩子的过程中，能够在较大程度上体现出尊重知识和尊重人才的价值取向。比如，女儿13岁读高中的时候，对计算机已经比较熟悉了，而每当我在使用电脑过程中遇到问题的时候，只要女儿在家，我自然而然就会向女儿请教，让女儿体会到知识的重要性。有一个周末，我在电脑前写文章，女儿在家里写作业。我的电脑出现了问题，女儿停下手中的笔，很快帮我解决了问题，但很不巧，过了没几分钟，我的电脑又出了问题，我又要求女儿帮我解决，女儿一方面因为忙于学习，一方面是因为刚帮我解决了一次电脑故障，看到我的电脑又出了问题，就故做生气状说"爸爸，你喊我小薛老师!"我第一次听见女儿说这样的话，又气又笑，忽然想起自己是研究人才学的，自己应该带头尊重知识，于是我就随口喊了女儿一句"小薛老师"。没有想到，女儿非常高兴。我想，女儿不仅仅是因为我喊她"小薛老师"而高兴，而是因为爸爸口里喊出的"小薛老师"具有很高的含金量，这是我对知识的尊重，也是对女儿的尊重。作为爸爸，我要通过这件看似不起眼的小事，让女儿深刻认识到，你只要有知识，就能够获得他人的尊重。

其实，我们许多父母还没有认识到这样一个客观的事实：在互联网时代，随着知识更新的加快，我们的孩子掌握的许多知识已经超出了我们家长。因此，我们应该在做孩子领路人的同时，也不要忘记向自己的孩子学习。亲爱的家长朋友，当你向孩子请教问题的时候，你是否也可以喊自己的孩子一句"老师"呢？

77. 认识女孩性别角色社会化

薛夫子

寄语：重男轻女思想的形成一方面是受到封建社会和小农经济传统思想的影响，一方面与现实的用人机制等因素有关，并非女性天生就比男性差。一个优秀的女孩要比一般男孩对社会的贡献更大。

随着社会的文明进步，在知识经济的时代，尽管我们应该男女平等，但实际上仍然存在着重男轻女的传统思想。那么作为家长，如果你们有个女孩，应该怎么克服重男轻女的传统思想呢？

首先，男女在恋爱的时候，双方就应该在子女生育的问题上，形成男女平等的共识，任何一方尤其是男方决不能有重男轻女这个先入为主的传统思想。男女双方如果在婚前就形成男女平等的共识，那么以后无论是生男还是生女，都会一视同仁的对待孩子。

其次，对于生女孩的家庭来说，重要的一点就是一定要加强对女孩性别角色社会化的校正。所谓女孩性别角色社会化，这里是指我们社会中实际上存在着的重男轻女的现象。我们对重男轻女的认识可以切入三个角度：第一，中国传统文化是重男轻女的，在"三纲五常"中就有"夫为妻纲"，女人在家从夫，夫死从子。受传统小农生产方式思维的影响，在家庭内部，体现男主外、女主内的家庭关系。第二，从各种书面文化的内容来看，从幼儿园的课本开始，一直到各种教材、文学、电影、电视作品，其中的科学家、各种英雄人物等主要角色大多是男性形象，而女性形象大多是平凡的配角，很少有主角。女孩如果从小接受的教育就是男性比女性优越，或者说男性比女性有能力，就会在心灵深处受到潜移默化的消极影响。第三，在社会现实中，在入党、就业和干部选拔等许多涉及不同性别的时候，社会上客观存在着重男轻女的现象，因此，我们国家中层以上的干部和高级知识分子中的女性比例与男性相比是非常低的。

基于以上对女性的三点影响，为了鼓励女孩更好的成长成才，父母要做到如下几点：

第一，要端正认识，正确对待男女的差别，应该认识到主要是社会历史的原因、文化的原因以及社会分工造成了男女能力和地位的差别。重男轻女思想的形成一方面是受到封建社会和小农经济传统思想的影响，一方面是受到现实用人机制等因素的影响造成的，也与干部制度和就业政策不完善息息相关，并非女性天生就比男性差。

第二，家长平时要多给女孩介绍一些女性成才的典型，给女孩以潜移默化的熏陶和积极影响，如花木兰替父从军的女英雄形象、居里夫人的科学发明等。

第三，父母平时要更多地鼓励女孩，让女孩充满自信，在青春期早期就奠定健康的心理基础，养成自尊、自爱、自信和自强的性格特征。

实际上，只要父母早些加强对女孩的教育，女孩是完全可以克服女性的懦弱等不良性格的，如古典小说《红楼梦》中，王熙凤能够成为一个特殊的"女强人"，与其小时候充当男儿教养是分不开的，可见家庭教育对女孩成长的重要性。

此外，父母还可以从大学招生的男女性别来引导孩子正确认识重男轻女的问题。近些年来，许多大学招生的性别比例中男女基本持平，在理工科专业，男生多于女生；在文科专业，女生要多于男生。因此，即使女孩，父母也不要重男轻女，而是应该充满自信，乐观对待孩子的未来。

78. 认识男孩性别角色社会化

薛夫子

寄语： 父母要鼓励男孩的"男子汉"意识，敢于顶天立地，对人生、家庭和社会要有担当意识。父母对男孩的教育要谨记"惯子如杀子"的教训。

与培养女孩相比，培养男孩当然要相对容易一些，但事实并非如此乐观，因为有不少家庭对自己的男孩培养并不得要领，有的还荒废了孩子的青春，甚至让孩子走上了犯罪道路。

　　男孩性别角色社会化，是指社会对男性的期待和要求大于对女性期待和要求的社会现象。父母正确对待男孩性别角色社会化，可以以此为契机和动力，通过积极鼓励的方式，对男孩的成长因势利导，加以鞭策和严格要求。

　　第一，在孩子小的时候，父母就要以"男子汉"的标准和期望塑造男孩的性格。比如男孩不慎摔倒了，父母一般不要搀扶孩子，而是鼓励孩子是一个"男子汉"，要勇敢、坚强，要学会自己爬起来。这样久而久之，有利于培养男孩坚强和勇敢的性格特征。

　　第二，当男孩进入初中的时候，一般是13～15岁的年龄，正是孩子开始形成世界观和人生观的重要时期，父母要加强对孩子人生责任感、家庭责任感和社会责任感的教育，要学会象一个真正的男子汉一样顶天立地，敢于担当，自觉为自己的学习和生活负责，如自觉学习，自己照顾自己的饮食起居，学会基本的生活自理等。

　　第三，父母一定要克服对男孩的溺爱心理，不能认为就这么一个男孩，简直就是心肝宝贝，处处娇生惯养而放松了要求。根据2014年5月6日新浪网对《华商报》的报道，一位小学生拒绝上学的原因，竟然是因为他的爸爸开走了丰田霸道（现在更名为普拉多）越野车，他不得不坐舅舅的普通小轿车上学，孩子觉得坐普通车太丢脸，所以不愿去学校。"'昨天我和小伙伴说好了，会有霸道车送我上学，你们怎么又换了普通车，太丢脸了，我不去学校了'，儿子竟然这样说。"孩子的妈妈提起儿子当时说的话，竟然"又好气又好笑"。笔者看了这个报道，虽然认为这个孩子不懂事，但更认为孩子的父母太溺爱孩子！可以设想：孩子们之间如果不是比学习，比进步，而是比谁家有钱，炫富，比谁做的车好，还怎么有心思好好学习呢？

　　院子里练不出千里马，温室里长不出万年松。在对孩子的教育中，特别是对待男孩子的教育，更要注意严格要求，特别要从养成好的学习习惯和生活习惯入手，循序渐进，让孩子独立完成某个家务劳动或其它事情，培养孩子的吃苦精神、独立精神和自觉精神，鼓励孩子学会自我管理和自我激励。

　　实际上，平时看似微不足道的生活琐事，往往在客观上可能影响孩子的成长，即使家庭条件非常优越，也不能让孩子养尊处优，衣来伸手饭来张口，自我膨胀，因为家长的溺爱只能导致孩子的虚荣和懒惰，尤其是可能造成孩子思维和行为的双重懒惰，其后果是非常消极和严重的。

我对自己小时候的经历记忆犹新：我的父亲对我要求非常严格，经常对我说"惯子如杀子"，父亲的目的是为了让我理解他对我严格要求的目的是为了我更好地成长，以避免我的排斥。我长大以后，每当回忆起父亲对我的严格教育，我就对父亲心存感激，在一定程度上来说，没有父亲对我的严格要求，就没有我的今天。

79. "80后"子女与家庭教育

薛夫子

寄语： 假如你的孩子是80后，家长大可不必忧心忡忡，我们需要对80后多一份的理解、宽容和信任。目前，从总体来看，80后随着年龄的增长，正在度过他们的迷茫期，逐步走向成熟。

80后大多是独生子女，曾经被人们视为从小就娇生惯养，自私，好吃，懒做，啃老一族，不懂得和人相处，不知道艰苦奋斗，没有人生信仰，甚至是"垮掉的一代"。你的孩子是"80后"吗？

其实，80后是我国当代史上最具特色的一代，他们所处的时代环境和家庭环境与70年代以前的人相比，具有以下几个特点：

第一，80后大多是独生子女。80后独生子女这个特点决定了他们在家庭中的独特地位，他们一般能够得到父母较多的关爱，这种关爱既表现在生活方面，也体现在接受教育方面。

第二，80后作为独生子女受到家庭的特殊关爱，客观上养成了他们独特的个性，不随意附庸别人，也不随波逐流。这种个性特征有利于他们进行创新性思维，但也容易特立独行，有可能形成比较固执的性格特征。

第三，思想复杂而又充满困惑与迷茫。80后正赶上改革开放，价值观受到巨大冲击，一方面在小的时候接受了比较传统的价值观教育，要学习雷锋、赖宁、董成瑞、焦裕禄等模范人物，但另一方面，长大以后却感到了迷茫，面对大学生贬值，就业难，找不到工作，因此感到无法理解社会。

第四，80后是当代青年第一代具有较多追星族的青年人。80后对刘德华、成龙等明星尤其迷恋，但80后的孩子大多缺乏信仰，对传统文化的学习和继承还有待于进一步加强。

第五，80后是我国高等教育国际化的主力军。根据不完全统计，改革开放以来，我国无论是公费还是自费海外留学中，80后都是主力军。在海外留学方面，80后可以说是生逢其时：其一是因为赶上了改革开放与高等教育国际化的大潮，政府非常重视留学生教育；其二他们大多是独生子女，父母不仅重视子女的智力投资，而且也具备了一定的物质条件供孩子海外留学。80后海外留学的独特经历极大的丰富了他们的人生，开阔了他们的视野，培养了国际眼光，这对于他们的成才是非常有利的。

80后成熟的一个特殊标志就是他们开始瞧不起90后了。网上流传一个80后的这么一段文字："我自豪因为我是80后……虽然我出生在89年！但是我仍然是80后！现在看到不少关于80后与90后的话题，真的是蕴含着不少道理！其实90后的弟弟妹妹们，我们并不是歧视你们，而是你们90后当中的少数败类坏了你们90后的名声！当然，我们并不能一棒子打死一群人！相信毕竟那种让人厌恶的人只是少数，大多数仍然是好孩子！"

（http：//club.chinaren.com/142386944.html）

这段文字很有意思，这位89年出生的80后竟然以成熟的口吻来教育90后，看似有点滑稽，甚至也许是调侃，但说明80后开始成熟了。前些年，留美学生林间小丫还创办了"我们是自豪的80后"新浪圈子，她就是一个非常优秀的80后，在美留学期间，已经出版了《林间小丫散文》集。林间小丫思想比较深刻丰富，又具有非常好的文采。

随着时间的流逝，如今80后大多数人已经参加了工作，还有少数的人继续在学校读书，最小的也应该大学毕业了。其实，就迷茫而言，我们许多中老年人对社会转型期还感到迷茫，何况年轻人呢？因此，假如你的孩子是80后，家长大可不必忧心忡忡，我们需要对80后多一份的理解、宽容和信任。目前，从总体来看，80后已经或者正在度过他们的迷茫期，逐步走向成熟。

80. "90后"子女与家庭教育

薛夫子

寄语：我们可以从90后身上看到80后的影子：追求个性和自由，喜欢标新立异，痴迷网络和手机。根据90后容易接受新生事物的特点，引导孩子们把时间和精力用于学习和培养创新思维等积极健康的方面，以未来的美好人生理想进行自我激励。

与前几代人相比，90后的成长环境总体而言是比较安定的，没有战争，没有经济危机，也没有大的政治运动，生活在国家比较开放、经济发展比较迅速的历史时期。

90后大多具有以下几个特点：

第一，具有较强的好奇心和接受新生事物的能力。随着互联网的问世，90后接触的事物较之80后更新鲜，更具有国际化特色，对海外留学也更感兴趣。出于对新事物的好奇心，90后比较乐于接受新事物，而对于传统的教育不感兴趣，甚至产生反感。

第二，比较痴迷于网络和游戏。除了学习以外，90后闲暇时间的一个重要内容就是迷恋网络，喜欢开博客，上网与朋友聊天，玩游戏等。由于迷恋网络，而喜欢使用网络语言所谓的"火星文"。另外，90后还特别喜欢玩手机，基本都是手机控。

第三，嫉妒心较强，心理比较脆弱。90后具有较强的嫉妒心，在自信的同时，也比较自负、敏感，心理比较脆弱，不喜欢听取不同的意见。

第四，张扬个性，追求时尚，出现较多的"追星族"。90后大多具有比较强烈的反叛意识，有自己的观点，对家长和学校一些做法敢于质疑；喜欢戴耳环，打耳钉，染头发，刻意模仿日韩明星的穿着打扮，有时甚至出现狂热的"追星"现象。

第五，过于关心自我，团队精神比较薄弱。90后大多数是独生子女，受到家庭照顾比较多，比较注重自我的个性意识，做事比较多的考虑自己，较少的考虑别人，缺乏足够的团队精神。

第六，受实用主义的影响，对传统的价值观进行怀疑，没有形成正确的现代价值观，缺乏信仰和人生远大理想，因此也缺乏社会责任感和人生的责任感。随着80后的成熟，90后甚至与80后形成了所谓的"代沟"，体现出一定程度的反传统倾向。

针对90后以上特点，父母和学校应该采取正确的教育方式，根据孩子年龄以及不同的学业阶段，采取不同的教育方式。作为父母，可以借鉴培养80后的成功经验，可以采取如下措施：

其一，平时对孩子不要过于溺爱，在生活上关心的同时，一定要加强思想和文化的教育，当然这种教育要循序渐进，也要符合孩子的身心特点。

其二，运用归谬法，把孩子比较极端的观点推到极端，引导孩子去思考和判断自己观点的荒谬性。

其三，引导孩子学会换位思考；其四，带领孩子去农村、企业参观，让孩子了解生活的艰辛和复杂性。

其四，充分发挥90后接受新生事物能力比较强的特点，引导孩子们把时间和精力用于学习和培养创新思维等积极健康的方面。

其五，加强对孩子们社会责任感和人生责任感的教育，不断培养他们敢于担当的责任意识。为此，父母和老师可以用未来学的原理，引导孩子立足现实，展望未来，以未来的美好人生理想进行自我激励。

我们相信，随着90后的成长，他们很快就会象80后一样走向成熟。

第五部分

青年早期的教育

　　青年早期是指 15、16 岁到 22 岁这一阶段，主要是读高中和读大学的时期。青年早期的孩子，无论是身体发育还是在知识结构和能力结构等方面，都发生迅速的变化，他们的个性开始形成，自尊心和独立性开始增强，世界观开始形成，也是素质和能力全面得到提升的阶段。

　　这时期的孩子们更需要父母的理解和肯定。父母对于青年早期的孩子，在教育方式上应该采取平视的态度，以理服人，鼓励孩子"成人"，全面提升孩子的综合素质和综合能力，切忌高高在上，严禁对孩子进行体罚。

81. 演讲比赛与综合素质的提升

薛夫子

　　寄语： 父母应该非常注重培养孩子的综合素质和综合能力，努力走出应试教育的误区，把提高孩子的学习成绩与提升孩子的综合素质、综合能力结合起来。

　　对于这时期的孩子，父母应该非常注重培养孩子的综合素质和综合能力，努力走出应试教育的误区，把提高孩子的学习成绩与提升孩子的综合素质、综合能力结合起来。

　　我女儿 13～15 岁的时候读高中，虽然学习时间非常紧张，但为了培养她的综合素质和综合能力，我们鼓励她参加学校一些丰富多彩的社团活动、文艺演出和演讲比赛等。有一次，她报名参加学校举行的演讲比赛，在演讲比赛的讲台上，扩音器是一个直立式的，学生上台的时候，恰巧正面对着这个话筒，因此前几位学生走上讲台的时候，面对着这个话筒，只能歪着身子向评委和观众鞠躬，看起来非常别扭，因为如果直接鞠躬，头就会碰着话筒。

　　女儿登上讲台的时候，她没有象前几位同学那样鞠躬，而是向话筒的一侧迈了一小步，然后再向评委和观众鞠躬，鞠躬后再回到话筒前开始演讲。当时，女儿刚上高一，只有13岁，却以精彩的演讲获得了全校一等奖。当时，我们作为演讲学生的家长，在台下当观众，我们不在乎女儿是否获得一等奖，而非常看重她能够随机应变，根据当时讲台的具体情景，灵活机动的改变了鞠躬的方式。在我看来，孩子的这种应变能力是非常重要的，这是孩子在成长期非常需要培养的一种素质。女儿的这个细节当然也引起了评委老师的注意，事后评委老师跟我们谈起女儿的时候，也非常赞赏女儿的应变能力。

　　通过女儿参加演讲比赛，我们认为，即使孩子读高中学习非常紧张，仍然可以让孩子参加一些力所能及的素质拓展活动。以演讲比赛来说，孩子通过参加演讲，面对那么多的老师、家长和同学，可以锻炼心理素质，提高语言表达能力，训练逻辑思维能力，增强人际沟通能力，通过声情并茂的演讲和良好的手势语言，全方位锻炼多方面的素质和能力。

为了提高孩子的综合素质和综合能力，父母应该鼓励孩子力所能及的参加班级和学校组织的各种社团活动，如歌咏比赛、演讲比赛、诗歌朗诵、文艺汇演、体育比赛、手工制作、创意设计等多种丰富多彩的活动。实际上，让孩子参加这些活动，这本身就是培养孩子的综合素质与综合能力，也是一种广义的学习，体现了大学习观的精神。

82. 优化孩子的知识与能力结构

薛夫子

寄语：当今社会更加需要复合型人才，而复合型人才本身需要具有优化的知识结构和能力结构。取消文理分科，有利于促进孩子文理相谐相融，完善和优化孩子们的知识结构与能力结构。

伴随着人们对应试教育的质疑，中学文理分科成为备受争议的焦点之一。主张分科的一派认为，如果取消分科，必然会加重学生的学习负担；主张取消分科的一派认为，文理分科不利于素质教育和学生的全面发展。分科与不分科虽然各有利弊，但总体而言，笔者认为，分科弊大于利，应该取消文理分科，只有文理相谐相融，才能真正完善和优化孩子们的知识结构与能力结构。

第一，要明确中学教育对于人才培养的基石作用。随着社会的发展进步，青少年接受教育的时间大大延长了，将来的孩子大部分能够读到大学和硕士研究生，少部分还能读到博士。因此，无论是从学校教育还是个人的未来发展，我们都必须明确一点：中学教育对于未来的高等教育和人的全面发展，还仅仅是基础教育。学习如同盖大楼一样，盖大楼需要夯实基础，大楼越高，要求地基越坚实牢固；如果地基不牢固，就不可能盖成大楼，而在盖大楼的过程中，不可能返回来重新夯实地基。同样，对于中学生来说，你是希望自己将来盖一个"小茅棚"，还是希望建造一座宏伟大厦？要有所成就，就必须下决心打好中学基础教育的根基，克服一蹴而就的短视性。因此，学校、父母都应该为中学教育的性质进行科学的定位，中学教育不是培养就业者，而主要是为了向各类学校输送合格的人才；学生应该为自己的人生定好位，为了将来的长远发展，就必须克服急于求成的心态，老老实实地学好各种相关的基本课程，为将来打好坚实的基础。

第二，从人才培养的角度来看，取消分科并不一定会增加学生的学习负担，也不意味着一定会影响高考的成绩。在看待是否分科的问题上，一方面应该具有长远的眼光，既要考虑高考，又不能拘泥于高考，而是应该考虑人才培养与人的全面发展；另一方面，取消分科并不意味着必然会加重学生负担，二者之间没有必然的逻辑关系。为了避免增加学生的负担，其一，可以改革高考内容，为考生提供比较灵活的高考方式，包括在规定的范围内可以自主选择考试科目，让学生有选择的进行考试；其二，教育主管部门可以规定中学各门课程的总学时数；其三，不允许任课老师无限制布置作业，每门课每周可以安排1—2次课外作业；其四，学校每天都要安排自习课，供学生做作业，或者与同学和老师进行交流互动，让学生在课堂上完成大部分作业。

第三，取消分科有利于培养孩子思维的系统性与整体性。从科学史和学术史来看，学科本身虽然具有相对的独立性，但更有完整的系统性与整体性。中学分科实质上片面强调了学科的相对独立性，而客观上严重割裂了学科本身的系统性和整体性，进而导致文理相轻，文理分裂，人为地破坏了知识结构与能力结构的和谐统一。一些学理科的学生理直气壮地认为自己没有时间读文学名著；而一些文科的学生对一些数理化的常识缺乏基本的了解。这种残缺的知识结构必然影响到学生的思维优化与能力优化，进而影响到他们的可持续发展。其实，学科在整体上是一个完整的立体的网状系统，任何一门学科只是其中的一个网节。中学过早地分科，必然人为地割裂了学科的网状系统，不利于学生在学习中触类旁通和举一反三，也不利于学生认识各学科之间直接或间接的各种关系。

第四，取消分科有利于促进孩子的全面发展。在古代，学科是不分类的，学者什么都可以研究。柏拉图是哲学家、美学家、社会学家、人口学家、优生学家、教育家，德谟克利特和亚里士多德都是"百科全书"式的学者，都是通才。康德和黑格尔也都是文化巨匠，精通多种学科，哲学家黑格尔甚至亲自讲授数学。我国古代的《老子》、《庄子》、《左传》、《论语》等，都蕴含着文史哲的丰富思想，我们无法对其进行细致的学科分类，汉语言文学专业、历史专业和哲学专业的大学生都要学习这些内容，这些书也是研究人文的学者都需要学习的经典。中学仅仅是打基础，是培养人才过程中的初级阶段，过早分科客观上既影响文科学生逻辑思维能力和求真精神的发展，也影响理科学生审美能力和人文素养的提高。当然，取消文理分科，并不意味着要求中学培养全才，而是注重培养学生完善的人格、健全的心智、活跃的想象力，达到情感能力、思维能力、学习能力和实践能力的和谐统一。

对于目前中学存在的分科问题，有的人竟然用黑格尔的"凡是存在就是合理的"来肯定分科的合理性和现实性，岂不知黑格尔还有下一句话"凡是合理的就是现实的"。很显然，分科是现实的，却是不合理的；取消分科是合理的，终究应该变为现实的。无论是素质教育还是人的全面发展，中学只有取消分科，才能够促进学生知识结构的和谐发展。作为父母来说，应该理解和支持学校取消文理分科现象，鼓励孩子文理协调发展，不断完善和优化知识结构和能力结构。

83. 化解孩子高考压力有好秘诀

薛夫子

寄语：人生是一场漫长的马拉松，不是百米冲刺。高考不是人生唯一的起点，更不是人生的终点。高考只是人生一个重要的插曲，父母要引导孩子学会淡定、平静地对待高考，把高考看做人生的一次历练和检验。

谈起高考，这无疑是一个沉重的话题。父母都是望子成龙、望女成凤，希望鲤鱼跳龙门。但是，客观地讲，许多父母和莘莘学子对于高考的一些观念，客观上给孩子造成了很大压力。那么，应该怎样化解孩子高考的压力呢？

第一，正确认识高考对于人生的影响。一般而言，高考成绩确实能够直接影响高考录取的学校和专业，能够直接决定是否能够具有填报某个批次学校志愿的资格，但即使获得填写某个批次高校志愿的资格，最终也不一定能够被录取，因为是否被录取，还要看报考该学校和相应专业的总人数。因此，即使高考成绩不太理想，如果填报志愿恰当，仍然可以被录取到比较理想的学校和专业。许多父母和考生过分夸大高考对于人生重要性的认识，往往认为，高考能够决定人生的命运。以本人愚见，诚然，我们必须承认高考对于人生发展前途的重要性，能够被理想的高校所录取，这无疑是给自己的发展奠定了比较好的教育基础。但是，我们同时又必须看到，即使高考取得了比较好的成绩，考入了一所重点大学，这仅仅意味着你具有了一个接受良好教育的机会，而并不意味着你一定能够把握住住这一机会，因为有为数不少的大学生步入大学校门以后，却因为吃喝玩乐等各种原因而荒废了学业，客观上并没有把握住接受教育的大好机会。由此可见，高考固然可以影响人生的命运，但不能直接决定人生的命运。

第二，父母要科学认识孩子的成才。不少父母和教师普遍认为，学生只有考入理想的高校，才能够出人头地，而一旦录取到地方学校，或者落榜，仿佛就意味着没有前途，甚至是失败。这种观点的最直接原因就是对于成才的错误认知。从人才开发的观点来看，条条大路通罗马，通向成功的道路千万条，你既可以直达鹄的，也可以迂回前进，曲径通幽。最重要的一点是你要记住：人生是一场漫长的马拉松，而不是百米冲刺。因此，那些高考取得成功的学生固然可喜可贺，但也不用沾沾自喜，因为这只是人生一个新阶段的开始，而只有那些笑到最后的人，才是真正的胜利者。对于那些高考失利的学生而言，不应该拘泥于眼前的成败得失，而是应该放眼未来，雄关漫道真如铁，而今迈步从头越！

第三，正确认识高考成绩的偶然性。事实上，对于很多考生而言，高考成绩或多或少带有一定的偶然性。从高考的成绩来看，据分析，大概有

25％的考生高考时发挥比较理想，个别学生可能会有超发挥；25％的学生发挥正常；25％的学生发挥不太理想；25％的学生发挥很不理想。从高考阅卷的偶然性来看，不同的阅卷者对于同样的一些主观性试题的判分难以形成相同的判断，甚至有时还会出现很大的差异，比如作文的判分，有的作文在阅卷老师那里可能是刚及格，而在专家组那里可能是优秀的范文。很显然，仅从高考的成绩来看，从学生的考场发挥到阅卷标准的差异性，都说明高考成绩带有一定程度的偶然性。因此，考生的成绩不一定能完全真实的反映学生的实际水平。

第四，正确认识高考录取的偶然性。根据多年对高考录取信息的分析，事实上，高考录取确实带有一定的偶然性。尽管是在公布了高考成绩以后再填报高考志愿，但客观上仍然存在着所谓"大小年"的规则和不规则现象。因此，考生有时仍然难以百分之百的正确填报志愿。其中，复旦大学在山东省招生曾经遇到过"大小年"现象；中国人民大学在山东省的文科招生有一年遭遇"小年"，录取的分数竟然刚过本科一批线；清华大学在山东的理科招生投档线有一年也出人意料，竟然比北京大学在山东的招生投档线低50分左右。由此可见，高考录取客观上存在一定的偶然性，甚至会出现类似市场经济下的价格一样，具有一定程度的波动性。

第五，人才培养实践的事实可以为家长和孩子高考减压。根据许多高校对自己毕业生的跟踪调查，就总体而言，清华大学、北京大学、中国人民大学等全国著名高校的毕业生成才率确实比一般的高校要高一些，但并不意味着所有的毕业生都是最优秀的。相反，许多地方高校也能够培养出一大批优秀的毕业生。

在曲阜师范大学其他专业毕业的杰出校友中（中文专业毕业生情况参见本书第一部分第14. "正确看待高考的北大、清华情结"），我了解到的（冰山一角）杰出校友还有（排名不分先后）：

王恩多：中国科学院上海生命科学研究院研究员、中国科学院院士、第三世界科学院院士，第十一届全国人大代表。

薛其坤：中科院院士、清华大学党委委员、常委、副校长。

吴爱英：国家司法部部长。

崔惟琳：原山东省政协副主席。

张瑞凤：原山东省副省长。

信长星：国家文化部人力资源与社会保障部副部长。

陈士渠：公安部刑侦局打拐办主任，全国特级优秀人民警察，中央国家机关党代表、青联委员、第一届青年五四奖章标兵，央企青联委员，政务微博第一名，2011年中国十大法治人物。

王纪刚：青岛市文广新局局长、市委宣传部常务副部长。

姜伟：电视剧《潜伏》导演。

冯继康：山东省农业厅党组成员、省畜牧兽医局局长、党组书记，兼中国高等师范院校《资本论》研究会副秘书长、中国《发现》杂志社副理事长。

郭建华：东北师范大学数学与统计学院副院长、博士生导师、国家杰出青年科学基金获得者。

孙连峰：国家纳米科学中心"百人计划"研究员、博士生导师。

夏道宏：中国石油大学（华东）教授、博士生导师、教育部高等学校基础化学教学指导委员会委员、北京市"高等学校教学名师奖"获得者，山东省优秀青年知识分子标兵。

白刚勋：青岛市第三十九中学（中国海洋大学附中）校长、全国十大海洋人物。

刘晓华：现任鲁东大学研究生处处长、教授、博士、山东省有突出贡献的中青年专家。

张伟龄：山东省外事办公室主任

段毅军：山东省外事办公室副主任

王佑臣：山东省外事办公室副主任

李德峰：山东省外事办公室副主任

黄泽存：山东省台湾事务办公室副主任

秦亚青：外交学院党委书记、博士生导师。

程朝翔：北京大学外国语学院院长、博士生导师。

杨朝明：山东省孔子研究院院长、教授、博士生导师，当代著名学者、儒学家、史学家，兼山东孔子学会副会长兼秘书长、山东周易研究会副会长、中国孔子基金会学术委员和《孔子研究》编委。

任建业：中国美术家协会会员、中国书法家协会会员、中国孔子书画院院长。

金莉：北京外国语大学副校长、教授、博士研究生导师，第十一届全国政协委员。

刘世生：清华大学英语系教授，博士生导师。

黄桂友：美国密歇根州立大学教授。

徐泽水：解放军理工大学教授、博士生导师、兼职教授、国内外多个核心学术期刊编委、评论员，15种国际学术会议程序委员会委员，《Management Science》等102种国际学术期刊以及《管理科学学报》等48种国内学术期刊审稿专家。

刘建国：中国科学院海洋研究所研究员、博士生导师。

姜伟：《潜伏》导演、编剧，飞天奖、金鹰奖获得者。

许崇文：日照一中校长，全国优秀教育工作者。

杨文：山东英才学院董事长。

李兰蕴：山东良福集团董事长。

刘元康：美国 CITSLINC 公司董事长。

聂雷：欧创塑料建材（浙江）有限公司董事长。

高靖平：山东桑乐太阳能有限公司总裁。

汪洪田：北京未名集团董事长。

侯文生：北京安联置业发展有限公司副总裁。

朱金强：青岛嘉德物流有限公司董事长。

王国华：原香港《大公报》董事长兼社长，现为第十一届全国政协委员。

崔永东：中国政法大学教授、博士生导师。

张洪霞：中国科学院上海生命科学研究院植物生理生态研究所研究员。

刘锦贤：五莲一中校长，全国优秀教师。

屈凡尧：巴西巴西利亚大学教授。

李维安：东北财经大学校长，管理学博士、经济学博士、教授、博士生导师。

刘步俊：齐鲁师范学院党委书记，研究员。

张兴民：山东省教育厅副厅长，山东广播电视大学党委书记。

辛桂梓：中共辽宁省委常委、组织部长。

傅永聚：曲阜师范大学校长、博士、教授、博士生导师。

李清山：鲁东大学校长、博士、教授，博士生导师。

康淑敏：曲阜师范大学副校长、博士、教授。

孙文亮：山东潍坊学院党委书记、教授。

马东骅：曲阜师范大学副校长、日照市书协名誉主席。

扈庆学：曲阜师范大学副校长、教授，中国民俗学会理事、山东省文艺评论家协会副主席、山东省民俗学会民间艺术专业委员会副主任、中国美术家协会会员、葫芦画社社长。

郁章玉：济宁学院党委书记、博士，教授，山东大学博士生导师、全国人大代表、全国优秀科技工作者，享受国务院特殊津贴、中国科技协会决策咨询专家、山东省有突出贡献的中青年专家、山东省优秀中青年知识分子标兵、山东省高等学校中青年学术骨干学科带头人、兼任山东教育与技术装备协会副会长；山东省化学化工学会物理化学委员会副主任；《实验室研究与探索》编委会副主任。

刘长青：济宁医学院党委书记。

毛岱宗：山东艺术学院美术学院院长、教授、博士生导师，山东美协副主席、山东美协油画艺委会主任、中国美术家协会会员、著名画家。

顾銮斋：山东大学教授、博士、博士生导师。

杨启亮：南京师范大学教育科学学院课程与教学论专业学科带头人，博士生导师，兼全国教育硕士专业学位教育指导委员会委员，中国教育学会课程与教学论专业委员会委员，享受政府特殊津贴、江苏省有突出贡献的中青年专家。

郭爱英：泰山医学院党委副书记。

田德全：曾经担任曲阜师范大学校长、教授、泰山学院党委书记。

韩延明：中共山东省委党史研究室巡视员，曾任临沂大学党委副书记、校长、博士、教授、博士生导师，山东省优秀教师、山东省有突出贡献的中青年专家、享受国务院政府特殊津贴专家。

韩东：山东体育学院院长、教授。

权锡鉴：中国海洋大学管理学院院长、博士、教授、博士生导师，山东省管理学会副会长、管理学专家、《中国海洋大学学报》主编。

李延团：中国海洋大学医药学院副院长、教授、博士、博士生导师，获得"全国五一劳动奖章"、"山东省优秀青年知识分子"、"山东省高校十大优秀教师"和"青岛市拔尖人才"等荣誉。

焉翠蔚：中国海洋大学海洋生命学院教授。

徐平：中国海洋大学艺术系副主任、教授、女高音歌唱家。

宋文红：中国海洋大学国际交流处处长、高等教育评估中心主任、博士、教授。

杨林：中国海洋大学经济学院教授、博士、博士生导师。

敬志伟：中共青岛市委党校政治学教研部主任、教授，兼任山东省马克思主义研究会常务理事、山东省政治学研究会常务理事兼副秘书长、山东省辩证唯物主义研究会秘书长、青岛市哲学学会副会长等学术职务。

王玉君：山东省地质矿产勘查开发局局长、党委书记。

李玲：中国海洋大学外语学院教授。

陈士法：曾任山东科技大学外国语学院副院长，现为中国海洋大学外国语学院教授、博士。

王慧敏：中国海洋大学外语学院副院长、副教授。

张宜波：中国海洋大学外语学院教授。

马勇：中国海洋大学高等教育评估中心副主任、教授。

刘家尧：青岛农业大学研究生处处长，教授，院长，博士生导师，山东省中青年学术骨干、山东省植物生理学会副理事长、山东省生物化学与分子生物学常务理事、青岛市政府应急管理专家。

......

由此可见，即使你的孩子高考成绩不理想，甚至被录取到一个普通的高校，也不要气馁，往者不可谏，来者犹可追。今天的失利并不意味着一生的失败，一切都可以重新再来！曲阜师范大学优秀毕业生的成功与卓越，客观上已经为许多莘莘学子提高了借鉴和启迪。

通过以上简析，对于考生来讲，你即使考入了一个比较理想的学校，你绝不应该沾沾自喜，而是应该把进入高校学习当作人生一个新的起点；对于那些没有考入理想高校甚至是落榜的学生而言，你也不要气馁，只要你具有马拉松意识，只要树立全新的大学习观，塑造复合型人才的知识结构和能力结构，脚踏实地，努力拼搏，永不放弃，永不言败，你就能够笑到最后！

84. 指导孩子获得高考的好成绩

薛夫子

寄语：对待高考不要如临大敌，视高考为生死战，而是举重若轻，战略上藐视，战术上重视，尽人事，听"天命"。即使高考成绩不理想，也并不等于人生的失败。一时的挫折或者失败也许是未来的成功之母。

孩子进入高中阶段，父母和老师都非常希望孩子能够取得高考的好成绩，这种心情是可以理解的。但是，为了让学生考出好成绩，很多学校出现了一些高考雷人励志口号。这些口号有的很偏激，有的动机狭隘，客观上误导了很多孩子正确的学习态度，仅仅是为了高考而学习。

请看下面这些来自网络的高考雷人励志口号：

有来路，没退路，留退路，是绝路。

拼一个秋冬春夏，赢一生无怨无悔。

熬一个春夏秋冬，享一生荣华富贵。

流血流汗不流泪，掉皮掉肉不掉队。

要成功，先发疯，下定决心往前冲！

天赐我梦想翅膀，我定要展翅翱翔。

此生只为高考狂，冲进重点孝爹娘。

不赢高考非英雄，挥泪洒血誓成功。

不学习，如何养活你的众多女人。

宁可血流成河，也不掉队一个。

只要学不死，就往死里学！

提高一分，干掉千人！

吃苦受累，视死如归！

我拼命，我怕谁。

我的眼里只有你，大学。

拼十载寒窗，赢一生荣光。

考过高富帅，战胜官二代！

高考100天，手机放一边！

现在多流汗，考后少流泪！

高考两天，屌丝变成高富帅。

通往清华北大的路是用卷子铺出来的。

不拼不博一生白活，不苦不累高三无味！

不像角马一样落后，要像野狗一样战斗！

天下无D，人人有A，赢在起点，决胜高考。

破釜沉舟搏他个日出日落，背水一战拼他个无怨无悔。

进清华，与主席总理称兄道弟；入北大，同大家巨匠论道谈经！

在上述励志的雷人口号中，内容主要是励志，但励志的目的主要是光宗耀祖、个人荣华富贵，甚至是"养活你的众多女人"，还有"提高一分，干掉千人"的恶性竞争等。很显然，这些口号是偏颇的，甚至是错误的。上述口号没有谈及科学的学习方法，只是一味的"拼搏"，"往死里学"，"通往清华北大的路是用卷子铺出来的。"可以设想，在这些偏颇的雷人口号激励下，孩子们也许能够拼出好成绩，但这种"死学"的方式，客观上也未必一定能够取得好成绩。即使取得了好成绩，也未必能够可持续发展。根据朝阳教育网站2014年3月27日《震惊：30年1000余高考状元的悲惨下场》一文的介绍：中国相关机构对中国从1977年到2006年30年间1000多位"高考状元"进行了跟踪调查，调查结果显示，这么多的曾经让人惊羡的高考状元，却没有一位成为顶尖人才。他们如今都过着平凡的日子，职业成就远低于社会预期。

由此可见，对于高考成绩，无论是家长还是老师和孩子，都要具有平常心，固然要重视高考，但高考没有重要到完全决定未来前途的程度。对于高考成绩，要注意两点：一是欲速则不达；二是欲擒故纵，放松心态，反而能够取得比较理想的成绩。但这里依然有两个问题：一是对孩子学习成绩的期望值问题；二是如何最大可能的提高孩子的高考成绩。

第一，正确对待孩子高考成绩的期望。家长对孩子高考成绩的期望值如果太高，客观上必然造成孩子的巨大压力，因此，家长的期望值应该适度。所谓适度，是指孩子经过努力可以达到的高度，而不是以平时的成绩为高考成绩的标准。也就是说，家长的期望值可以略高于孩子的平时成绩，但家长一定要知道"取法乎上仅得乎中"的道理，可以给孩子以较高的期望值，但不一定要求孩子一定要实现期望值，只要孩子努力了，即使达不到家长的期望值，家长也不要对孩子求全责备。

第二，提高孩子高考成绩的主要措施。为了提高孩子的高考成绩，家长可以做到如下几点：

其一，把对孩子的期望值转化为孩子学习和高考的动力，而不仅仅是压力，更不能成为孩子学习的阻力。

其二，练好平时学习的基本功，掌握教材各学科的基本知识点，包括各学科的基本概念、基本知识、基本理论、公式由来及其运用等。

其三，能够对所学的内容触类旁通，举一反三，这样既便于理解和记忆，又便于综合各种知识解决考试中遇到的难题。

其四，高考前保持积极而又淡然的心态，所谓的"积极"，是指要激活和调动全身心的活力，点燃大脑的兴奋点，让思维活跃起来；所谓"淡然"，是指对高考成绩要淡然，既要重视高考成绩，又不能把高考成绩看得太重，姑且视之为一种特殊的练兵或者考试而已，决不能把高考看做决定自己生死的考验。

其五，平时注意科学饮食，特别是高考前一定要保持科学饮食，确保身体健康，预防感冒等看似不起眼的疾病，确保精力充沛，以防患于未然。

其六，高考前确保充足的睡眠，提高学习的效率，决不能打疲劳战术。

其七，高考前对知识的掌握要达到高度融合的程度，把可能考试的内容烂熟于心，变成自己的记忆意象和理念等。

其八，对于需要记忆的基本知识，如历史、地理和政治等知识点，可以按照循序渐进、步步为营、稳扎稳打、层层推进的学习方式，扎扎实实的进行记忆，切忌黑瞎子掰玉米，丢三落四。

其九，临近高考的几周，主要是对学习的内容进行全面的回顾，加深理解和记忆，切忌花费很多时间钻研难题和偏题。

其十，高考考试的时候，考生要保持平和的心态，先大致浏览一下试题的基本内容，采取先易后难的答题方式，不要把时间花在某个暂时难以解答的问题上。

其十一，考试的时候，要激活思维，激发自己的联想和想象，把过去曾经学习或者做过的类似试题，通过触类旁通，运用接近联想或者对比联想，对试题进行思维聚焦，形成灵感的创新活力。

总之，无论是家长、教师还是学生，对待高考都不要如临大敌，视高考为生死战，而是举重若轻，战略上藐视，战术上重视，尽人事，听"天命"。要坚信：只要平时学习努力，方法正确，心态平和，就一定能够考出比较理想的成绩。即使高考失败，也并不等于人生的失败，要谨记：人生是漫长的马拉松，而不是百米冲刺。一时的挫折或者失败也许会成为你的成功之母，关键不仅要看父母和教师对待高考失利的态度，更要看考生自己对待高考的态度。

85. 指导孩子学会填写高考志愿

薛夫子

寄语：填写志愿要注意三点：一是孩子希望报考什么学校和志愿；二是高考分数决定孩子能够报考什么学校和志愿；三是既要有对各类高校知名度和美誉度的宏观把握，又要有对拟报考的具体高校和专业的微观了解。

填写高考志愿是每个参加高考的学生都必须认真对待的。这里主要谈谈填报志愿需要掌握的几个原则。

第一，了解该年度高考的相关政策以及具体填报要求。在这方面，考生和家长可以从政府招生网站上及时查看高考的政策，根据所在中学的布置，掌握填报志愿的具体要求，如了解志愿的批次与平行志愿等问题。

第二，通过网络以及任课老师等途径，了解相关拟报考高校的师资水平、专业设置、招生人数和社会声誉等具体情况，做到心中有数。

第三，填报志愿注意要有坡度，尤其是第一志愿与第二志愿要有明确的坡度。比如，你填报本科一批志愿，第一志愿假如报了清华大学，第二志愿就不能报北京大学，因为这些名校第一志愿一般都是报满的。

第四，正确对待填报学校和专业的关系。在选择学校和专业的问题上，首先要考虑你的分数能够允许填报哪类学校，然后再确定具体适合哪所学校；其次，你还要确定自己所喜欢的专业，尽量把学校的选择与专业选择和谐统一起来。对此，一方面，不要为了选择学校，而忽视了对专业的正确选择；另一方面也不要单纯为了选择自己喜欢的专业，而忽略了对学校的正确选择。可以说，在学校与专业的选择上，二者同等重要。

第五，填报志愿前，考生还可以了解有些高校的新生不分专业，是按照大类招生的，到了大二的时候再确定专业。因此，考生也可以根据这些情况，确定具体志愿。另外，进入高校以后，一旦发现所学专业缺乏兴趣而短期内又难以培养兴趣，大二的时候也许还有机会转专业。

第六，填报志愿时，考生还要注意某些专业对考生的特殊要求，如身体健康状况、视力要求等。

需要注意的是，近些年各种高校排名仅供报考志愿时参考，而不是客观标准和科学的依据。前些年，高校挂起了"合校风"，好多高校通过合校扩大了学校规模，而也有很多高校没有合校，而是自己独立发展的。很显然，合校后的某所高校与没有合校的高校相比，各项统计指标很可能就排在前面。所以，考生填写高考志愿的时候，不要片面地参考高校排名榜，而是尽可能多方面征求意见和建议，然后可以根据自己的实际情况，具体问题具体分析，避免感情用事和一意孤行。

86. 指导孩子正确选择大学专业

薛夫子

　　寄语：选择专业不要过分看重专业的所谓"冷"与"热"，既要考虑特定专业可能发生的变化，又要依据社会需要与个人兴趣能力、个性相结合的原则，不好高骛远，避免非此即彼。

　　填报高考志愿很重要的一个环节就是选择专业。一般而言，选择专业既要考虑特定专业可能发生的变化，又要依据社会需要与个人兴趣能力、个性相结合的原则，既不好高骛远，又要避免非此即彼。

　　第一，填报志愿要考虑社会对该专业毕业生的需要程度。从一般意义上来说，高校设置的专业都是社会需要的，但社会对不同专业的毕业生的需求客观上既有数量的多少，也有对毕业生需求轻重缓急的不同程度。从专业满足社会需求的角度来看，有的专业是长线专业，也是基础学科，这些专业大多历史悠久，既不"冷"，也不"热"，如汉语言文学、数学等长线专业；有的专业则是社会急需的，是高校围绕社会对人才的急需而新设置的。这类新的专业的特点是社会急需的，社会对毕业生的需求量比较大，但不足在于这类新专业的师资大多比较匮乏，这些本科专业既然是新设置的，就不可能有这些新专业的毕业生，这些新专业的任课老师，只能是从其他专业的老师临时调整过来。因此，考生如果选报了新专业，不要对新专业的师资有太高的期望。

　　第二，填报志愿要考虑孩子的兴趣和能力。其中在兴趣方面，可以考虑两个方面的兴趣：一是学习兴趣；二是对未来职业的兴趣。关于学习兴趣，考生不仅要了解自己现在的兴趣究竟是什么，还要分析自己潜在的学习兴趣究竟是什么，如何把自己的潜在的学习兴趣转化为现实的学习兴趣，也就是说，不要拘泥于眼前的学习兴趣，而是要着眼于未来。为此，考生要尽可能多了解高校专业设置的实际情况，做到心中有数。关于对未来职业的兴趣，考生应该结合自己的生涯设计，了解自己未来究竟喜欢从事什么工作。在能力方面，考生还要考虑自己已经表现出来的能力以及未来的潜能开发问题，不能满足于自己喜欢什么专业，喜欢什么工作，而且还要考虑自己是否能够胜任这门专业的学习和未来的职业。但由于中学生知识与思维的局限性，很多中学生并没有真正形成自己的专业兴趣，对大学的专业也知之甚少，因为大学专业有数百个，其中仅山东大学就有一百多个本科专业。所以考生不必拘泥于中学时的兴趣，因为你只知道表现出来的一些兴趣，并不知道自己还有哪些潜在的兴趣，也不知道自己的兴趣是可以转移的，也是可以培养的。

第三，填报志愿还要考虑自己的个性类型。不同类型的个性在选择专业时有不同的要求，也有不同的职业生涯设计。比如，比较外向的学生比较适合学习新闻学、传播学、汉语言文学、外语、政治、法律等；比较内向的学生比较适合学习哲学、会计和理工科专业。如果没有足够的定力和耐心，就很难在工科的实验室里搞研究。当然，这不是绝对的，可以因人而异。

第四，填报志愿的时候还应该与生涯设计结合起来。比如你打算是大学毕业后直接参加工作，还是继续读硕读博，这些都需要提前考虑。如果计划大学毕业后直接工作，那么在填报志愿的时候，最好选择就业率较高的专业；如果计划大学毕业后继续深造，就可以考虑选择基础学科的专业，注重夯实专业基础，追求未来学习的可持续发展。

我们在指导女儿选择大学专业的时候，首先考虑了社会对专业的需要程度，我们之所以让女儿选择了所谓的"小语种"——西班牙语，主要在于社会对西班牙语的未来需求具有极大的空间，随着世界经济的一体化，我国非常缺乏西班牙语人才。从世界语言的角度来看，除了英语被广泛使用以外，说汉语的有十几亿人，说西班牙语的也有近五亿人。其次，我们也考虑了女儿未来的发展，女儿在北京语言大学西班牙语专业毕业后，去西班牙读了人力资源管理专业的硕士研究生，22岁开始读西班牙加泰罗尼亚理工大学的管理学专业博士。通过女儿跨学科跨专业的学习，我们的目的是培养孩子的综合素质和综合能力，使女儿成为一个真正的"山型人才"，具有职业迁移和可持续发展的能力。

87. 培养孩子专业兴趣的正确方法

薛夫子

　　寄语：选择专业固然要尊重孩子的兴趣，但兴趣是可以转移和培养的。兴趣是变数，而不是常数。父母要引导孩子做自己兴趣的主人，而不是兴趣的奴隶。

　　从人才培养的角度来看，培养孩子的学习兴趣是非常重要的。但在如何培养孩子的学习兴趣方面，有些老师和家长不一定懂得要领。

　　第一，充分认识兴趣对于学习和成才的重要性。对于兴趣重要性的认识，孔子曾经指出，"知之者不如好之者，好之者不如乐之者"（《论语·雍也》），说的就是兴趣对于人生求知和人生境界的重要性；对于发明创造而言，爱因斯坦进一步明确指出，"兴趣是最好的老师"。这已经被教育学和人才学所证明。从人才开发的角度来看，兴趣是人才自我开发的强大动力，能给人以快乐，并且使人在快乐中提高工作效率，乐以忘忧，乐以忘疲，从而促进个人潜能的开发，因而也是事业成功的重要主观因素。因此，在填报志愿的时候，个人应该尽量尊重自己的兴趣，按照自己的兴趣去选择自己理想的专业。这样，在未来的学习和工作中，个人从学习、工作到闲暇时间，有可能把全部时间和精力放在自己感兴趣的专业上，从对专业的兴趣爱好，发展为热爱和酷爱某事物，就可能有创造性的突破。

　　第二，兴趣是可以转移和培养的。选择专业固然要尊重个人的兴趣，但同时还应该认识到，兴趣是可以转移和培养的。在兴趣转移方面，很多人在青少年时期，兴趣是不稳定的，也许今天喜欢这个，明天又会喜欢那个，表现出见异思迁和喜新厌旧的特点，而这往往是不以个人的意志为转移的，也是个人不由自主、不知不觉的。基于此，选择专业的时候还应该对自己的兴趣进行反复的理性思考和较长时间的考察。在兴趣培养方面，选择专业时不能简单地只考虑自己眼前的某种兴趣，因为眼前的兴趣也许会随着时间的推移而发生变化，而新的兴趣也许会随着时间的发展变化而随之发生变化。尤其是为了接受更多的新事物，无论是学生，还是专家学者，都必须具有及时培养自己对新事物感兴趣的能力。在这方面，我女儿在上大学以前，并没有接触西班牙语，即使在大学开学的初期，她对西班牙语依然没有学习兴趣。我们发现这一情况以后，及时与女儿沟通，一方面从社会对西班牙语人才的急需以及个人就业的需要出发，对她强调学好西班牙语的重要性；另一方面，给她讲培养学习西班牙语的一些科学方法。不久，女儿就逐渐培养起了学习西班牙语的兴趣，大三的时候，就被公派出国留学。

第三，掌握培养学习兴趣的一般规律。培养学习兴趣一般主要有以下三点：其一是了解学习某个专业或者事物的重要性；其二，经常接触需要学习的对象或事物，假以时日，就会由陌生到熟悉，而熟能生巧，日久则生情，这是一般的心理规律；其三，把学到的知识或者事物及时用到日常的学习、生活和工作中，在理论联系实际的过程中循序渐进，一方面有利于加深对所学专业或者事物的理解和认识，一方面有利于培养对某个专业或者事物的兴趣。

诚然，兴趣是最好的老师，但这个"老师"既可以来自于父母和老师的外在因素，又可以来自于个人的自觉意识，来自于个人的情商调控，来自于个人生命内部的自我拓变与超越。特别需要注意的是，兴趣是个变数，而不是常数，每个人都有可能根据主客观因素的变化，影响兴趣的不断变化，因此，父母要引导孩子做自己兴趣的主人，而不是兴趣的奴隶，既要通过科学的理性分析与引导，培养和谐与科学的兴趣，又要通过对兴趣的培养，进一步让兴趣成为诱发潜能的加速器和动力源。

88. 把孩子的知识转化为成长能力

薛夫子

寄语：能力远比知识更为重要。父母要引导孩子在广采博取中对知识融会贯通，在提炼概括中对知识进行理性深化，在反复实践中对知识检验考察。

如何把孩子学习的知识转化为能力，这是素质教育关心的普遍话题，也是人才培养的难题。为了更好的培养孩子，父母和老师应该引导孩子把握知识向能力转化的三个关节点，即在广采博取中对知识融会贯通，在提炼概括中对知识理性深化，在反复实践中对知识检验考察。

第一，在广采博取中对知识融会贯通。在"知识就是力量"这句名言中，培根确实看到了知识在改变世界过程中的重要性，但是，知识本身的力量是非常有限的，知识只有转化为能力，才能形成力量，才能改变人的命运。首先，在知识转化为能力的过程中，学生应该学会在广采博取中获得知识，开阔知识的视野。这种广采博取可以是来自课堂学习，也可以来自于课堂之外。根据心理学的研究，一个人的记忆表象愈丰富，愈有利于记忆表象之间的沟通和联系，有利于激发和调动个人的联想和想象。因此，孩子们在广采博取中获得的知识愈多，愈容易激活创造力；相反，知识比较贫乏，则很容易束缚创造力。其次，在广采博取的过程中，还应该及时把所学到的知识融会贯通起来，发现知识与知识之间的直接或间接的各种联系。比如，在数学中，等差数列的求解，可以用梯形面积的求解方式来获得相同的结果；阅读《三国演义》，可以发现作品具有非常深刻丰富的人才学和情商思想，而阅读《西游记》，则可以发现作品具有深刻的人事学和成功学思想；达·芬奇把透视理论用于他的绘画，我们还可以把透视理论运用于人才鉴别和人才发现等等。在这方面，许多父母都可以引导孩子与专家学者的联系，因为专家学者比较关注学术前沿，因此，比较了解各种基本知识和最新的研究动态，这样有利于引领孩子及时掌握最新的知识，并对各种知识融会贯通。

第二，在提炼概括中对知识理性深化，这是加深对知识理解的重要环节，也是对知识进行融会贯通的思维过程。达·芬奇认为，理论好比统帅，实践则是战士，因此他非常重视理性判断的重要性，同时又把理性判断建立在经验的基础之上。一般来说，在知识没有转化为能力以前，孩子们所掌握的知识大多是一些知识的碎片，而不是系统的理论。在对知识进行提炼概括和理性深化时，首先要从最简单的知识开始，从日常接触最多的自然现象和社会现象入手，看看这些知识和诸多现象说明了什么，它们之间有什么样的直接或间接的联系。比如，我们在培养女儿语言能力的时候，从"一刮风树就动"、"一下雨地就湿了"这些自然现象中，总结出"一……就……"的逻辑关系，可以说水到渠成，很自然地就引导女儿发现了知识和经验背后的联系。其次，要善于透过知识和经验的表层，发现和挖掘知识和经验所蕴涵的深层意蕴。孩子们在学习知识的过程中，应该对知识的科学性、时效性等采取分析的态度，不能盲从知识，知识虽然来源于实践，但知识本身已经经过了人们的加工和改造，因而绝非等同于事物本身，人的主观认识永远难以完全穷尽真理。再次，还可以借助于个人的联想、想象和推理，对已有的知识和经验举一反三。这样非常有利于培养发散思维，也有利于发现言外之意、景外之景、境外之境的奥妙，把思维引向更广阔的思维空间。

第三，在反复实践中对知识检验考察。知识来源于实践，反过来又必须接受实践的检验，只有在反复实践中对知识进行检验和考察，才能真正判断知识的准确性、有效性和客观性。首先，在反复实践中对知识检验考察时，要注意检验知识的时效性。比如说当新的科普知识出现以后，同类的旧的科普知识就应该退出知识舞台，而不再具有科普价值，至多可以成为研究和了解历史的特定资料而已。其次，要考察知识的针对性。知识总是来源于特定实践，紧密依赖于实践；什么实践就产生什么知识，因而也就具有检验特定知识的权威性。因此，孩子们在考察和检验知识时，要看该知识本身是属于哪一类的知识，是来源于什么实践的。再次，还要注意知识的易变性和实践的复杂性。当今社会已经进入一个日新月异的新时代，知识爆炸已经成为社会发展的强大动力，要特别注意知识的变化所带来的更新，要自觉用新知识去服务于实践，同时还要特别注意实践的复杂性和易变性。实践中既有必然性，又有偶然性，除了一些机械操作具有重复性以外，大量的实践本质上是不可重复的，要注意知识和实践相互影响的互动性所产生的极其复杂的影响。

知识如何转化为能力，这是素质教育永远关注的一个重要话题。学生只有在广采博取中对知识融会贯通，在提炼概括中对知识理性深化，在反复实践中对知识检验考察，了解了这些知识之间的内在联系，从而形成了知识的系统性，通过特定的社会实践，把知识转化为认识问题、分析问题和解决问题的能力时，才能使知识转化为力量。

89. 成长过程中需要及时证明自己

薛夫子

寄语：孩子上学期间打工最主要的目的有三个：一是检验以往所学的相关知识，发现知识的不足；二是把打工视为了解和适应社会的方式；三是为就业或创业寻找合适的机会。不要为打工而打工，如果经济不是特别困难，也不要仅仅为了赚钱而打工。

近些年来，大学生打工已经成为一种普遍的风尚，那么怎样看待大学生打工呢？一般而言，大学生打工大致有下面两种情况：一是因为家庭经济比较紧张而打工；二是为了得到相应的锻炼，为了将来就业做职业准备。

按照我的教育理念，学生还是应该以学习为主，不太赞同学生花很多时间去打工。因此，女儿在上大学乃至读硕士和博士的时候，都适度打工，而不是忙于打工。有一次，女儿读大学的时候，在休假期间，受人之托，为一家公司翻译一份急需的文件，客户要求把西文翻译成中文。文件长，时间短，我们没有想到女儿竟然答应了别人的委托，她连续翻译了一天一夜，把这份急需的文件成功的翻译成中文，得到了这家公司的充分肯定，并得到了她人生的第一份不菲的打工报酬，这不仅仅是几千元的翻译费，而是一种能力价值的体现。我们看到女儿那熬红的眼睛，心里非常不舍，但也为女儿的能力和吃苦精神而欣慰。

通过女儿这次通宵达旦翻译西语，证明了女儿具备优良的翻译能力，体现了女儿认真的敬业精神和吃苦精神。实际上，女儿这次翻译，既不是因为家庭经济紧张，也不是为了毕业后的就业，而只是为了检验和证明自己的翻译能力。我认为，让孩子体会到成功的快乐，认识到自己的价值，这对于促进孩子以后的发展非常重要，因为孩子一定能够从自己成功的做成某件事中一方面体验到做事的艰章，另一方面又能够从中体验到苦中有乐，通过及时证明自己既锻炼和检验某种能力，又能提高自信心。

90. 参加 2004 环球洲际小姐大赛复赛

薛夫子

寄语：父母应该支持孩子积极参与社会活动，但又要保持一个度。要让孩子学会"舍得"，有"舍"，才有"得"，为了集中精力学习，要学会放弃某些东西。

2004 年 5 月 13 日，2004 环球洲际小姐北京大赛结束了初赛阶段的比赛，经过面试及自我展示等环节的激烈较量，最终有 80 名选手胜出，5 月 16 日开始复赛。女儿以很好的成绩通过了初赛，顺利闯入复赛。

我们作为家长，应该怎样看待女儿参加这次大赛呢？一开始，我们也担心女儿参加大赛，也许会影响学习，所以我们对女儿提出了三点希望：

第一，要求女儿妥善安排参加大赛和专业学习的时间，学生还是应该以学业为主，决不能因为参加大赛而影响了专业课的学习。

第二，把参加大赛当做一种特殊的学习和锻炼，不是为了参赛而参赛，也不是为了获得好名次而出名。

第三，不过多的把时间和精力用于参赛的训练和准备上，也不为了参赛而购买新的服装等。

第四，在参赛的过程中，一方面把参赛视为了解社会的一个特殊窗口，一方面作为了解其他参赛者、学习其他参赛者的一个特殊机会，让孩子放下思想包袱，轻装上阵，尽量发挥自己的才能。

女儿是一个非常懂事的孩子，在认真完成学业的前提下，穿着平时的学生装，参加了初赛和才艺展示，表现出了优良的综合素质和敏捷的反映能力，得到了评委的一致好评，顺利进入复赛。

我们考虑女儿参加大赛的目的主要是为了锻炼综合素质，而不是为了出名，女儿通过参加大赛已经达到了锻炼的目的，就让女儿主动放弃了最后的复赛。我们这样做，也是为了让女儿学会"舍得"，有"舍"，才有"得"，为了集中精力学习，要学会放弃某些东西。

91. 引导孩子树立科学的大学习观

薛夫子

寄语： 所谓大学习观，是指在学好书本知识的基础上，把课外的一切人生实践都看做一种广义的学习，即人生就是学习，学习就是人生。"见贤思齐焉，见不贤而内自省也"是大学习观的重要内涵。

无论是中学生还是大学生，树立大学习观对于成才都是非常重要的。所谓大学习观，是指学生在学好书本知识的基础上，把课外的一切人生实践都看做一种广义的学习，即人生就是学习，学习就是人生。在大学习观方面，孔子"见贤思齐焉，见不贤而内自省也"（《论语·里仁》）是大学习观的重要内涵，父母要引导孩子"见贤思齐"，向一切优秀的人才学习，善于学习一切正能量，而通过"见不贤而内自省"，在人生道路上学会"自省"，及时防患于未然。

第一，正确认识大学习观的内涵。传统的学习观由于过于重视学校的学习，而对于在实践中的学习却重视不够。现代的大学习观与传统的学习观有着明显的不同：传统的学习观特别重视读书，接受学校系统的知识教育；而现代的大学习观则更加强调真才实学，更加强调学力，而不单纯是学历。学生的读说听写是学习，劳动实践也是学习；参观博物馆、纪念馆、工厂，进行社会调查、旅游等是学习，坐火车旅行时听长辈或高人谈话，这也是学习；甚至就连无意识的梦境、精神的自由联想、想象和思考，也是个人进行思维训练的好方式。这种大学习观从根本上彻底打破了传统学习观的局限性，可以冲破本本主义和教条主义的樊篱，可以极大地拓展思维空间，全面增长知识，优化能力结构，这对于全面推进素质教育，改革育人模式，有着特殊而又重要的意义。

第二，博览群书与书面文化的学习。大学习观既重视书面文化的学习，也更加重视非书面文化的学习，因为广义的人生实践是一本真正的无字之书，复杂纷纭的大千世界更是一本永远难以完全读懂的浩瀚之书。为了博览群书，学生应该尽可能通过系统的阅读和系统的听课，力争学好专业知识，具有良好的文化素养。其一，要了解所学知识的来源及其发展变化，掌握一些概念、公式或原理的基本含义及其推导论证过程，正确认识这些概念、公式和原理在该学科中的地位和作用。其二，还应该努力发现和掌握书本之间、学科之间、书面文化和非书面文化之间的内在联系，把所学到的书面文化融会贯通起来，而不再是支离破碎的知识碎片和一些死的教条。其三，学习书面文化时，还要注意书面文化的时效性问题。既要掌握必要的传统知识，又要及时学习和掌握新的知识，寻找新的知识增长点，从而把新旧知识融会贯通起来，把握其内在的发展走向。其四，要联系书面文化和社会实践的内在联系，用书面文化指导社会实践，用社会实践检验书面文化，把书面文化和社会实践紧密联系和沟通起来，使二者相互促进。

第三，社会实践与非书面文化的学习。有不少孩子虽然考试成绩不太好，但具有比较强的社会实践能力，掌握较丰富的非书面文化知识。对于这些专业学习不太好的孩子，家长和学校大可不必杞人忧天，因为这些学生虽然不太喜欢学习书面文化，但他们也许具有很强的动手能力，或者有较强的人际交往能力等等。这些学生也许考不上大学，但只要老师和家长对他们因势利导，引导他们在社会实践的大课堂中增长学力，他们仍然可以成为可用之才。比尔·盖茨根据自己的兴趣爱好和专业特长，经过对市场的战略分析，自觉终止了大学的学业，结果在社会实践中获得了成功。比尔·盖茨的退学经历对于人才培养具有特殊的启发意义。

大学习观是一种非常有利于促进每个人知识结构与能力结构优化组合的重要途径，也是一种能够促进每个人全面发展的学习观。当然，学生掌握大学习观，需要具有较强的自律意识，这种自律意识有利于自我调控、自我约束和自我激励，能够成为学习知识和积极进取的强大内在动力，有利于克服学习中的各种困难。

92. 引导孩子要认识现实的复杂性

薛夫子

寄语：父母要从辩证思维的角度，引导孩子既要保持一颗赤子之心，热爱人生，关心他人，又要引导孩子学会认识现实的复杂性，注意一因多果和一果多因的复杂情况。

青年早期是人的一生中形成和确立世界观、人生观和价值观最重要的时期，也是不断接触社会、了解社会现实的重要阶段。父母如何引导孩子正确认识社会现实的复杂性，指导和帮助孩子形成正确的世界观、人生观和价值观，是必须认真考虑的重要问题。

第一，保护孩子纯洁的心灵。青年早期的孩子随着年龄的增长和学习的深入，开始不断了解社会和参与社会，而社会现实的复杂性客观上可能会给这个阶段的孩子心理上产生重要的影响，父母和老师如果不能及时对孩子因势利导，就可能会影响到孩子对社会的正确认识，进而形成认知的偏差。孩子在小学、中学或者大学受到的大多是传统观教育，也是真善美的教育，包括热爱祖国、热爱集体、团结同学、尊敬师长、尊老爱幼、见义勇为、拾金不昧等心灵美和行为美等。特别是这一代孩子们普遍受到了"五讲四美三热爱"的文明教育。五讲，即"讲文明、讲礼貌、讲卫生、讲秩序、讲道德"；四美即"心灵美、语言美、行为美、环境美"；三热爱即"热爱祖国、热爱社会主义、热爱中国共产党"。"五讲四美三热爱"为 20 世纪 80 年代最数字化的经典口号。但是，父母面对复杂的社会现实，如何保护孩子纯洁的心灵，这无疑是一个难题。通常的做法是，一方面充分肯定孩子心灵的纯洁性，肯定孩子对真善美的追求，如乐于助人等优秀品质；但另一方面，又要引导孩子及时认识社会现实的复杂性，以乐于助人为例，前提是引导孩子辨别是非，学会了解人，识别人，在力所能及的前提下，帮助那些应该得到帮助的人，而不是上当受骗。

第二，引导孩子正确认识社会现实的复杂性。这阶段的孩子由于一直在学校读书，很少接触社会，甚至除了与父母和老师交流以外，很少接触其他成年人，所以孩子们的心理比较单纯，大多纯真、简单、善良、朴实、甚至有些幼稚，因此孩子们认识问题、分析问题和解决问题的能力较低，不能全面深刻认识社会现实的复杂性。针对孩子这一阶段的心理特征，父母要从社会现实的复杂性出发，引导孩子认识社会现实的系统性和整体性，引导孩子学会全面的认识事物，比如可以用苏轼的《题西林壁》诗引导孩子认识事物的多角度。"横看成岭侧成峰，远近高低各不同。不识庐山真面目，只缘身在此山中。"苏轼说的就是要超越个人认识事物的局限性，学会从"远近高低"多个角度来欣赏庐山。

第三，引导孩子学会用辩证思维来认识和分析社会现实的复杂性。引导孩子认识社会一些复杂事件的时候，要学会运用辩证思维，克服形而上学的思维方式，注意一因多果和一果多因的复杂情况。比如青春期的孩子容易冲动，同学之间发生了矛盾，就不能用暴力说话，因为打架不仅违犯校规，而且本身具有极其严重的危害性，轻则伤害他人的身体，重则闹出人命，走向犯罪的道路。对此，从防患于未然的角度来看，这时期的孩子就应该从辩证思维出发，充分认识打架的严重危害性，要学会顾大局，识大体。

为了引导孩子正确认识现实的复杂性，父母还需要特别注意预防孩子认识现实过程中以偏概全。比如，孩子发现现实中的某些假恶丑，父母如果不及时引导孩子正确认识社会中的这些黑暗面，就很容易以偏概全，幼稚而又片面地认为社会上没有好人，以至于出现了很多的"愤青"。对此，我在为大学生作报告的时候，在很多场合多次问及大学生这样一个问题：你自己一个人敢不敢到大街上去？你如果敢到大街上去，可以见到很多陌生人，这说明很多陌生人并不都是坏人，既然如此，你为什么说社会上没有好人？很多年轻人对我的询问表示理解和赞同。

当然，父母在引导孩子学会认识社会现实的复杂性时，可以沿着这样的思路：首先是让孩子们直接或间接的逐渐了解社会现实的复杂性；其次，及时化解孩子们对社会现实的预期与社会现实本身之间的矛盾，学会正确面对社会现实；再次，让孩子们进一步增强知识，扩大视野，在了解社会现实复杂性的基础上，逐渐学会适应社会现实，以真才实学逐渐改造社会现实。

93. 孩子要掌握生活中的光明思维

薛夫子

寄语： 大自然中有夜与昼的交替，人类社会也有光明与黑暗的交织。所谓光明思维，是指人们在看待事物的时候，保持乐观向上和积极进取的精神状态，既能看到生活中消极的甚至是某些黑暗的因素，又能看到这些消极的甚至黑暗的因素逐渐向光明的转化。

社会现实是复杂的，既有光明的一方面，又有黑暗的一方面，即真善美与假恶丑相比较而存在。但是，问题在于，如何引导孩子们正确认识生活中的光明与黑暗，这才是父母和老师都需要思考的问题。在这个问题上，我认为，家长最重要的就是让孩子们学会生活中的光明思维。

所谓光明思维，是指人们在看待事物的时候，保持乐观向上和积极进取的精神状态，既能够看到生活中消极的甚至是某些黑暗的因素，又能够看到这些消极甚至黑暗的因素逐渐向光明的转化。具体而言，可以引导孩子从三个层次认识理解和掌握光明思维：

第一，承认社会现实中客观上存在着一定的假恶丑或者是黑暗的因素，这是任何国家在特定历史阶段都必然存在的社会问题，无论你是否喜欢，是否愿意，它都是一种客观存在。比如，社会的腐败现象、抢劫、偷盗甚至杀人等现象在一定程度上很多国家和时代几乎都存在，由此引导孩子正确认识社会问题。

第二，从辩证思维的角度出发，看到社会发展进步的历史趋向，即看到假恶丑或者是黑暗的因素正在向真善美或者是光明的因素的转变。假恶丑或者黑暗的因素是暂时的，是没有生命力的；真善美或者光明的因素是长久的，是具有生命力的。因此，真善美或者光明因素一定会战胜假恶丑或者黑暗的因素。

第三，在假恶丑或黑暗因素向真善美或者光明因素转化的过程中，尽自己所能，为这种转化做出积极的贡献，做一个社会发展进步的促进者、奋斗者。当然，由于孩子这个阶段主要是完成学习任务，因此，最重要的就是好好学习，练好基本功，为将来成为栋梁之才打下坚实的学业基础。

事实上，正因为一些父母忽视了这方面对孩子的引导，一些孩子一旦接触到一些黑暗的因素，如干部腐化堕落等不良现象时，就很容易对社会悲观失望，认为社会上没有真事，一切都是虚无的。由此可见，父母对孩子应该及时进行科学的引导，让孩子从辩证的思维和客观的态度出发，正确认识社会的光明与黑暗，养成正确的世界观和人生观，这对于孩子的成长与成才是非常必要的，也是非常重要的。

94. 远大理想照亮孩子的未来之路

薛夫子

寄语：人和动物的重要区别在于人有理想，而动物不可能有理想。远大的理想能够为人生励志和导航，是激励人生成长、追求成功与卓越的重要内在动力。

应试教育与远大理想有矛盾吗？我的回答是肯定的。我认为，应试教育客观上确实忽略了对学生远大理想的教育，而仅仅把考取理想的大学视为中学教育的主要目标甚至是唯一目标。大家知道，应试教育虽然已经成为过街老鼠，人人喊打，但还是象吃臭豆腐，闻着臭，吃着香。对此，许多父母和老师可以异口同声的为应试教育辩护：只有让孩子考上理想的大学才是硬道理！但是以愚所见，无论学校怎么抓应试教育，作为老师和父母来说，都不能忽视对孩子的理想教育。

第一，远大的理想犹如黑夜的灯塔，能够照亮人生前进的道路，使人生不再为迷失前进的方向而困惑和苦恼。对于中学生来说，树立了远大理想，确立了为中华崛起而读书的雄心壮志，就会增强学习的动力，自觉克服学习中的各种困难，有利于激活自己的生命潜能；相反，如果没有远大理想，就会安于现状，做一天和尚撞一天钟，甚至浑浑噩噩，迷恋网络游戏而不能自拔，最终荒废了学业，也浪费了青春。如果仅仅是忙于应试教育，勉强为了高考而学习，那么学习动力和压力也都是外在的，而不是源自生命的内部，即使最后考取了大学，也会产生船到码头车到站的思想，不可能有大的作为。

第二，远大理想具有升华情感的作用。青年早期如果树立了远大理想，就能够使人超越狭隘和卑琐的感情，自觉克服蝇头小利对自己的诱惑。对于许多孩子来说，大量的情感苦恼是来自于学习压力和考试成绩不理想等。但是，一个人如果有了远大理想，就不会过于在意一时的得失，而是自觉调控自己各种不良的情绪，激励自己用理想的超我战胜现实的自我。从脑科学的角度来看，一个人为了实现远大理想，就会对人生进行深刻的理性思考，就会自觉不自觉地调控情绪神经枢纽，减少负面的情绪，克服消极情感的冲动，促进积极情绪的产生。即使在情感方面遇到苦恼暂时难以排遣时，也能够自觉唤醒远大理想，以崇高的理想激励自己，克服自己情感的脆弱。

第三，远大理想能够开阔人生境界。远大理想体现了人类特有的文明素养，展现了人类的大智慧和大觉悟。有了远大理想，孩子的学习就有了长远的发展目标，孩子的思维视野就能得到极大的扩展，孩子的精神世界就能得到极大的丰富，孩子的做人素养能够得到进一步的提升，孩子的潜能开发就有了永恒的动力……于是，孩子的人生境界也就得到了极大的开阔和提升。远大理想能开阔人生境界的秘诀在于，随着孩子的年龄、学识和阅历的增长，孩子会不由自主地不断矫正和完善自己的远大理想，使自己的远大理想愈加具有了科学的内涵，因此也就进一步增加了个人实现远大理想的可能性。就在孩子矫正和完善远大理想的过程中，孩子的人生境界已经得到了极大的拓展，提升和丰富个人的精神世界，有一种豁然开朗的远瞻性。

第四，远大理想能够优化思维方式。思维方式是人们在认识世界和改造世界过程中所显现出来的思维样式，也是人类深层心理结构的重要表征。个人如果没有远大理想，没有以天下为己任的胸怀，那么，他在认识问题和处理问题时就很容易陷入偏差，因而陷入管窥之见；相反，一个人如果有了远大理想，那么，他在认识问题和处理问题时，就不可能只为自己着想，而是展望未来，就会胸怀全局，那么，他就会自觉不自觉地以辩证思维来考虑和解决问题，而认识问题也就会更深刻、更辩证、更全面。可见，从影响思维方式的原因这一角度来看，远大理想确实能够促进人们思维方式的优化，也有助于克服形而上学的思维方式。

人才开发的研究表明：人的一生如果树立了远大理想，确实能够产生巨大的动力效应；相反，如果甘于平庸，就会不知不觉扼杀自己的潜能。尤其是青少年，如果树立了远大理想，学习目标将会更加明确，学习意志将会更加坚韧，胸怀将会更加宽广，就会唤醒自己的生命潜能，就会加快人才开发的速度；全社会和整个民族如果拥有了远大理想，就会极大地激活人才开发的积极性，我们就会在促进社会的和谐进步中奏出时代的最强音！

95. 父母要学会做孩子的知心朋友

薛夫子

寄语：父母应该学会与孩子进行心灵沟通；沟通前要明确沟通的具体内容，力求成竹在胸；要注意沟通的时间、地点和方式；负面与孩子沟通要学会换位思考，不能把自己的思想和意志强加于孩子。

为了孩子成才，父母应该经常与孩子沟通。父母无论工作怎么忙和多么重要，都应该抽出一定的时间，与孩子进行积极有效的沟通。当然，父母与孩子沟通不仅需要技巧，更需要正确的沟通理念。

第一，父母要充分认识做孩子知心朋友的重要性。随着孩子年龄的增长，特别是进入中学以后，孩子的心理上具有了一定的独立性，在许多父母看来，孩子甚至产生了某种"逆反心理"。事实上，孩子进入青年早期，特别需要父母自觉与孩子进行积极的有效沟通。有效沟通既能够促进父母与孩子的亲情其乐融融，又非常有利于孩子的健康成长。因此，父母一定要高度认识与孩子积极沟通的重要性，采取有效措施，经常与孩子进行积极有效的沟通。

第二，父母在与孩子沟通的过程中，应该尽最大努力寻求较大程度的共识。父母在与孩子沟通以前，父母双方需要观点一致，对孩子有统一的要求和标准，不能互相矛盾。父母如果有重要分歧，一般不要在孩子面前争执，以免引发孩子的心理矛盾。实际上，在这方面很多家庭有不少教训。我们过去通常说"严父慈母"，这是符合中国传统家庭的价值观的。但在现代家庭里，如果父母当中一方对孩子严格要求，而另一方溺爱孩子，那么即使严格的一方是正确的，由于其正面作用被溺爱的副作用抵消了，就无法发挥应有的教育作用，结果是因为溺爱而影响培养孩子的总体效果。

第三，学会倾听孩子的意见。青年早期的孩子开始对事物形成自己的认识，也会自觉不自觉地与父母进行交流，这时，父母切忌用自己的观点来衡量孩子的观点。作为父母而言，首先要懂得仁者见仁、智者见智的道理，不要求孩子与自己的看法绝对一致；其次，要学会换位思考，自觉站在孩子的角度来思考问题，也许孩子的看法很幼稚，很片面，却是孩子最真实的态度。作为父母需要明白的是，无论孩子的观点如何，父母最需要理解的是孩子形成这样观点的原因究竟是什么，而不在于简单给予否定。

第四，发挥孩子"小主人"的积极性。随着孩子的成长，孩子在家庭中自觉不自觉地寻求自己的话语权，甚至具有了一定程度的"小主人"意识，尤其是独生子女的"小主人"意识更为明显。当然，因为他们是独生子女，家庭责任责无旁贷。实质上，孩子的这种"小主人"意识的萌发，客观上恰恰是孩子成长的标志。有鉴于此，父母要充分保护孩子的这种"小主人"的积极性，对其因势利导，鼓励孩子对家庭规划等重要的事项参加讨论，允许并鼓励其"参政议政"。这样做的好处在于一方面能够培养孩子的家庭责任意识，一方面有利于培养孩子认识问题、分析问题和解决问题的能力。在这方面，我们从女儿上中学以后，在家庭比较重要的决策中，都注意让孩子发言，听听孩子的意见。我们在听取女儿意见的基础上，酌情予以采纳或者说明没有采纳的原因，注意保护孩子的参与意识和积极性，以此提高孩子"参政议政"的能力。

第五，与孩子一起参加游戏，这是父母与孩子非常好的沟通方式。通过一起游戏，既可以让孩子因为学习而倍感疲惫的大脑得到放松，又可以了解孩子的兴趣爱好、性格特征以及人际交往能力、各种潜能、合作能力等。游戏的奥秘是让游戏者暂时淡化或淡忘了平时的社会角色，而沉浸其中，彼此心灵相通相融。因此，父母与孩子一起游戏，自然而然的形成了彼此之间的心灵沟通。

第六，与孩子一起做某项事情，这也是父母与孩子沟通的好方式。这里的所说的"某项事情"既可以指一起做家务，也可以是一起做其他事情，如一起去超市，逛书店购书，一起旅游，一起看电影等。通过与孩子一起做这些事情，可以了解孩子多方面的特点，与孩子增加亲情和心灵的默契度。

第七，分享孩子的快乐与苦恼。范仲淹有"先天下之忧而忧，后天下之乐而乐"的名言，作为今天的父母，起码应该学会分享孩子的快乐与苦恼。当孩子学习有了进步或者做了其他值得赞扬的事情的时候，家长要给予赞赏、肯定和鼓励，分享孩子的进步所带来的快乐；当孩子遇到挫折或者其他不开心的事情的时候，家长要分担孩子的忧愁与烦恼，帮助孩子战胜这些负面的情绪。

第八，不要对孩子求全责备。金无足赤，人无完人。父母对孩子也不能求全责备，尤其是孩子不是班级前三名、有时考试成绩不理想或者做错了事情的时候，父母不能一厢情愿的用高标准严格要求孩子。作为父母，不妨扪心自问：自己上学时都是前三名么？现在是工作单位员工中的前三名吗？自己从来没有做错过事情么？自己小时候没有调皮捣蛋过？父母如果反思自己的经历，就能够理解孩子的不足、过失和错误。

此外，父母应该学会与孩子交朋友，可以与子女建立一种最知己的伙伴朋友关系。父母以自由民主的方式，与孩子共同探讨和交流关于孩子的学习问题、生活问题、某些社会现象的分析等，允许孩子发表不同的意见，甚至争辩等，这样非常有利于与孩子沟通思想和情感。

96. 父母要指导孩子学会生涯设计

薛夫子

寄语：我把生涯的年龄划分为六个阶段：15岁以前为幻想期；16～25岁为理想探索期；26～35岁为初创期；36～45岁为飞跃期；46～60岁为稳定发展期；61～80岁为智慧升华期。父母应该为25岁以前孩子的生涯设计进行科学的指导。

很多家长虽然很关心孩子的学习和生活，对孩子的生涯设计却重视不够，甚至在一定程度上忽视了对孩子的生涯设计。生涯设计即生涯规划，有广义与狭义之分。广义的生涯设计是指个人、家庭、学校和社会对个体生涯的终生设计；狭义的生涯设计则主要是指职业生涯设计，即从工作开始到退休这一阶段的生涯设计。这里所说的生涯设计是指对孩子们的学习生涯和未来的职业生涯进行的设计。

我把生涯的年龄划分为六个阶段：15岁以前为幻想期；16～25岁为理想探索期；26～35岁为初创期；36～45岁为飞跃期；46～60岁为稳定发展期；61～80岁为智慧升华期。青年早期的孩子正处于幻想期与理想探索期，特别需要生涯设计的引导。

第一，充分认识生涯设计的意义。古人说，凡事预则立，不预则废。孩子进入青年早期，特别需要进行生涯设计，对此，父母要充分认识对孩子进行生涯设计的意义。科学的生涯设计能够避免成才的盲目性与随意性。对孩子进行科学的生涯设计，并按生涯设计进行具体的培养，能够对孩子未来的成长具有不可估量的积极作用。当然，父母对孩子进行生涯设计，不是简单地给孩子规定人生固定的培养模式，而是注重从孩子的实际出发，因势利导，注重从孩子发展的多种可能性出发，对孩子的生涯进行科学规划，这样有利于孩子的生涯多一些顺利，少一些挫折；相反，若不进行生涯设计，那么，孩子们的生涯将受到盲目性和随意性的更多制约，从而影响成才。

第二，掌握生涯设计的原则。生涯设计一般有四个原则：

一是可行性原则，是指生涯设计切实可行，具有现实性和可能性，既符合生活逻辑，又符合个人的性格逻辑；既不妄自菲薄，又不好高骛远。父母要根据孩子的年龄、性别、性格、兴趣、专业等特点，认识孩子的潜能，制定适合孩子发展的可行性目标，每个阶段的目标设置要科学、合理、清晰，是孩子经过努力所能够达到的。

二是最优化原则，是指在孩子的生涯设计中通过整合各种要素，充分利用孩子的主客观条件，让孩子尽量减少弯路、逆境和挫折，发挥客观环境、外部条件和身心诸要素的最大合力，追求成才的直通车，形成有利于孩子成才的整体合力，发挥各种主客观要素的最大效益，实现孩子最高的生命价值。

三是可调节原则，就是父母根据社会需要的发展变化及孩子自身条件的变化，随时修正和完善孩子的生涯设计。比如在学习目标设置上，可酌情提高学习目标或降低目标；在主攻方向上，可以改变主攻方向，把原来的副攻方向当作主攻方向，或另开辟一个方向；或者深入实际，养精蓄锐，以待时机，厚积薄发。

四是时效性原则，即争取成才的周期最短，效率最高。人才开发的规律是用进废退，无论是一个人的身体素质还是心理素质、知识结构和能力结构，都在一定程度上存在着时效性的特点。就生涯设计来说，每个人应该争取在社会最需要的时候，把自己的生命能量释放出来，以提高成才的速度和效率。当然，注重最佳时效性原则，并不意味着急于求成，而是在科学设计的前提下，在夯实基础的平台上，努力实现生命的最大价值。

第三，掌握生涯设计的方法。为了更好地引导孩子进行生涯设计，父母要了解孩子的个性特征、学习兴趣和学习特长。因为孩子的个性特征、学习兴趣和学习特长这些主观因素，都能够影响到未来的学习和工作，当然也会直接影响到生涯的设计。作为父母而言，一定不能因为仅仅是忙于工作，或者对孩子的发展关心不够，或者只重视孩子的物质生活和考试成绩，而是一定要了解孩子的个性特征、学习兴趣和学习特长，从孩子的实际出发，指导孩子进行生涯设计。

第四，对孩子的期望要张弛有度。望子成龙，望女成凤，这是中国父母对孩子普遍的希冀，真是可怜天下父母心。但是，很多父母的希望一旦落空，就会埋怨孩子，甚至对孩子和家庭未来失去信心。从成才比例来看，如果中国所有的父母都希望孩子成龙成凤，那么，请问谁的孩子不成龙，不成凤？这其中客观结果的自相矛盾，不言而喻。大自然也好像和人们开了一个玩笑，天上的飞禽在数量上总要比地面上的生物少一些，所以，更多的人还要脚踏实地，在平凡中实现自己有价值的人生。由此可见，父母对孩子的期望值应该有一定的弹性，要张弛有度，不能按照一个模式和标准，因为孩子是一个活生生的人，是一个富有变量的函数，而不是机器。

在生涯设计中父母还非常需要对孩子进行"方、位、方"的教育。所谓"方、位、方"，是指人生方向、人生定位和成才方法。人生方向是指孩子要确定人生发展的正确方向，包括怎样做人、选择专业和未来职业方向；人生定位是指在生涯设计中，还应该为孩子的职业发展恰当定位，即指导孩子选择一个比较适合孩子发展的具体职业，同时确定孩子在特定的职业中所取得成就的高度，比如父母让孩子将来选择教师的职业，还要引导孩子确定自己未来是做一个什么层次的教师，是当一名普通教师，还是当优秀教师甚至是教育家；成才方法是指孩子成才的具体方法，包括学习方法，做人的方法等。

97. 留学古巴哈瓦那大学苦中有乐

薛夫子

寄语：无论家庭条件多么优越，父母都应该让孩子学会吃一点苦，让孩子"苦其心志"，"劳其筋骨"，获得苦中有乐的生命体验，逐步培养孩子克服困难的意志品质。

女儿在大三的时候，国家公派她去古巴哈瓦那大学深造一年，女儿除了完成学业以外，还写下了16万字的留学日记和学习心得。最主要的收获是锻炼了坚韧的意志，培养了人际交往能力，培养了吃苦耐劳的优秀品质，树立了干事创业的理想。

古巴是当今世界上少数社会主义国家之一，还处于计划经济时期，一切都是供给制。女儿虽然在古巴的首都哈瓦那大学深造，但由于古巴的经济状况并不太好，留学生的食宿条件也比较落后。她们住宿离哈瓦那大学比较远，每天上学需要步行一个多小时，女儿乐观的说自己就算是"做了很多运动了"；每天吃饭比较单一，一日三餐饭几乎一样，都是粮食淀粉类的，主要是豆子、米饭和面包之类的，油水很少。宿舍有时停水时间较长，女儿和同学们需要储存很多的水，很不方便。大学食堂卫生程度不是太好，有很多苍蝇，人们把苍蝇当普通的小飞虫，在路边的小食店里，服务员都是用手直接抓食品给顾客吃。

女儿在给我们的信中写道："说出这些苦真不是想抱怨什么，我都习惯了，真的，而且我每天都有所成长，所以受点'苦难教育'还是值得啦！说出这些，只是想让爸爸妈妈更好的理解我，知道我成长的不易啊！为了成长，吃再多的苦都是值得的！"后来，女儿和她的同学都开始学会了做饭，她们第一次吃上自己做的饭菜时，同学们"狼吞虎咽"，"都快吃疯了！"女儿在给我们的信里感慨说："爸爸妈妈知道吗？我吃着那么美味的饭菜，都在怀疑这种满足是不是真实的，像做梦一样……后来发现是真实的，幸福的想要流泪……我们之前的生活，真的是苦不堪言啊，以前没有锅的时候我都不敢特别详细和清楚地告诉爸爸妈妈，其实我们以前的饭，真的是难以下咽……每天只吃米饭和豆子，没有一点蔬菜，米饭还是咸味的半生的"。

女儿在古巴留学期间，虽然物质生活条件不是太理想，但女儿在精神上和学业上有了很大的收获。女儿在留学期间，中央政治局常委、中央政法委员会书记罗干率领代表团访问古巴，罗干看望了中国留学生，并与女儿和同学们合影留念，这对女儿来说，是对她们精神上莫大的鼓励，也是女儿她们能够克服各种学习和生活困难的重要动力。古巴人对人很真诚、热情好客，这对于女儿来说也是很开心的事情，女儿在精神上感到很欣慰。在学业方面，古巴哈瓦那大学师资力量比较雄厚，是古巴最好的大学，女儿在那里留学一年，古巴是说西班牙语的国家，因此，女儿的西班牙语水平得到了很快的提高。

女儿在哈瓦那留学尽管吃了一些苦，但是苦中有乐，算是一次特殊的历练。女儿在给我们的信中感言说："亲爱的爸爸妈妈：在古巴辛苦求学的日子里，我深刻地意识到，人不生活在一个艰苦的可以锻炼自己的环境中，永远也不会知道自己的潜力究竟有多大！很庆幸，我得到了这样一个可以锻炼自己、发掘自己的机会，不管有多么的艰苦，我也始终怀着一颗感恩的心，一份积极向上的精神，和一种乐观的生活态度！祝爸爸妈妈一切顺利、身体健康、心情愉快，我们一起奋斗！"

98. 跨专业攻读人力资源管理硕士

薛夫子

　　寄语：跨学科，这是开拓学术视野的重要方式，也是发现交叉学科或者相关学科之间直接或间接关系的重要依据。要培养复合型人才，跨学科的学习是行之有效的最佳方式。

女儿20岁大学毕业的时候，很多用人单位需要懂西班牙语的人才，因而有很多机会就业，而且薪酬还比较高，但女儿没有被当时的高薪酬所吸引，而是选择了跨专业攻读人力资源管理专业的硕士。

女儿没有急于就业，而是选择人力资源管理专业硕士，主要基于三点考虑：第一，进一步提升自己，通过跨专业的深造，优化自己的知识结构与能力结构，夯实基础，为将来的发展打下坚实的基础；第二，我国正在实施人才强国战略，需要大批研究人力资源管理的专家，因此，学习人力资源管理专业，无论是对国家的发展，还是对于企业的人力资源管理，在将来一定会有发展的空间；第三，现在已经进入国际化教育的时代，通过学习国际上先进的人力资源管理专业，可以学习和借鉴世界许多国家人力资源开发与管理的经验和先进理念。

另外，女儿之所以选择了人力资源管理专业，也在一定程度上受到了我的一些影响，因为我长期研究人才学，深知研究人力资源管理的重要性。在我看来，研究人才学或人力资源管理，无论是对于个人的成才，还是对于家庭子女教育，抑或在工作单位里对人才的发现和任用等，都具有特殊的重要意义。所以，我非常支持女儿继续深造，并且鼓励女儿选择了人力资源管理专业。我深知，女儿大学学习的是西班牙语专业，而要跨专业攻读人力资源管理专业硕士，客观上必然会有很大的难度，但我相信女儿一定能够克服学习中的各种困难，顺利完成学业。

99. 跨专业攻读工商管理专业博士

薛夫子

寄语： 跨学科对于激发创新思维非常重要，有利于通过对相关学科的交叉比较研究，产生新的思维路径，萌发新的灵感。人生道路千万条，不一定都要去博士，但是如果有机会，继续攻读博士，通过高层次的深造，对于加速或者成才，也是非常必要的。

女儿攻读人力资源管理专业硕士，通过她勤奋的学习，只用了一年多的时间，就完成了学业，获得了人力资源管理专业的硕士学位，这时，女儿只有二十一岁。她的同学大部分参加了工作，因为西语专业很容易找工作，待遇也不错。但对于就业还是考博，女儿几乎没有什么犹豫，就毅然决然的选择了攻读博士。这样，女儿又一鼓作气，开始跨专业攻读管理与工商管理专业博士学位。

通过对人力资源管理专业的系统学习，女儿已经认识到了人力资源管理的重要性，但她逐渐懂得，要研究人力资源管理，还需要更深入的管理学知识，因此，她下决心继续攻读管理与工商管理专业博士。为了完成博士学业，女儿自己买了很多管理学方面的专业书籍，一方面向导师等专家学者请教，一方面开始如饥似渴的读书和思考。经过不懈的努力，女儿以优异的成绩完成了论文的开题报告，取得了历年来最高的分数9分，为撰写博士论文奠定了坚实的基础。

女儿通过跨专业攻读博士，对她是一次很好的历练。第一，通过跨专业学习，女儿进一步认识到不同学科之间直接或间接的联系，认识到学习知识融会贯通的重要性。第二，通过跨专业的学习，女儿认识到跨学科对于激发创新思维的重要性，跨学科有利于通过对相关学科的交叉比较研究，产生新的思维路径，萌发新的灵感。第三，女儿体验到了跨学科攻读博士的难度和辛苦，自己暗暗给自己鼓劲和加油，通过体验学习的快乐度过海外求学的漫长时光。

女儿在攻读博士期间，还作为主要成员参加了国家文化部《文化系统文化产业人才中长期规划研究》的研究课题、中国人才研究会课题《国家文化产业"十二五"规划研究》、青岛市发改委重大招标课题《青岛海洋人才高地建设问题研究》、山东省"蓝黄两区重大课题"《山东引进海外海洋人才的对策研究》、山东省社会科学规划重点项目《加快我省文化创意产业发展研究》等。作为主要作者发表多篇学术论文并获奖，在较大程度上提高了科研创新能力。

100. "山型人才"提升综合素质

寄语：在现代社会的激烈竞争中，只有具备综合素质和创新能力，才能够更好地适应社会，创造美好的人生。培养孩子具有"山型人才"的知识结构与能力结构，非常有利于孩子在未来的成长中具有可持续发展的后劲和活力。

我们为了培养孩子的综合素质，平时注意培养孩子的大学习观，不断培养孩子开阔的思维视野，不断优化知识结构与能力结构。

在培养良好的心理素质方面，在女儿1—2岁的时候，我们就开始培养她的自我调控能力。那时，我们住的楼房还没有安装暖气，冬天只能用普通的煤炭炉子取暖。为了预防孩子被炉子烫伤，我拉着女儿的小手故意向炉子跟前凑，让女儿感觉到炉子是烫手的，这样，因为女儿的手虽然还没用接触到炉子，就已经感受到炉子的温度了，所以她在平时就会很小心的远离炉子，避免了让炉子烫伤的危害性，从而也在不知不觉中培养了孩子自我调控的能力。

在培养良好的人际交往能力方面，我们引导孩子学会与小伙伴和同学们友好相处，引导孩子正确认识和处理同学们的各种关系，教育孩子如何与陌生人打交道，逐步培养孩子的人际交往能力。

在培养孩子独立解决问题的能力方面，在她小时候，我们尽量让她学会照顾自己，如自己穿衣，自己吃饭，自己玩耍，自己学习等。在上大学以后，尤其是出国的几年，所有的出国手续、订机票等，都是女儿自己办理的。作为父母，为了培养女儿解决问题的能力，我们没有时间和能力替女儿做这些事情，而是鼓励和支持女儿自己独立完成这些事情。

我们深知，在现代社会的激烈竞争中，一个年轻人只有具备了综合素质和创新能力，才能够更好地适应社会，创造美好的人生。因此，我们非常注意培养女儿"山型人才"的知识结构和能力结构（"山型人才"，是指一种全新的复合型人才，最早由我在《大学生潜能开发和情商育成》一文中提出（见《素质教育—中国教育的希望》，长城出版社，2000年10月版）。所谓"山型人才"，是指人才的知识与能力结构象一个"山"字型。在"山"字中，中间的"丨"，代表人才知识结构与能力结构的主要专长；"山"字的左右两道"丨"，代表主要专长的双翼；"山"字的底部"＿"，代表人才知识结构与能力结构的宽基础或基本能力。整个"山"字型意味着人才具有通才的知识结构和能力结构，又有一门主要专长，同时还围绕着主要专长，具有两门次级的专长。"山型人才"的特点是宽基础，像大山一样厚实，同时又具有多种能力，"双峰"围绕着"主峰"，形成一种立体的山峰结构。我们认为，只有培养孩子具有"山型人才"的知识结构与能力结构，孩子才能在未来的成长中具有可持续发展的后劲和活力。

在老师的培养和女儿的努力下，女儿已经具备了良好的素质：有理想，有自信，知识面比较宽，具有比较宽广的国际视野，具有敬业精神和认真的工作态度，具有优良的综合素质和较强的创新能力。我们也衷心希望女儿能够百尺竿头更进一步，通过自己的智慧和辛勤的汗水，实现人生的价值，去创造出更加美好的未来！我们也衷心希望所有的父母能够按照科学的精神和人才开发的理论，为家庭和国家培养出更多的栋梁之才。

附　给女儿的家书

作者按：在所有的家庭中，根据培养孩子的需要，在孩子外出求学的过程中，父母都应该及时给孩子写信，在与孩子的思想感情交流中，不断激励孩子克服学习和生活中的各种困难，减轻孩子的各种压力。我们为了培养女儿自立自强的精神，在孩子去北京读大学和去西班牙读硕士、博士期间，除了经常与女儿保持电话联系以外，还通过电子信箱的方式，保持经常的通信联系。为了让女儿充分体验亲情，我们在给女儿的信件中，对女儿的称呼也很随意，有时喊昵称，有时喊乳名等，目的是为了让孩子们感到自由和轻松，以达到润物细无声的效果。

每封信件的标题和数字排列是为了出版而加上的，原信没有标题和标题前的数字。

1. 快乐学习

燕子：

你好！你的来信收到。知道女儿早已经懂事了，爸爸和妈妈都很高兴。

为了保障有足够的时间和精力，建议你多休息，适当做做眼睛保健操，一定要预防感冒，快快乐乐学习，快快乐乐进步。活动活动筋骨，放松放松精神，以崭新的精神风貌迎接新的生活。

祝你成功！

爸爸
2003 年 3 月 9 日

（备注：2003 年上半年我在担任曲阜师范大学文学院院长、教授和研究生导师的同时，还在中国人民大学攻读博士，4 月份为了预防非典，我从人大回到曲阜。2003 年上半年，女儿在曲阜师范大学附属中学读高三，面临高考。2003 年 3 月 9 日至 2003 年 4 月 1 日期间的信件，就是我在人大读博期间给女儿写的，目的是鼓励女儿积极面对高考。）

2. 加强锻炼

燕子：

你好！来信收到，知道你关心爸爸，谢谢女儿。请注意锻炼，跑跑步，跳跳绳。每天练 50 个字，可以模仿庞中华的书法。适当做点家务，培养动手能力。多体谅妈妈。

祝你进步！向你妈妈问好。

爸爸
2003 年 3 月 18 日

3. 反思与觉醒

燕子：

你好！来信收到。知道你开始认真学习，很高兴。只有认真反思过去，才能更好地瞻望未来。你自己可以把这几年的学习情况认真总结一下，把你的思考告诉我，是经验也好，教训也好。正确的自我认知是一个人成功的重要主观前提，把自己的优点、特点、强项和弱点找出来。把你这半年的计划告诉我。

祝你进步！

爸爸
2003 年 3 月 23 日

4. 起点

燕子：

　　来信收到。关于对于过去的反思问题，这不单纯是对你而言，我们每个人都应该定时对自己走过的路进行回眸，看看脚印是否直，速度是否快，是否体现了一种匀速直线运动。我认为，你过去的学习既有成功的经验，也有一些需要改进的地方。比如说，一般来讲，就写作而言，如果能把文史哲结合起来，这将是最好的文章。你的文笔和思辨能力都不错，但是缺乏深厚的历史知识和深刻的思想。当然，你可能会说，我才是个中学生啊！但是，你忘记了，取法乎上，仅得其中；取法乎中，仅得其下。如果没有一个比较高的要求，又怎么能够达到光辉的顶点？你的文才和一点思辨能力岂不成了空中楼阁？再说，一篇文章的外在层次是语言，但其内涵必须是文化，或者说是思想，同时用恰当的艺术表现力把文章组织起来。而所谓文才，如果没有一手漂亮的字作支撑，又何谈文才啊！看着还不舒服，不顺眼，还别扭呢！老师无论是看作业还是阅卷，印象分肯定要受到一定程度的影响。

　　文章最好是说古道今，娓娓动听，大开大阖，旁征博引，既有哲理，又有文才；既能感人，又能服人，该是多好！

　　请认真总结过去，瞻望未来！

爸爸
2003 年 3 月 24 日

5. 关于作文

燕子：

　　你好！你所谈的例文是有道理，但是，你并不明白这样一个道理：那些例文是专家挑选出来的，每篇都有一定的代表性。在应付考试中，情况就比较复杂一些。一般来说，关于联想之类的文章，作者最好能抓住最能体现文章中心的主题来写，因为联想的内容有比较直接的，也有比较间接的；有近一些的，也有比较远一些的。因此，就应该抓住那些比较直接、比较近的内容来写。另外，考试卷子是给阅卷老师看的，不是给语文专家看的。阅卷老师和语文专家之间的关系是逻辑上的交叉关系。我过去也曾经说过，我们批成人高考的卷子时，满分40分的作文，有的阅卷者只给了考生20分。我作为检查组组长，在检查试卷时改判为36分。也就是说，同一篇文章，阅卷者判了不及格，而我们专家组则判为优秀。你能从中悟出点什么来么？我和考生非亲非故，只是评判标准的掌握和对文章的理解与有的阅卷者有重大差异罢了。所以，你要明白，卷面美不美，字写得漂亮不漂亮，都非常重要，因为完美的形式有利于表现内容啊！你忘记了么？

再就是，你还要思考思考到底向爸爸和妈妈学习了哪些优点？不学习别人的优点怎么进步呢？我也有不少缺点，但是我的优点是有敬业精神，工作比较认真踏实，比较能听别人的意见，包括你爷爷的意见。在这方面，你要很好反思反思，不要固执己见。虚心使人进步，这是公理。让我们共勉吧！

祝你进步！

爸爸
2003 年 3 月 24 日

6. 回眸历史，才能更好地开创未来

燕子：

你好！这次主要是和你谈谈学习兴趣的问题。

任何人在小时候，对于很多学问由于不懂，因而也不可能有什么兴趣。一个小孩知道原子弹有什么用处？事实上，他也不可能对原子弹有兴趣。所以，兴趣是随着一个人年龄的增长，由于逐渐了解了某种事物或者学问的重要性，才渐渐地对之产生了兴趣。比如，你对地理和历史不感兴趣，就在于你不了解它们的重要性。就地理而言，农民不了解地理，就无法科学种田。从理论上讲，我们每个人都要生活在一定的生活区域或者说是空间，那么，你如果不了解你所在空间的地理常识，又怎么生存呢？特别是随着"地球村"和宇宙意识的弘扬，人们更多地打破了原来生活的局限，走出国门，真正以四海为家，如果没有必要的地理知识，简直是无法生存的。随着社会的进步和闲暇时间的增多，每个人都有可能经常外出，都应该掌握一些必要的地理知识。

关于历史，请千万记住，历史就是昨天的现实，今天的现实即将成为明天的历史。从社会宏观上来看，社会的发展进步必须以总结历史的经验教训为前提，人类不能割断历史，不能从原始社会重新开始，而只能沿着昨天——今天——明天的轨道前进。就个人而言，为什么年龄越大，知识越多，才能达到随心所欲不逾矩的至高境界呢？就在于他不断地总结自己过去的经验教训和知识的积累，使自己不断丰厚起来。因此，一个人如果除了总结自己的经验教训以外，更多地感悟整个人类社会历史的经验教训，该会有多大的收益啊！我曾经反复说过，我小时候读《三国演义》，经常忘记了吃饭，到了上学时间，拿块地瓜或玉米饼子就走了。学好历史是非常重要的！！！

只有清醒地回眸历史，才能更好地开创未来！

祝你进步！天天快乐！

爸爸
2003 年 3 月 25 日

7. 回眸与瞻望

燕子：

你好！历史蕴含着丰富的内涵，既有深刻的人生哲理，又有社会规律的深刻体现。回眸历史，没有昨日的酸甜苦辣，哪有今天的喜怒哀乐？没有往日的磕磕碰碰，哪有明天的坚实步履？没有过去的严峻考验，哪有未来的坚韧和厚重？忘记过去，就意味着背叛；一味地沉溺于过去，就会没有出息。因此，回眸历史，瞻望未来，就应该有一种哲学的度，有一种生命的张力，有一种不懈的探索精神，有一种老黄牛的坚韧和踏实，有一种千里马的开拓和速度，有一种"地球村"的意识，有一种宇宙意识的遐想，有一种对生命价值的人文关怀，有一种对"过去时"的鸟瞰，有一种对"未来时"的远瞻，有一种"视通万里"的穿透力，有一种"精骛八极，心游万仞"的胸襟和气度……我们每一个人都在用自己的一言一行，书写着自己的历史。历史无情也有情，关键是看人们怎样书写。

在成功的道路上，来不得半点的马虎。亲爱的女儿，你将怎样书写自己的光辉历史呢？爸爸期待着……

爸爸
2003 年 3 月 26 日

8. 兴趣与认识的互动

燕子：

你好！看到你的来信，仿佛看到了你的成长，你正在长大，记住，是正在长大，因为你还没有真正长大。

关于兴趣在成才中的重要性，是否可以这样理解：兴趣和认识是一个互动的过程，即一方面，一个人如果对某事物有兴趣，那么，这个兴趣就可以促进或激励着一个人对这个事物的追求；另一方面，一个人如果对某事物越是了解到它的价值，那么，这个人就有可能增加对该事物的兴趣。当然，并非都是这样，这还与个人的知识结构、思维方式有关。但是，就人生整体而言，一般来说，在少年儿童时期，兴趣对人的支配或者说是影响要更大一些，因为在这一时期，个人的自控能力较低，自觉不自觉地会受到个人兴趣的支配。但是，在到了青年期以后，随着个人思维能力的增强和理性的自觉，个人的自控能力也得到了强化和增长，于是，个人完全可以凭借着自己的理性去自觉培养对某事物的兴趣。

人和动物有很多区别，其中，人的理性是和动物的重要区别之一。就年龄差异而言，比如说，一个人如果在大街上漫无目的的游荡，那么，他很可能完全由兴趣来支配着自己的行动，而不是靠理性。许多青少年犯罪与此有关。再比如，一个学生在学习某一门新的知识以前，往往是基本上不了解这门知识，那么，他怎么会对这门课有兴趣呢？如果没有兴趣，那该怎么办？那就必须通过在学习的过程中，逐步了解这门课的重要性，逐渐培养对它的兴趣。不要忘记，兴趣不是天生的。虽有佳肴，弗食不知其旨也。你如果平时没有吃过或者见过一些好吃的东西，你怎么会知道你喜欢吃什么，不喜欢吃什么呢？喜欢和不喜欢，就是个兴趣问题。

所以，在人生成才的道路上，兴趣不会自己找上门来，而是必须靠自己去培养。之所以如此，就在于人是有理性的，是具有自觉能动性的高级动物，或者说是文化动物。动物靠本能，难道人仅仅靠兴趣么？显然，非也！如果再深入一步，你还可以发现，就兴趣本身而言，它是以感性的形式，积淀蕴含着深刻的理性意蕴。因为你喜欢什么，不喜欢什么，这恰恰在一定程度上反映了一个人的价值观。

供参考。

爸爸
2003 年 3 月 29 日

9. 每个人都有一个成长过程

燕子：

你好！赫拉克利特说过："人不能两次踏入同一条河流"，又说："太阳每天都是新的"。这是古希腊的名言，主要是强调了事物的发展变化。昨日之我已经死去，今日之我也即将过去，明天之我即将诞生。正是这每时每刻的发展变化，才构成了生命之流。不大胆地否定过去，怎么敞开胸怀去开创明天？既然就连太阳每天都是新的，那么，我们的生命之树是不是也应该每天都有新的成长？每一次的成长不都是对过去的否定么！当然，这只是从哲学的角度来讲的。而要有新的成长，就要靠对各种有用的知识广采博取。大千世界，没有没有用的知识，只有不会用的知识，就连垃圾都是放错了地方的宝贝呢！更何况人们对各种知识精心总结形成的各门科学呢！

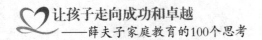

好了，先谈到这里。

爸爸

2003 年 3 月 29 日

10. 读书三思

燕子：

你好！这次考试你努力了，也取得了比较理想的成绩。

关于读书之事，我已经说过了。这里主要说方法问题。读书要三思：第一，作者写了什么？第二，作者为什么要这么写？第三，我们应该怎样理解和评价这部作品？这是基本的三点。如果再深入一步的话，那就是要进一步弄清这部作品继承了前人哪些精华？对当时产生了什么影响？对后世有何影响等等。

关于读《三国演义》：这本书开头部分头绪比较多，人物多，情节复杂，读的时候要有耐心。要注意几个主要人物：曹操、刘备、诸葛亮、关羽、张飞、赵云、周瑜的性格特征及其优缺点。还要思考三国的兴衰说明了什么，注意作品的艺术技巧等等。

如有时间，帮助你妈妈把头上的白发剪掉。仔细一点。

祝你和你妈妈快乐！祝你快乐！

爸爸

2003 年 3 月 30 日

11. 生涯设计的优化

燕子：

来信和贺卡都已经收到，以后不要发什么贺卡了，太费时间。

关于生涯设计，这是近年来国内外非常重要的一种发展趋势。就你而言，也应该很好地设计自己的未来之路。成才是总目标，在总目标中，还要考虑三百六十行，行行出状元。自己准备从事什么职业？对此，要考虑的是，自己想做什么？能做什么？怎样去做？对于你来讲，除了学好外语以外，练好字，还要多读书，你读的书还不够多，还需要进一步提升文化内涵，其中，包括古代散文，古典诗词，都要尽可能多读，多背诵。读书百遍，其意自现。多读古代的经典文章等，可以终生受益，切切！另外，要多掌握计算机的一些基本知识和操作机能，千万不要上网聊天，既浪费时间，又容易受到不良影响。

你在北京读大学，机会难得。要争取硕博连读，一气呵成，可以事半功倍。少壮不努力，老大徒伤悲。可以设想：你 26 岁就可以拿到博士学位，再加上有真才实学，真是英雄大有用武之地啊！为此，要充分发挥自己的积极进取精神，调动自己内在的生命活力，把辛勤的耕耘看作是一种精神的高级享受，看作是人生价值的实现，看作是前进道路上的一个个阶梯。

我相信，你能够用行动来证明一切。

爸爸
2003 年 4 月 1 日

12. 展翅飞翔

燕子乖乖：

好女儿，爸爸早就想你了，看到你的进步，心里非常高兴，也希望你能再接再励，锦上添花。这次，爸爸和你谈谈如何认识世界的问题。

认识世界是改造世界的前提，因而，如果没有正确的认识世界，就不可能很好地改造世界。尤其对于大学生来讲，以后要担当建设国家的重任，要出于蓝而青于蓝，就必须更好地认识世界。

第一，要善于透过现象看本质。社会现象是复杂纷纭的，也是扑朔迷离的，颇令人眼花缭乱。为此，就需要透过现象看本质，拨开云雾见青天，看看哪些现象是暂时的，哪些现象是假象。要有"你有千条妙计，我有一定之规"的冷静和智慧，不畏浮云遮望眼，要有孙悟空的"火眼金睛"。

第二，要透过局部看到整体。不要只见树木，不见森林。在分析事物时，要看哪些是局部现象，哪些是整体。要有整体的观点和全局的观点，不能一叶障目，也不能管窥之见。

第三，要学会从发展的观点看待事物。要善于从各种复杂的事物中抓住事物的发展趋向，看本质，看主流，看事物的发展趋向，要学会用鸟瞰的视野，高瞻远瞩。唯有如此，才能经得起现实的考验，才能有理性的思考和哲学的反思，也才会更有智慧，而且是大智慧和大境界。

先谈到这里，祝你快乐！

爸爸
2003 年 12 月 11 日

（备注：2003 年 4 月，女儿通过免试推荐考入北京语言大学西语专业，9 月份入学。4 月份因为非典，人大暂停所有课程，我也回到曲阜师范大学，这期间与女儿没有通讯。）

13. 自信自强

燕子：

爸爸和妈妈非常想念你，都希望你能好好学习和进步。我最近特别忙，几乎是废寝忘食。对于自己的学习和生活，都要多动动脑筋，在自信自强方面多下功夫。在家靠父母，在外靠朋友，但归根结底是要靠自己长本事，只有增长了才干，才能在将来的各项竞争中立于不败之地。

要冷静处理任何事情，业余时间读些文史哲方面的图书。当你把主要时间和精力放在学习上的时候，你就没有了各种苦恼。当然，在求知的快乐时，也许会有思考的困惑。但是，当你摆脱了困惑时，你已经进步了。可以学会换位思考，尤其是站在哲人巨匠博大的视野，居高临下，以宇宙浩渺之高远，俯视大地和人生，你就会豁然开朗。

今天，我把古罗马美学家朗吉弩斯的一段名言介绍给你。他说："过去超凡伟大的作家，总以最伟大的写作目标作为自己的目标，认为每一个细节上的精确不值得他们的追求；他们心目中的真理是什么呢？在不少真理之中，有这么一条真理：作庸俗卑陋的生物并不是大自然为我们人类所订定的计划；它生了我们，把我们生在这宇宙间，犹如将我们放在某种伟大的竞赛场中，要我们既做它的丰功伟绩的观众，又做它的雄心勃勃、力争上游的竞赛者；它一开始就在我们的灵魂中植有一种所向无敌的，对于一切伟大事物、一切比我们自己更神圣的事物的热爱。因此，即使整个世界，作为人类思想的飞翔领域，还是不够宽广，人的心灵还常常超越整个空间的边缘。当我们观察整个生命的领域，看到它处处富于精妙、堂皇、美丽的事物时，我们就立刻体会到人生的真正目标究竟是什么了。"

你要反复阅读和理解这段话，是会有所获益的。养成良好的学习习惯和生活习惯。因为习惯会影响着人的思维、健康乃至成败！在优化自己的知识结构和能力结构中养成良好的各种习惯吧！高素质和传统文明、现代文明有机统一，这是成才的必由之路。

好了，再见！祝你进步快乐！

爸爸
2004 年 2 月 27 日

14. 人生的意义

亲爱的女儿：

你好！恍惚之间开学已经半月了，非常关心你的学习和生活。平时都是妈妈给你打电话，因为我太忙碌了。

关于人生的意义，这是任何一个人都不能回避的问题，必须要认真面对和思考。究竟怎样才能实现人生的价值？这是古往今来多少仁人志士都曾经思考过和困惑过的重大问题！我想，你正值青春年华，有理想，有抱负，一定会认真对待自己的青春和理想。珍惜青春，就是珍惜生命。美好的未来不是从天上掉下来的，而是遵循事物的发展规律，艰苦奋斗出来的。今天是明天的起点和出发点，而每一个特定的今天都是构成特定明天的前提和基础。

乖女儿，爸爸和妈妈都相信你一定会进步的，请以此共勉：不积跬步，无以至千里啊！

祝你快乐进步！

爸爸
2004 年 2 月 29 日

15. 人生要不断进取、持续性发展

宝贝：

大学生活使你成熟了不少，妈妈发现了你有很多潜能。一是适应性比较强。你从没离开过家，从没住过校，你上大学后与同学和寝友相处的不错。二是有一定的独立能力。你在家时，即使去城里，也是车接车送，就像温室里的花草。你上大学后，能自己乘公交车去办事，确实长了不少本事。三是，单纯的你有了自己的观点，与妈妈交谈时，你的一些观点是带有一定智慧的，有些也体现了某些生活的哲理。四是综合素质好，境界高，内外达到了有机的和谐统一。你的外在形象不错，内在的素质也很有内涵；你有理想，有目标，有生活的方向；你善良、纯洁，也很孝顺。但最值得妈妈骄傲的是你有很高的境界。你处事没有那么多的私心杂念，是那种非常阳光的女孩。因而，你有胆量、有勇气追求你的理想、你的目标。为实现你的人生价值，你敢于面对，善于挑战，并乐于付诸于实际行动实现自己的梦想。妈妈很佩服你这一点。你柔中有刚，外表骄气，内心坚强。你是一个很有自尊，很要强的女孩子。

宝贝：尤其是这次竞争环球洲际小姐大赛，你的心理素质表现的非常成熟，也表现出了你的潜能，表现出了你的勇气。有这种精神，无事不成。它为你将来的谋职奠定了良好的基础。你用朴实无华的形象，展示了最自然、最真实的自己。无论结果如何，你实实在在地为自己的梦想努力过了。在思想境界上，在心理素质上，你已经是个成功者了。

宝贝：人是要不断进取、持续性发展的。你有这么多的优势，那么下一步如何发挥好呢？劲不能用偏了，首先要打好做人和未来事业的基础，也就是要把学习搞好，因为人生大厦的高度在很大程度上直接取决于基础的厚度和坚实度。妈妈知道学习本身是一件非常艰苦、非常枯燥的事情，必须有坚强的毅力，才能战胜艰苦和枯燥。那么，怎样挖掘毅力呢？那就是心中要有目标，要瞻望未来。今天的努力，就是明天的幸福。你不想将来依靠任何人，你想成为有作为的人，那就把其它的先放一放，集中精力，脚踏实地，好好学习，发愤考研吧！妈妈深信，你能行。

亲爱的女儿，以后不准只报喜，不报忧。妈妈愿意为你排忧解难，也愿意与你一起分享快乐。多想一想爸爸平时对你讲的道理，什么"方、位、方"和"山型人才"等，都可以给你以有益的启迪。

妈妈期待着，希望并信任着……

爱你的妈妈
2004 年 5 月 15 日

16. 祝你快乐进步

乖乖：

爸爸非常想念你，知道你即将长大，也确实长了不少本领，很为你感到高兴。转眼之间，你到北京读大学已经快一年了，闲暇时可以回忆一下自己走过的路程，看看走过的脚印，你会发现自己能从中增长不少智慧和经验。同时，还可以高瞻远瞩，展望未来，自己就会马上豁然开朗，真正懂得人生究竟该怎样度过了。

今年曲阜师范大学文学院的青年教师报名考博士共 11 人，现在已经决定被录取的有 8 人，估计可能录取 10 人。到暑假后，文学院教师中的博士将达到 40 人！对于一个省重点大学来说，这无疑是一个天文数字。

宝贝，经常回忆回忆爸爸给你说的大道理，过去你不愿意听的那些所谓大道理，将会随着你的年龄的增长，愈加显示其重要的价值。你不妨试试看。

时间不早了，你早点休息吧！

爸爸

2004 年 5 月 20 日

17. 我每天都在进步

燕子：

收到你昨晚的来信，看到你的进步，真是为你感到高兴。昨晚给你发了封电子邮件，介绍一篇关于谈以人为本的文章，但没能及时发过去。这篇文章发自光明日报，写得不错，短小精悍。你不妨一读。以后我将随时把看到的好文章给你转发过去，供你阅读并参考。

时不我待，岁月如梭。恍惚之间，你即将年满 18 周岁了。18 岁意味着什么呢？这是每一个人必须思考的问题。一方面，18 岁意味着一个人长大成人，具有了大人或者说是公民的基本权利，但另一方面，18 岁又意味着一个人的责任和义务增多了，要为自己负更多的责任，也要为将来的事业打下坚实的基础。

乖乖，爸爸相信你一定会思考的比别人更深刻，更丰富和更有意义。

爸爸期待着…… 祝你天天快乐和进步！

爸爸

2004 年 5 月 23 日

18. 人生感悟

亲爱的女儿：

你好！爸爸整理了一点人生感悟，仅供你参考。

1. 看一个人，不仅要看他说什么，而且还要看他怎么说；不仅要看他做什么，而且还要看他怎么做。

2. 一个人正确的人生观应该是积极的向上的，不仅要关心自己，而且还要关心他人，更要以积极的态度去对待社会。世界观、人生观、价值观、审美观和爱情观，都应该是科学的。

3. 感觉固然是知识的重要来源，是影响一个人行动和决策的重要主观要素，但是，真正重要的决策必须建立在审慎的基础上，必须考虑周全，以防有所疏漏。这是因为只有理性才能真正照亮前进的道路；而感性或者说是感觉也必须接受理性的筛选和实践的检验。脱离了理性的感觉很容易失去明辨之智。社会的发展进步难道不是人类理性的结晶么？一个人的发展不是需要理想和科学目标的引路导航么？

4. 每个人的一生都会遇到这样或那样的二难选择境界，正确的态度是：走在十字路口时，首先要辨明方向和前进的目标，然后才迈出坚实的步伐；如果一时难以辨清方向，如其盲目乱撞，倒不如休息片刻，冷静一会儿，歇歇脚，再做打算，等清醒时再继续上路，以避免事与愿违和南辕北辙。

5. 一个人被人爱或者爱别人，这都是正常的。关键是，要知道你为什么爱他，爱他什么；要知道他爱你什么，为什么爱你。有人说爱是说不清楚的，爱的糊里糊涂，其实，这是十分幼稚和肤浅的看法。人不是动物，不是凭本能去对待异性，而应该是有文化、有教养、有现代文明的丰富内涵。

6. 与朋友交往，固然可以求同存异，但是必须考虑"异"能否导致对立和冲突，能否影响家庭和事业的和谐发展。这些问题是不容回避的，必须要面对并且做出智慧和理性的回答。

7. 古人说，两情若是久长时，又岂在朝朝暮暮？不妨让实践和时间这两个岁月老人检验人与人之间的友谊和真情。

8. 遇事一定要冷静，再冷静，思考，再思考。过去人们说，农民手中有粮，心中不慌。一个人有了智慧和才能，有了科学的精神和辩证的思维，就可以遇事不慌，就可以举重若轻了。对此，应该有鸟瞰的视野。

9. 欲穷千里目，更上一层楼。一个人只有具备了心灵的高远，才能高瞻远瞩，既立足现实，又远望将来，使自己永远立于不败之地！！！

祝你快乐、成功!

爸爸
2004 年 6 月 3 日

19. 爸爸妈妈的宝贝

亲爱的宝贝儿:

你出国已有一个多月了,爸爸妈妈很想宝贝儿,从宝贝的来信和与宝贝的通话得知,宝贝蛋蛋的生活适应能力还是很强的。虽说在古巴的生活很苦,条件也很差,但我们的宝贝没有后悔,而是珍惜这次出国学习的机会,在国外表现的很好,很有毅力。这次出国留学,验证了女儿自我生活的能力和智慧,展示了女儿非凡的气质和与众不同的魅力,女儿一天比一天的成熟,且一天更比一天有自信。爸爸妈妈真的为有你这么个女儿而自豪。自豪我们的宝贝蛋蛋美丽、聪明;我们的宝贝蛋蛋自强、自爱、有思想、有能力。你要把这次出国学习看成是一次人生的重要经历,好好把握学习机会,把学业搞好。爸爸妈妈相信宝贝一定能成功。别忘了我们的宝贝是个幸运儿、福蛋蛋。爸爸妈妈一切都好,爸爸工作很敬业,妈妈的工作也很顺利,妈妈今年拿了三项第一;05 年各县市区工作综合考核曲阜新区第一;05 年各县市区税收执法考核曲阜新区第一;各县市区一把手考评妈妈是唯一的一个全票,又是一个第一。怎么样呀孩子! 妈妈还行吧? 所以,宝贝不用担心爸爸妈妈,照顾好自己就是对爸爸妈妈最大的爱。好了,别忘了中国时间星期三上午十点妈妈给你打电话。

祝宝贝天天快乐!

爱你的爸爸妈妈
2005 年 1 月 22 日

(备注:2004 年底,女儿公派去古巴哈瓦那大学深造一年,这段时间我们的通信主要是为了给出国在外的女儿人生和学习上的鼓励,保护女儿提高克服困难的信心和勇气。)

20. 春华秋实

乖乖：

春天来了，是的，吹面不寒杨柳风，你看！路边上的小草仿佛憋足了劲儿，开始挣开了眼，仰望着天空上的白云，颇有神与物游的遐想；树梢上的嫩芽，经过了严寒的洗理，仿佛显得更加生机勃勃，要竭尽全力把美好的春天装扮得翠绿翠绿；田野里，农民们正在开始准备春耕，是啊！春华秋实，一滴汗水就是一粒粮食，他们怎能不知耕耘的重要？水渠里汩汩地流淌着清澈的井水，正欢快地唱着歌儿流向麦田，准备为嗷嗷代哺的麦苗哺乳；在校园里，琅琅的读书声里有着中学生们对跃龙门的苦苦追求，也有着大学生们对考研成绩的询问。几多耕耘，几多收获；几多苦恼，几多喜悦。说不尽的春夏秋冬，道不完的冬去春来。

大自然的春天是如此美好，可以年复一年，永不衰竭；然而，人生的春天却如白驹过隙，虽说亦可年复一年，但明年却绝非今年。人生固然可以"精鹜八极，心游万仞"，但恍惚弹指一挥间。故而，屈原才有"老冉冉其将至兮，恐修名之不立"的感叹。古人云，一年之计在于春，一天之计在于晨，此可谓人生之真谛也！

春天来了，她向着热爱春天的每个人招手……

爸爸
2005 年 3 月 14 日

21. 你要给我当范本

亲爱的女儿：

第一次收到乖乖从国外的来信非常高兴，恰巧你妈妈来青岛看我，我和你妈妈一起看的信。读完信，一方面为女儿的这么快就适应了环境感到放心，另一方面也为乖乖为求学而吃苦感到心痛。不过，我相信乖乖的能力，要有大出息的人，总要接受这样或那样的锻炼，正所谓百炼成钢，苦其心志，劳其筋骨。当然，在日常生活中，可能会遇到学习和生活的困难，这都是正常的。

你记日记的方式很好，可以坚持下去。一则可以珍惜这段时间，以便于对学习和生活进行总结，同时还可以提炼思想和锻炼文笔；二则等你回国以后，可以考虑出版你的习作，以作为人生新的起点。

我和你妈妈都很好。我这里最近主要还是写作，搞研究，时间很难得。我还想写一本《人才开发学》，你可要给我当范本啊，哈哈哈哈……今天下午我领着你妈妈到海边看大海，非常近，走五分钟就到，而且还了解到每天上午9点左右，渔民就打鱼归来，正好可以看到他们满载而归鱼满舱的景象。

另外，在国外，各方面都要注意，一定要和同学们处理好关系，塑造自己完美和谐的个性，记住情商理论。时刻牢记三个第一：安全第一；健康第一；学习第一。全面发展和锻炼自己，只要把握好这一年，就会有很大的提高，争取事半功倍。

爸爸和妈妈都期待着……

祝乖乖愉快，天天进步！

爸爸妈妈
2005 年 11 月 20 日晚

（备注：2005 年 10 月，我从曲阜师范大学调入中国海洋大学文学院，妻子因为工作需要离不开，一直到 2011 年才到青岛。这段时间我们与女儿的通信是分别在青岛和曲阜给女儿写的。）

22. 为女儿自豪

亲爱的宝贝：

看到你的网上日记和给爸爸妈妈的回信。我们有诸多的感慨。你在异国他乡求学路上，有很多无奈和很多的困难，需要去正视和面对。但无奈之下你学会了乐观，变的坚强了许多；正视和面对困难的同时，你挖掘了自己尚未发现的潜能。

你在信中谈到：

"然后小乔（小乔：是女儿名字的简称。女儿在古巴大使馆和同学们举行义卖活动。）作了一件惊人的事情：像中国街头的小商贩一样，在异国他乡的古巴的用来接见胡锦涛的最好的五星级宾馆里，用西班牙语大喊：5元啊，5元；大减价，每件5元……（这勇气真不知是从天而降，还是由心而生啊……）""其实以前在中国，我总会有很多不好意思的事情，有许多事情，都放不开，没有想到，今天，我真得做到了！成功的挑战了自己！在各国大使、参赞、使馆工作人员、还有不计其数的外国顾客面前，在异国他乡的五星级饭店，我竟然可以叫卖！！！还是用西语？？？！！！

小乔觉得在经过了今天之后，几乎没有什么事情可以难到我了，今天的我，又经历了一次成长，一次蜕变！"

你说得好，在特殊的环境下，你真的是成功的挑战了自己，真不容易呀女儿。这需要做到两点，一是首先要学会适应环境，二是要在适应环境的基础上挖掘潜能，展示自己。宝贝你做到了，你成功了！爸爸妈妈为你自豪，为你高兴！

像你说得那样："最重要的是，我今天有了更大的信心，人往高处走，我一定要奋发努力，有所成就！！！我还要旅行，游遍西班牙和拉美！！！我可以！！"爸爸妈妈完全相信你！爸爸妈妈永远支持着你，亲爱的心肝宝贝儿。

妈妈
2005 年 12 月 7 日

23. 妈妈想念你

宝贝：

今天上午妈妈从差五分不到十点给你要电话，不知为什么这次老是要不通，手机的回音总是说"你拨打的用户暂时无法接通"。妈妈在不断拨电话的同时，接到两次你要过来的电话，妈妈都挂掉了，妈妈不甘心，妈妈又继续向外拨了十几个电话，还是无法接通。这时我的宝贝第三次给妈妈再次要过来，妈妈实在不愿意让遥远的宝贝担心和失望，只好在无奈的情况下接通了宝贝要过来的电话，草草的问了一下平安挂掉了。妈妈心中有很多很多的话要对女儿说，更想听听女儿最近的学习、生活、心情、健康等等一切的情况。孩子你好吗？心情好吗？身体好吗？最近是不是比较忙？从你的网上日记看，你这周没上网，你一切都好吗？爸爸妈妈爱你，爸爸妈妈挂念你亲爱的宝贝。爸爸妈妈希望宝贝女儿学习、生活愉快！天天有个好心情！身体健康！

宝贝女儿，你学校元旦不是准备放假吗？定下来了吗？几号放？放几天？你们同学们可以商量一下，利用放假时间旅游放松一下，这是一个不错的机会。但是一定要注意安全，一是注意人身安全，二是注意财产安全。旅游之前给妈妈说一声，妈妈也好心中有数。上周爸爸妈妈都给宝贝蛋蛋写了回信，估计你没上网，可能还没看到。总之，爸爸妈妈希望宝贝蛋蛋在古巴一切开心、愉快！

爱你的妈妈
2005 年 12 月 14 日

24. 盼望你的回信

孩子：

最近过得好吗？妈妈每天上网看你的日记，渴望了解你在国外的学习、生活等情况。每天打开妈妈的邮箱，再查看爸爸的邮箱，渴望能有孩子的回信。知道吗？爸爸妈妈爱你，想你，宝贝女儿。

你不是发现了一个能用自己的电脑上网的地方吗？是不是不行呀？唉！古巴太落后了，落后的让人既没辙，又无奈。因为上周三电话线路有问题，妈妈没能打通电话，你要过来的电话妈妈只问几句话，这十几天妈妈也没能从网上看到你的信息，所以有点挂念你。妈妈知道你同学黄绫凤的妈妈每周日上午给她孩子打电话，所以，妈妈今天上午给黄续凤的妈妈打电话，要求她给你捎个话，周一上午十点妈妈给你打电话，以解思念之情。

祝乖乖天天快乐进步！

爸爸妈妈
2005 年 12 月 17 日

25. 苦中有乐

孩孩：

妈妈的宝贝蛋蛋最近过得好吗？

周一妈妈给你打电话后，妈妈的心情放松了好多，这次电话听的很清楚，妈妈心情特好。虽然知道宝贝在古巴的生活条件很苦，但宝贝适应生活的能力还是很强的，你有着乐观的心态，勇于上进的精神，妈妈为你感到高兴，为你感到自豪。你给妈妈的两封信，妈妈看了好几遍，看到你在生活上吃了那么多苦，妈妈的心很痛，但又无奈；看到宝贝蛋蛋能苦中作乐，寻求知识，努力上进，妈妈真的又很知足。宝贝你是爸爸妈妈的最爱。爸爸妈妈为有你这么一个女儿而骄傲！

现在有锅了，要学会照顾好自己，利用好"锅"的优势，尽量把生活搞好。其实会照顾自己，本身就是一种能力，叫做生活能力，这是人生旅途中应具备的基本能力。只有会生活的人，才会学习和工作。妈妈从你发的图片上看到古巴有很多和中国类似的青菜，你和你的同学们多买点青菜，自己做着吃。不要怕麻烦，不要怕花钱。

孩子，不管怎么说，古巴受国情的影响，各个方面条件都很差。咱苦已经吃了，就一定要把学业搞好，不能白吃苦，苦后自然会甜。相信妈妈的话，错不了。

孩子你出国时间不长，但已经验证了你的能力，确认了自己的魅力，挖掘了自己的潜力，对自己有了更进一步的认识，明确了自己今后的人生目标，给自己提出了更高的要求，这些都标志着你的日益成熟。妈妈相信你在今后的人生中，无论遇到什么样的困难，你都会拿出勇气，凭着智慧，轻松解决。

至于感情问题，妈妈非常认同你的观点，妈妈从没有小看过你，虽说你年龄不大，但你比同龄人有思想、有观点、有深度。你在信里谈到"女孩子干的好，不如嫁的好"这个观点是有一定的道理，但又觉着不是那么全面。你想呀，嫁得好是要凭资本的，资本是多个方面的。女孩子没有资本何谈嫁好？有资本没思想何分"好与孬"？所以，女孩子有资本，是能嫁得好的基础。女孩子有思想才能辨别好与孬，真正嫁好。对方好，自己也得好，让对方佩服和欣赏，这样爱情才能长久。有了资本，才能掌握"爱"的命运。妈妈一直深信，只要你想嫁得好，就一定能行。因为你有雄厚的资本"论嫁"，你有深刻的思想辨别"好与孬"。好了，宝贝蛋蛋，妈妈就不多说了，妈妈知道你会处理的很好。

祝宝贝蛋蛋，天天快乐！

爱你的妈妈
2005 年 12 月 23 日

26. 圣诞快乐

宝贝：

明天就是圣诞节了，妈妈祝你圣诞节快乐！圣诞节你们组织什么活动了吗？你不是 23 号放假吗？准备到哪里去旅游？旅游可一定要注意安全哦！爸爸和妈妈一切都好。宝贝女儿要尽最大努力照顾好自己，多吃蔬菜，多吃水果，尽可能多吃排骨，少吃甜食。

妈妈祝愿你天天快乐！

爱你的妈妈
2005 年 12 月 24 日

27. 欣赏女儿的成长

宝贝：

看了你网上新发出的日记和照片，爸爸妈妈的感受非常多。第一点感受是：宝贝的思想成熟了许多，看问题不仅有一定深度和广度，而且有了自己独特的见解，这些都标志着思想的"成熟度"；第二点感受是：宝贝的文学语言有了很大的提高，语言的真实性来自于社会，感悟于生活。你最近的几篇文章，语言比较优美，通过幽默而轻松的笔法，描述了面对困境所具备的乐观心态，体现出了真挚的情感。第三点感受是：思考问题形成了多角度，既能充分认识他人，认识社会，认识客观诸多因素的存在，也能正确全面地了解自己优势、不足和需要努力的方向。这些是爸爸妈妈对你目前一致的看法。这些看法来源于你出国后给爸爸妈妈的信件和你发表在网上的日记里。爸爸妈妈真的感觉到，你天天都在成长，天天都在进步，并为你的成长和进步而由衷的高兴和自豪！

宝贝你 2006 年 1 月 4 日发在网上日记里的照片，除了"我和圣诞树"那一张妈妈觉得照的不太好，觉得不太自然以外，其他的照的都不错。妈妈特别喜欢"一个存在"那一张。《小乔，一个存在，黑沙滩的印记》画面创意新，有个性。照片上的人，美极了，也自然极了，真是达到了美和自然的和谐统一，达到了最高境界。妈妈看了这张照片，就象见到了你本人一样，是那么的满足。端详那姿态，那眼神妈妈太熟悉了，你真的就象在妈妈的眼前。妈妈看了又看，一遍又一遍。最后妈妈决定把《小乔，一个存在，黑沙滩的印记》放在家里和办公室电脑的屏幕上，并强制你爸爸的电脑也要服从大局。哈哈！女儿，很好玩吧！

宝贝，你一定要坚持写日记、心得、留学阅历等等。至于你的感情问题，妈妈觉得你还没有遇到你生命中的那个"他"。感情问题是可遇不可求的。这是人生中的大事，既不可勉强，更不可凑合。但有一点你要相信妈妈，你回国后，有可能就是今明两年，你肯定能遇见一个，令你如意，令爸爸妈妈满意的"他"，我和你爸爸是深信不移的。因为，爸爸妈妈非常清楚，我们的女儿从各个方面衡量，都是最优秀的女孩，一定会有一个能配得上我女儿的优秀男孩在等待着你。

宝贝，爸爸妈妈希望你努力学好西班牙语，珍惜在外留学的每一天，学会照顾好自己，改善好生活，多吃水果，保重身体。与小伙伴们搞好团结，保证愉快每一天。时刻牢记：爸爸妈妈爱你，你永远是爸爸妈妈的宝贝蛋蛋。爸爸妈妈永远站在你身后支持着你！

最最爱你的妈妈
2006 年 1 月 5 日

28. 每逢佳节倍思亲

宝贝：

你一切都好吧！快过新年了，爸爸妈妈特别想宝贝蛋蛋。我们知道你也是非常非常想爸爸妈妈的。人们不是常说，每逢佳节倍思亲嘛，大概这就是人之常情吧！宝贝，这是你第一次，不能与爸爸妈妈一起过年。爸爸妈妈非常思念你，思念你的情感越浓，对你的期望也就越高。浓浓的思念之情里，眷恋着对你的疼爱和不舍，眷恋着对你的期望和祝福，期望这次出国留学能成为你人生中的里程碑，为你将来的事业奠定良好的基础，帮你攀登人生高峰筑起一道高的平台。相信你所吃的苦，你所经历的磨练将会逐步形成智慧和经验，帮扶你走向成功。祝福宝贝女儿春节愉快！吃好！喝好！玩好！一切都好！压岁钱爸爸妈妈给你存好。

宝贝，最近要考试了吧？压力大吗？要愉快地去学习，压力大的时候，展望一下未来，压力也许就会减少下来。不是 28 号再给你们中国留学生放一周的假吗？可以与同学们商量商量再去哪里玩，但一定注意安全。

宝贝，爸爸妈妈爱你，爱你甜甜的笑，爱你聪明懂事，更爱你要强、有事业心、求上进。

宝贝，再打电话时，爸爸妈妈就能共同与你通话了，高兴吧！哈哈！

时刻想念你的爸爸妈妈。
2006 年 1 月 20 日

29. 宝贝春节快乐

宝贝:

你好!今天是 24 号,是你论文答辩的日子,论文答辩的可好啊?我想应该是不错吧,因为我了解女儿是有一定口才的。今晚大使馆不是有活动吗?春节来临之即,特别希望宝贝能玩的开心。

宝贝,明天不就放假了吗?利用好放假的时间,合理的安排假期,尽量让自己过得有意义,有乐趣,有价值。人生应该是丰富多采的,诗情画意的。你们这个年龄是最美好的年龄,希望女儿每个梦都充满阳光,每天每日都过得开心,每个时期都富有人生的价值。

宝贝,爸爸妈妈在家一切都很好,爸爸在青岛很受尊敬,很多人去青岛看望你爸爸,很多的同学、朋友和学生给你爸爸接风、温锅。妈妈无论是工作还是生活都很顺心,今年妈妈单位是济宁市先进,妈妈是省里的优秀公务员并记功一次。爸爸现在放假回家在曲阜,再有四天就过年了,初一爸爸妈妈在曲阜过,初二爸爸妈妈去济宁看姥爷,初三爸爸妈妈去青岛新家,爸爸给海大老师拜拜年,妈妈利用假期在青岛给爸爸打扫打扫卫生,收拾收拾房子。初八妈妈上班,爸爸妈妈初七一起再回曲阜,爸爸十六开学时回青岛。

宝贝,你大概二月八日(初十一)开学,那时爸爸妈妈都在曲阜。宝贝,小“女神”在古巴尽量发挥最大神威,利用女神的威力,学好专业,感悟人生;利用女神的精神,多了解、多想、多思考、多写日记,回国后一定要出书。这一点不能变,要充满信心,要有毅力,决不能三分钟热度。为了更好地学习,还要培养良好的人际交往能力。日记不但要写在古巴的生活心得,还要多写一些中外在学习和教育方面的比较和对比,多观察一些社会现象,运用多种角度和方法,学会多思考一些深层的东西。这样会更有利于提高观察能力和分析问题的能力。

宝贝小女神,只要有时间,尽可能多走走,多看看,多照点照片,以后,每一张照片都会留下美好的回忆。上次你发给妈妈的照片,妈妈觉得都不错,如许愿玩具店、丛林、美丽森林、像脸的树、海边渔夫、哈大图书馆都很好，让人看了回味无穷。

宝贝，一定要把西语学好，为人生的下一步打好基础。宝贝，你是爸爸妈妈最爱，爸爸妈妈祝你春节快乐！永远幸福！

爸爸妈妈
2006 年 1 月 24 日

30. 期待着女儿的成长与进步

宝贝女儿：

得知你论文答辩得了 5 分（满分），爸爸妈妈别提多高兴了，心里真的是美滋滋的。这是我们 06 年春节收到的最大、最称心、最满意、最如意的礼物。这个礼物价值非凡，意义重大。爸爸妈妈与女儿一起分享了女儿成就的快乐，也会想象到你的拼搏和付出的努力。成绩固然重要，但更重要的是你要在学习过程中总结学习经验和规律，感悟进步的快乐，以便于在以后的学习中能够锦上添花。爸爸妈妈爱宝贝女儿！我们的女儿是最棒的！我们的女儿会一年更比一年强！

宝贝女儿，虽然你没能与爸爸妈妈一起过春节，但三十、初二爸爸妈妈都和心爱的女儿通了电话，听到了女儿的春节祝福，知道我们的宝贝在国外非常的努力，并取得了很好的成绩，爸爸妈妈已经很满足了。对我们的宝贝女儿来说，06 年的春节虽然你没能与爸爸妈妈一起过，但对女儿而言，能够在世界的西半球度过中国传统的新春佳节，这也是女儿人生中，很有纪念意义的一个春节。它将会给你留下人生中最难忘、最美好的回忆。

随着国家的强大和对外交流的增加，春节作为中国传统的节日，正在不断传播到世界的每一个角落，海外华人和中国留学生则是重要的传播者。中外文化的交流和文化的全球化将会不断演奏新的历史乐章，而在全球化的浪潮中，中国将会和平崛起，为世界的发展做出积极的贡献。因此，宝贝女儿，你们在国外学习，不但承载着家长对你们的殷切希望，更担负着祖国对你们的深厚重托。屈原曾经发出了"路漫漫其修远兮，吾将上下而求索"的哲理感怀；而对于你们来说，未来的人生之路更需要你们脚踏实地，既要积极进取，又要步履坚定；既要展望未来，又要立足现实；既要眼观六路耳听八方，以 360 度的全方位视角高瞻远瞩，促进辐射思维和辐集思维的交叉融合，又要在专心致志中对时间和精力进行高度的聚焦，以形成强大的穿透力和创造力。

爸爸妈妈相信并期待着女儿的成长与进步。

先谈到这里，下次再叙。祝女儿快乐、进步！

最最爱你的爸爸妈妈
2006 年 1 月 31 日

31. 付出和收获成正比

亲爱的宝贝：

你好！看了你给爸爸妈妈的来信和你最近写的日记，妈妈有很多的感受。宝贝女儿在异国他乡求学，吃了很多苦，付出了很多的努力，爸爸妈妈真的是很心疼女儿，但女儿表现的确很坚强，展现出来的思想永远是那么的阳光！展现出来的内心世界永远是那么的乐观！爸爸妈妈又真的是很高兴！很高兴！最为高兴的是 06 年春节虽然宝贝不能在爸爸妈妈身边陪伴，但爸爸妈妈收到了宝贝女儿最珍贵的新年礼物。女儿论文得了满分，这个礼物让爸爸妈妈格外的欣赏。满分凝聚着女儿辛勤的付出和最大努力的拼搏，它来之不易；满分凝聚着自己百分之百的真实水平和能力。它让你对自己的内在潜力，有了进一步了解和认识。所以，人生应该是有目标的，有理想的。只要目标和理想在，就会调动自身内在的潜力并将自身内在的潜力激发为外在动力；只要为目标和理想去付出，就一定会获得满意的效果。这就是规律。

宝贝，你出国留学已经好几个月了，这期间有两个重大节日：即元旦和春节。尤其是春节是最想家的时刻，离家在外，没有新衣服可装扮，也没有年夜饺子可吃，有的只是思念！对中国的思念！对家人的思念！对爸爸妈妈的思念！对同学、朋友的思念！你把思念的思念都寄托在大使馆转播的中国春节晚会上。春节晚会你看得是那么的详细，如此地富有感情。爸爸、妈妈、宝贝《吉祥三宝》给了你在家、在爸爸、妈妈身边的无限美好回忆！此时此刻，爸爸妈妈和你的心情一样，都处在思念的极限上。宝贝你已经坚强地度过来了，妈妈也觉得你不但是一只"强"小鸟了，而且还是一只很会适应环境的"能"小鸟。爸爸妈妈爱你——可爱的"乖"小鸟！

宝贝，留学的前三分之一，你是成功的，各个方面都表现的非常优秀。此次的留学生涯，还剩有不到三分之二的时间，爸爸妈妈希望你能继续发扬坚强、拼搏的进取精神，继续保持良好的乐观心态，把学业学好、学精、学透。宝贝女儿请你记住"世上无难事，只要肯登攀"。只要有人生的目标，并为之去努力，就一定能实现目标。一定！一定！

宝贝，妈妈非常赞同你打算与西语国家的学生住在一个宿舍的想法，不知你现在申请了没有？同西语国家的学生住在一起，可能会象你预测的那样，会出现这样或那样的问题，但吃住在一起，毕竟是学语言的好环境，你们异国他乡千辛万苦地在外求学，目的不就是把语言学好吗？不能怕出现问题，就不敢去尝试。即使出现一点问题，也是很正常的。因为国家不同，同学之间想的、做的也会有差异，主要是你自己要有思想准备，要时刻学会保护自己，学会及时解决问题和处理问题的能力，学会在任何情况下都能生存的本领。

最后祝宝贝女儿，新的一年里，有新的成就。万事如意！心想事成！开心愉快！

最最爱你的爸爸妈妈
2006 年 2 月 13 日

32. 想念宝贝

亲爱的宝贝：

你一切都好吗？爸爸妈妈特别想你！特别特别想你！

新的学期开始了，你们学习的科目可能也增加了吧？你一定要学会照顾好自己，健健康康、开开心心地把学业学好。宝贝你出国学习已经在外度过了接近一半的时间，再过三、四个月就能回国了，就能回家了，就能和爸爸妈妈团聚了。只要你在国外过得愉快，时间自然就会显的快一些，快乐会使你的生活富有意义，有意义的生活伴随着你，自然也就会缓解一下对家的思念之情。所以妈妈要求你一定要生活的健康快乐！开心每一天！

你是家里的重要一分子，爸爸妈妈也很愿意把心里的话讲给你听。你现在已经成熟了很多，从现在开始，就要逐步学会分析问题和解决问题的能力。当你遇到棘手问题的时候，一定要与爸爸妈妈商量，爸爸妈妈是你永远的坚强后盾。当爸爸妈妈遇到的棘手问题时，也一定会很认真地听听你的观点和看法，你要学着帮助爸爸妈妈分析和解决问题。别忘了，你永远都是爸爸妈妈的希望和精神支柱。你是爸爸妈妈的最爱！

今天妈妈就给你说到这里，有话妈妈会随时说给你听。妈妈是宝贝女儿最亲的妈妈，又能成为宝贝女儿最知心的朋友。妈妈愿意随时能听到宝贝女儿的心声。女儿好好学习，天天向上哦！

最最爱你的爸爸妈妈
2006 年 2 月 15 日

33. 爸爸妈妈的骄傲

亲爱的宝贝蛋蛋：

最近好吗？一定很想爸爸妈妈吧？爸爸妈妈很想我们的女儿！

上周的电话得知，爸爸妈妈给你的信，因网络问题打不开，没能看到。没关系，等网络方便时再看好了。

宝贝你上次电话谈到这学期有选修课，你想选修新闻专业，妈妈觉得很好，妈妈支持你，新闻专业是你所喜欢的，也是适合于你的，你在新闻、写作方面还是很有特长的。将来当个驻外使官，做个西语国家的新闻记者什么的多好呀！

宝贝，妈妈希望你在哈瓦那留学期间，能多打听、多咨询一下，去西班牙留学研修硕士的一些相关信息,如:西班牙哪个学校好?学什么专业最合适?是否需要提前联系?怎样联系?等等。毕竟从古巴去西班牙留学的学生很多,妈妈希望有机会你能去西班牙读研。至少应该做好这方面的准备,因为你好象更适应国外的教学方式。只要宝贝你愿意,爸爸和妈妈会大力支持你,咱家也有这个经济条件。宝贝努力吧!妈妈今天搜索了西班牙留学网,看到了一些小信息,妈妈放在附件里了,有空你就看看。

宝贝,最近一段时间,妈妈晚上一直在看韩剧——百万朵玫瑰,是一部很好看的情感魅力电视剧。讲的是四对恋人喜、怒、哀、乐的恋情故事。好长啊!但真得是特别特别好看。你以后回国了有机会也看看吧。妈妈经常跟着剧情哈哈大笑,也经常跟着剧情掉眼泪,故事很感人的。

宝贝在外要多长个心眼,学会保护好自己,学会照顾好自己,多学点本领,增长更多的才能,让爸爸妈妈骄傲!让爸爸妈妈放心!

最最爱你的妈妈

2006 年 2 月 21 日

34. 爸爸、妈妈、宝贝吉祥三宝

宝贝:

你好!明天又是一个新的星期天了,妈妈又可以和你通电话了。爸爸妈妈想你!

宝贝这学期学习紧张吗?学习、生活都好吗?你在外留学时间已经度过了一大半了,还剩有三个半月的时间。在你已度过的一大半时间里,宝贝你是成功的,也是充实的。剩下的三个半月,宝贝你要好好地把握。开心、充实地度过每一天,爸爸妈妈相信我们的宝贝女儿,一定会带着成功、带着喜悦、带着骄傲笑到最后!爸爸妈妈会给你加油哦!

努力吧!宝贝!发挥你全身的潜能,展翅飞翔吧!

最最爱你的妈妈

2006 年 2 月 25 日

35. 宝贝加油

亲爱的宝贝：

　　你好！每次阅读你的来信，都是一种精神享受。有喜悦、有兴奋、有自豪，还有最亲的疼爱！无限的想念！面对你今天的进步和能力的展现，爸爸妈妈真的是很欣慰，也很自豪。

　　你在与同学的交往中，让对方感觉到了真实和客观，容易接受，这就是处理问题的能力。能力之中凝聚着智慧、艺术、技巧和水平。这一点应该说你得了妈妈真传。妈妈今后不再为你的能力而担心，妈妈相信将来无论遇到什么问题，你都会处理的很好。妈妈放心了！妈妈很开心！

　　宝贝诚意邀请爸爸妈妈去古巴，让我们感受一下真正的加勒比风情。爸爸妈妈非常感谢女儿的一片孝心，也完全相信我们的女儿有这个能力，爸爸妈妈谢谢宝贝女儿了。问题是目前的时间还不允许。首先，爸爸这学期海大有课，"人才开发学"每周好几节课，在海大这是爸爸给学生们上第一学期的课，而这课暂时别人还代替不了，又不能给学生停课；其次，妈妈作为单位的主要负责人，请一天假也要济宁"一把手"批准。因此，爸爸妈妈目前的时间都不宽松，去古巴的条件也不成熟。爸爸妈妈虽然不能去古巴，但爸爸妈妈心里暖洋洋的，比吃蜜还甜。将来有一天爸爸、妈妈、宝贝吉祥三宝，我们肯定会走向世界的各个风景区。那时你可要当好向导和翻译哦！女儿责任重大呀！希望寄托在你的身上了哦！

　　宝贝这学期你自己的时间相对多一些，一定要合理地掌握和运用好自己的时间，尽量多学点，多写点，多看点，多做点对自己学习有利的事情。当然，也不要有太大的压力，只要做到时间没有浪费就行了。

　　宝贝妈妈希望今后剩下的三个月，你思想上、认识上能有更大的提高！学业上能有更大的进步！

　　妈妈更希望你：本领大大，能力强强，朋友遍天下！每天都有好心情，笑口常开！祝福你：狗年吉祥！你的人气，旺！旺！旺！

最最爱你的妈妈
2006 年 2 月 28 日

36. 参赞评价

亲爱的宝贝：

你好吗？一定很想爸爸妈妈吧！爸爸妈妈也很想宝贝蛋蛋！

今天早晨七点北京语言大学党委孔书记往咱家打电话，我们的通话大约有半个多小时，主要是谈她去古巴的情况。她说在古巴见到你的时候，感觉很亲！本来想和你单独见见面的，但她考虑再三，还是没有和你单独见面，但她还是很关心你的。她告诉我，她侧面了解了驻古巴大使贺参赞关于你在古巴各个方面的情况，贺参赞对你评价挺高，说你挺漂亮、文静、懂事、大方、懂礼貌、各个方面都表现的不错，尤其是说话时总是笑嘻嘻的，给人的印象很好很深，是个很优秀的学生。孔书记说你去古巴后，懂事了许多，进步了许多，大使馆对你的评价也很高。这些都是在你出国之前，她没有想到的。随后，孔书记又问到了关于你下一步考研问题。我告诉她，现在还没有确定，原来想在国内读研，现在孩子喜欢西班牙语，喜欢说西语的国家，很想出国去西班牙读研，想在外面的世界闯一闯。同时我告诉她，无论是在国内还是在国外读研，只要是孩子自己拿定的主意，我和她爸爸都会大力支持孩子。最后，我还告诉孔书记，说你在外留学期间，利用业余时间写了十几万字的日记和留学心得，回国后准备出书，她听后很惊讶！很赞同！并说你是一个很有心的孩子，她希望她能成为你的第一个读者。

宝贝，咱家的君子兰花，好几年没开花了，几年前老君子兰根部就发出了好几棵小君子兰。今年特别"长脸"，老君子兰上面冒出了一支大花箭，花箭上顶着 22 朵花（刚刚数的），小君子兰中的其中一棵，一点也不示弱，跟着也冒出了一支小花箭，花箭上顶着 7 朵花，花的朵数虽说少一点，但小君子兰箭上的每朵花和大君子兰箭上的每朵花是同样大、同样美、同样的让人喜欢。怎么样呀？孩子！不错吧？看来今年咱家是——好事成双！好事连连！大君子兰、小君子兰都开出了鲜艳夺目的花。宝贝知道吗？在妈妈心中你和爸爸就像大君子兰和小君子兰一样，一定会开出令妈妈心花怒放的两朵

——亮花！妈妈在期待中。

最最爱你的妈妈

2006 年 3 月 12 日

37. 古巴人的民族气质和精神

亲爱的宝贝女儿：

你好！近来一切都好吧！爸爸妈妈非常想念你！

宝贝，从你对古巴人的评价中，妈妈有三点体会：

一是对古巴人的特点、风格、民族精神以及风俗人情描述的很逼真，很到位，也很有情趣。即使从没有去过古巴的人，看了你对古巴的评价，顿时会感觉挺熟悉古巴的；原来对古巴略知一、二的人，也会对古巴有重新的认识和转变。转变那种从外表看上去黑黑的、野野的、穷穷的外在古巴印象，重新认识到古巴人的乐观、坦率、知足的那种内在的民族气质和精神。

二是从你对古巴人的评价看到你对事物观察的敏锐度。要准确无误的了解某一种事物，必须有心。有了心，心必须要细。只有细致的心加上自己的分析能力，才能把事物看透、看准。

三是你看问题的角度已经趋向成熟化，能够通过外表看本质。这不是每个人都能做到的，也不是一开始就能做到的，它与人的心态、思维、看问题的角度和人的综合素质都是密不可分的。自你出国后，爸爸妈妈就确信你已不是从前撒娇耍赖装小婴儿的幼稚小孩了，事实证明目前的你，是一个可以让爸爸妈妈放心并能撑起一片天的小雄鹰了！！！爸爸妈妈是很高兴的哦！

宝贝，今年国家公务员又可以休"公休假"了，工作 20 年以上的可以休 15 天，妈妈准备从 2006 年 7 月 17 日——2006 年 7 月 31 日休假。那个时候你和爸爸都放假了，我们一家三人一定要下决心出去旅游一次，爸爸妈妈宝贝吉祥三宝一定会玩得很开心。一定会的！

至于想将留学心得日记用汉语和西语各出一本书的问题，想法很好。待爸爸与出版社落实后再给你答复。

235

宝贝上次电话你谈到，面对众多追求者的心烦和无奈。妈妈觉得有人追求应该是好事。你有吸引人的地方，别人才会欣赏你；你有出众的地方，别人才会迷恋你；你有值得别人追求的地方，别人才会执著大胆地追求你。但是，别人的欣赏、迷恋、追求，这些都是他们的权利，我们没有能力抑制、控制或限制他们的权利，但我们有自己的标准和原则，有自己的做人规则。有众多的追求者追求着，说明你人优秀，不应该心烦，应该自豪！面对有众多的追求者，不能迷茫，应该认真筛选，筛选出最合适于自己、最般配于自己的那一个。对不合适于自己的追求者，首先应该感谢人家的欣赏和爱慕；其次应该妥善拒绝，善于巧用言辞，注意语言技巧，尽量不要伤害人家的自尊，达到成功拒绝。人家有追求你的权利，你有拒绝的权利，更有挑选、选择的权利。应该抛去无能的无奈，用自己的标准去选择，用自己的眼光去赢得人生婚姻的幸福！宝贝，幸福主宰在自己手中！妈妈相信你的眼光！相信你的主宰能力！你能行的！相信自己！

爸爸妈妈一切都很顺利，你就放心吧！

别忘了，中国时间星期六上午 10 点妈妈给你打电话。

最最爱你的爸爸妈妈
2006 年 3 月 16 日

38. 君子兰繁花似锦

亲爱的宝贝：

你好吗？你是爸爸妈妈永远的心肝宝贝！

今天家里的君子兰花开的更漂亮了，大君芝兰花和小君子兰花基本上都开开了，非常好看。妈妈照了几张照片传给你，感受一下家的情景。这盆君子兰花会带给你好运的。

天天想念你的妈妈
2006 年 3 月 19 日

39. 妈妈今天的照片

亲爱的宝贝：

你好！今天妈妈照了几张照片传给你。爸爸回青岛了。4月初妈妈再去青岛时，爸爸妈妈一起多照几张照片，再多拍几张现在青岛的家的图片传给你，看看你现在青岛的家是什么样子。爸爸妈妈对现在青岛的家，还是比较满意的。地理位置是青岛最好的，是青岛香港东路的海景房，楼层也不错，阳光非常充足。添置的家具不多：一组五门的大衣橱；一张一米八的大床；四组通体书橱；还有买给你的很秀气的写字台。没有过多的装修，厨房和卫生间是海大已装修好的，我们只是买了一些家具，铺了木地板。室内的格调注重素朴与高雅的结合，妈妈又添置了几样高档的工艺品，由它们一点缀，真的很不错的哦！爸爸说你回国后，今年的夏天，让你大部分时间都在青岛过，因为青岛凉快。

亲爱的宝贝，妈妈天天期盼你快乐和幸福！你是爸爸妈妈的希望。爸爸妈妈永远为你骄傲！为你自豪！爸爸妈妈也会时时刻刻为你加油！

最最爱你的妈妈
2006 年 3 月 19 日

40. 小鸭鸭，找妈妈

亲爱的宝贝：

你好！妈妈天天数着你回家的日子，再有五十来天就该回家了，就能回到爸爸妈妈身边了，爸爸妈妈真的好想好想你——我们永远的宝贝蛋蛋。等你回到中国，回到家里，回到我们身边，爸爸妈妈给你买好多好多你喜欢吃的。给你啦啦搀，弥补一下在古巴缺吃少喝的损失，解决一下吃的欲望。

宝贝，越是要回国了，就越要在各个方面多加注意一些。要注意人、财、物的安全，要保重身体健康，要与同学们处好关系。

宝贝，只要时间能安排开，尽量多出去走一走，看一看，玩一玩。古巴那么穷，以后妈妈不忍心再让你去那么穷的地方了。所以妈妈希望你多了解一些古巴，让古巴多留给你一些美好的回忆。但无论到哪里去玩，都必须注意安全，有同学为伴。

宝贝，好好珍惜剩下的五十多天的海外留学生活，抽空多看看英语，把古巴的学习任务完成好，做好最后的冲刺！记住妈妈所说的：一定要笑到最后！带着微笑！带着喜悦！带着收获！带着自信！凯旋而归！爸爸妈妈热切地盼望着宝贝的归来！

小鸭鸭，找妈妈！嘎——嘎——嘎，我的孩子呢？

嘎——嘎——嘎，我在这里呢！

最最爱你的爸爸妈妈
2006 年 4 月 10 日

41. 吃苦是人生一种非常重要的阅历

亲爱的宝贝：

你好！爸爸妈妈爱你！更想你！

宝贝，你上次发给爸爸妈妈的信，可能是网络的原因，爸爸妈妈都没有收到。但爸爸妈妈都看了你发在网上的日记，了解了你在古巴的现实生活，唉！社会主义的古巴实在是太落后了，由于国家落后，导致你们的留学生活苦不堪言。妈妈看了后，很是心疼。心疼我们的宝贝吃了那么多的苦。孩子你辛苦了！但万物都是平衡的，没有白吃的苦。你今天吃的苦，一定会为你今后的发展搭建起一道高的平台，你所吃的苦，也将会成为你人生中的一种丰富的阅历，它能帮助你提高人生的定位。妈妈心疼女儿的同时，更多地是敬佩。敬佩你和你的同学们表现的那么坚强，敬佩你和你的同学们在艰苦的环境下表现的那么乐观。你们都非常非常的"棒"。

宝贝，上次电话里，你告诉妈妈，你在义卖的过程中，感悟到了一些经商的理念，挺好，人是需要掌握多项技能的。技能的高低，标志着人生存质量的高低。艺多不压身，妈妈希望我们的女儿能掌握多项技能。

宝贝，再有五十多天就该回国了，越是到了非常时期，就越要谨慎。各个方面都要倍加细心，保护好自己，照顾好自己，健健康康。照看好自己的物品，处理好与各个国家同学的关系。

宝贝，不喜欢的东西，该卖的卖，该处理的处理，该送人的送人。妈妈去机场接你的时候会给带去你需用的衣服和物品，还有鲜花！等你回国后，妈妈决定带你去买几件高档一点的服装，我们的女儿大了，也成熟了，进步了，算是妈妈对女儿的奖励吧！哈哈！

宝贝，爸爸妈妈除了想女儿之外，一切都很好，也很幸福。妈妈过去常告诉你，幸福，在不同的时期，不同的环境，有不同的定义。简单说，幸福就是"自我满足"，比如今天的爸爸妈妈就感觉很幸福。因为，面对女儿的成长和进步，爸爸妈妈内心有一种无比的满足，这种精神上的满足，让爸爸妈妈非常非常的幸福。还是那句老话："两个儿子，不，一百个儿子也不换我们的宝贝女儿"。女儿呀！努力吧！爸爸妈妈以后就跟着你享福了！

亲爱的宝贝，今天妈妈就说到这里。妈妈爱你宝贝蛋蛋！

想你爱你的妈妈
2006 年 4 月 17 日

42. 妈妈的好孩子

亲爱的宝贝：

你好！上周玩得高兴吗？又过了一周，真的是很快哦！

宝贝，再过三十几天，你就回国了，想想你很快就能回到爸爸妈妈身边了，爸爸妈妈心里很高兴！也很激动！爸爸妈妈盼望着！盼望着！

宝贝，可能是想你的缘故，这几天，你儿时的情景，经常在妈妈脑海里盘旋，儿时的你，时常浮现在妈妈眼前。妈妈记得三、四岁的你，娇小瘦弱。妈妈天天盼着你能强壮起来，因此，每天吃饭的时候，妈妈都会问你："宝贝，妈妈喜欢什么样的孩子呀？那时的你就会乖乖的说，大口吃饭的孩子!"很快上学了,妈妈又天天盼望着你长大能考取名牌大学。因此,每天早晨你离开家门去上学时,妈妈又会问,"宝贝,妈妈喜欢什么样的孩子呀?"这时的你,很明白妈妈的想法,就会乖乖地并且大声地说:"好好学习的孩子!"从小你就给了爸爸妈妈好多的快乐和幸福!今天妈妈想告诉你,你从小就很听妈妈的话,很孝顺,是爸爸妈妈心目中的好孩子。宝贝,知道吗?好孩子的标准,随着你的成长和进步,也会不断升级哦。宝贝有信心吗?今生今世,永远做妈妈心目中的好孩子!妈妈可是对你信心百倍哦!

宝贝,这几次你发的照片都很漂亮,妈妈很喜欢。妈妈觉得你坐在船头、年轻,有什么不可以,几个人的合照,那几张照片所穿的那件发亮带花背心很好看。给人感觉很雅,很有气质。

宝贝,中国时间星期六上午十点,妈妈给你打电话。五一妈妈放七天假,放假后妈妈去青岛,再把青岛的家收拾收拾,你回国后的这个夏天,大部分时间安排在青岛过。青岛还是很养人的。这个夏天妈妈有公休假,七月中旬我们全家去旅游半月。至于我们全家去哪里旅游,等你回来后,我们再商量。

宝贝,爸爸妈妈爱你!想你!希望你一切都好!

最最爱你的妈妈
2006 年 4 月 26 日

43. 应该为自己而自豪

亲爱的宝贝:

你好!知道吗?妈妈好想好想你!

宝贝,昨天的通话,电信网络效果实在是太差了,特别影响我们母女俩的心情。妈妈昨天往古巴要了数次电话,5 次要通,4 次不清楚,只有 1 次清楚,还无故断线。本来妈妈看的你的来信后,知道你的考试已经全部结束,而且知道了部分成绩非常不错,所以,很想多听女儿说些话,说些有关考试的情况，说些考试结束后的活动计划。妈妈也想给女儿说很多的话，想告诉女儿，妈妈从宝贝的成绩中所分享到的喜悦，想告诉女儿，越临近回国越要细心和谨慎！但由于电话线路不好，不是你在那边听不见，就是我在这边听不清，打了40多分钟电话，很多想要说的话，也没有说清楚。当时那个让人着急呀！妈妈怕你等电话时被蚊子咬，担心你等电话等的心烦。所以妈妈不停地往古巴拨着电话号码，拨呀！拨呀！唉！实在是太无奈了！古巴就是这样，有什么办法呢！（妈妈深深地体会到了什么是受外在因素的制约）。

宝贝，你的微笑，迎来了阳光的灿烂。你的付出已经得到了真实的回报，你优异的学习成绩就是最好的见证，你是有能力的！妈妈非常非常高兴，妈妈更为你自豪。你没有辜负爸爸妈妈的期望，应该说你笑到了最后，笑的是那么的自然和谐，笑出了你潜在的能力。现在妈妈就等着你的凯旋归来。宝贝归来的时刻，站在爸爸妈妈眼前的时刻，一定一定非常激动。妈妈在期待中……

宝贝孩子，晒黑了，吃胖了，这些都没有关系。回来后，妈妈会认真帮你制定一个最有效的解决方案，确保你在两三个月内，迅速解决黑和胖的问题，请相信妈妈，两三个月后，你一定能恢复到出国前的面貌。亲爱的宝贝，放心吧！爸爸和妈妈已经商量好了，你回来后，这个夏天，大部分的时间安排你住在青岛新家，以吃海鲜为主，鸡、鸭、鱼为辅，每天保证两三样水果，天天都吃西瓜和甜瓜（西瓜和甜瓜、杏、黄瓜）都有很好的减肥效果。每天下午太阳落山后，就与爸爸去爬青岛家后边的浮山。出了家门5～6分钟就到浮山脚下；5～6分钟也可以到家前面的海边，每天都可以去海边买海鲜，海鲜都是活的，非常新鲜。有些海鲜的品种你可能和妈妈一样，根本就没有见过，更叫不上名来。吃海鲜、吃水果，尽量不吃或少吃甜食和猪肉，从根本改变你在古巴的饮食结构，再加上适量的爬山和游泳，晚上和爸爸妈妈一起看看电视，妈妈保证两个月后，你肯定能掉10几斤肉肉。我的宝贝女儿，你就放心吧，妈妈会和你的心情一样，会想办法尽快地、尽最大努力地找回你那苗条的身材！找回你那与众不同的高雅气质！找回你那闪耀着光辉的形象！

　　宝贝女儿，爸爸妈妈6月4日会赶去北京，6月5日爸爸妈妈会手捧鲜花在机场等待着你的出现。妈妈会给你带去你需要的衣服，会在北京给你买几套高档一点，你喜欢的衣服。亲爱的孩子，你在妈妈心中永远是最美的！永远是最可爱的！千万不要因为暂时的一点黑，一点胖而烦恼和郁闷。有失必有得。宝贝呀，你仔细地想一想，你失去的毕竟是暂时的，也是很快可以失而复得的。你得到的却是尊重、爱戴、能力的认可。你所得到的这些，是别人想都不敢想的，可以说有些人一辈子都难能得到。亲爱的宝贝，你那么聪明，应该懂得孰轻孰重！你应该高兴，应该为自己而自豪！

　　亲爱的宝贝，没有特殊情况，妈妈这周日上午十点给你打电话，再有十几天就能见的爸爸妈妈了，宝贝，加油！爸爸妈妈爱你，盼望着见面时刻的到来，爸爸妈妈会在生活上，精神上好好补偿补偿我们的心肝宝贝！宝贝，一切保重！

爱你想你的妈妈
2006 年 5 月 14 日

44. 燕子要飞回家了

亲爱的燕子宝贝：

　　你好！妈妈的宝贝终于可以回家来了，妈妈想想在机场拥抱宝贝孩子的时刻，别说，心情还真有点激动哦！爸爸妈妈很想很想你！

　　宝贝，你在外虽然非常非常地辛苦，非常非常地不容易，但你却是一个开心的胜利者、收获者。可以说，你是满载着喜悦的心境、丰富的阅历、各国真情朋友的祝福凯旋而归的。妈妈真的是好高兴好高兴的！

　　宝贝燕子，妈妈这是给你往古巴写的最后一封信了，估计这封信你还能看到，因为你在电话里告诉妈妈，你回国前还要再上最后一次网。妈妈借这次写信再嘱咐你几句：一是细心照顾好自己，让妈妈放心；二是处理好各个方面的关系，该打招呼的打招呼，该辞行的辞行，要学着象个大人；三是回国的行李和自己的物品，要提前几天打包，要留心看好，做到任何事情都有条不紊；四是确实喜欢的饰品和其他看中的东西，即看好了，又觉得划算，该买就买吧，钱是人挣的，不要疼钱。

宝贝，妈妈还想借此信，给你商量商量，我们能不能从北京机场接到你后，直接回青岛的家呀？因为爸爸六月初有研究生毕业论文答辩，爸爸和妈妈一样的想你，又很想在第一时间里见的亲爱的宝贝，爸爸又一定要和妈妈一同去北京接你。如果宝贝你同意，而且学校也允许可以直接回家的话，就好了。如果能直接回青岛的家，妈妈准备 6 月 3 日先去青岛，把你当前要穿的衣服也捎到青岛的家里，6 月 4 日爸爸妈妈从青岛去北京，6 月 5 日早上我们就去北京机场等候你的归来！回到青岛的家后，也住不了多久，你就又得返回北京考试了。等你考试完后，妈妈就有公休假了，好好陪陪我亲爱的宝贝女儿。

宝贝，爸爸妈妈特盼与女儿见面和拥抱的时刻。别忘了，中国时间周二（5 月 30 日）上午 10 点，妈妈给你打电话。

小燕子，飞呀飞，快快飞，飞到北京来！

小燕子，飞呀飞，快快飞，飞到爸爸妈妈身边来！

小燕子，加油！加油！

等候小燕子归来的妈妈
2006 年 5 月 23 日

45. 选择

乔珊：

妈妈这里有几句话一直想说，但又不知用什么方式你才能真正听进去。妈妈想来思去，决定给你写这封信。

宝贝爸爸妈妈非常非常地爱你，爸爸妈妈对你的百般呵护应该是体现在结婚前的成长阶段。爸爸妈妈给了你一个幸福的童年，让你体会到了青少年阶段成长过程中的快乐。因为爸爸妈妈懂得怎么去爱你，也有这个能力给你爱。你从父母这儿得到的爱，不是每个孩子都能享受到的。有的家庭想爱没有能力，有的家庭有能力却不懂得如何爱。因此，爸爸妈妈为有能力给你爱而感到骄傲！也为你能在充满爱的环境里健康成长而感到欣慰！今天爸爸妈妈的宝贝长大了，不知不觉你到了谈恋爱的年龄。这个时期是人生的一个转折时期，也是人生的一个非常时期。爱的人选择对了，是一生的幸福，否则也会痛苦一生。爸爸妈妈特别关心你所选择的爱人，你是应该理解吧？这也是爸爸妈妈对你爱的一部分。

宝贝，你在爸爸妈妈心目中是有能力、有原则、有标准的孩子。爸爸妈妈非常非常地信任你。你的眼光、你的标准基本上可以取代爸爸妈妈的眼光和标准。在选择对象上一定要本着对自己负责的态度，真实地对待自己，真实地分析和评价对方，理性地分析和思考你所爱的人的优缺点。当然，人无完人，尤其是对方的缺点，你要冷静地想一想，今天、明天、将来是不是都能够容忍和接受。这些都是非常重要的！它关系到你一生的幸福！爸爸妈妈相信你的眼光，只要是你慎重选择的，爸爸妈妈会支持你，也会无条件的认可。爸爸妈妈也会象疼你爱你一样地疼他爱他。爸爸妈妈的最终目的是希望你一生幸福快乐！

妈妈
2007 年 6 月 9 日

46. 慎重选择

乖乖：

关于以后的发展，爸爸相信你能够从未来发展的长远眼光出发，积极而又慎重地做出未来生涯的选择。我认为，如果可能，还是先读学位，如果能够一气呵成，是最好不过了。诚然，有少数的博士学成了书呆子，但是，爸爸相信你的素质和能力，即使读了博士，也不会学呆学傻的。在这一点上，不要和别人简单地相比，不妨可以与自己比一比。比如说，你现在已经德才兼备，假如在此基础上，能够在学历上锦上添花，就等于如虎添翼，就具备多种发展的可能性。假如继续读学位，就要力争读最好的学校，读自己所喜欢的专业。

此外，你一方面要尽可能多了解一些相关的就业和深造的信息，另一方面，也可以多向一些德高望重的专家和领导请教，见贤思齐，要不耻下问，勤学好问，坚信自己每天都在进步。

乖乖，爸爸对于你在择业方面，也许不能直接为你进行决策，但相信你能够依靠自己的智慧和力量，你要相信自己，你并不孤独，你可以广开智力资源，借力发展，但无论选择什么，都需要智慧和勤奋，都需要持之以恒的探索精神，要有事业心。

祝福宝贝！

爸爸

2008 年 2 月 18 日

（备注：女儿 2007 年北京语言大学本科毕业后，入西班牙加泰罗尼亚理工大学，跨专业攻读人力资源管理专业硕士。在硕士毕业前，面临就业还是读博的选择，我们一方面鼓励女儿继续深造，一方面充分尊重女儿在人生重大选择方面的自主权。）

47. 有条不紊张弛有序

燕子：

参加工作是一件很有意义的事情，其意义不在于得到了工作的报酬，而在于得到锻炼的同时，在一定程度上实现了人生的价值。但有一条基本的规律就是，大凡刚就业的年轻人，一般开始的时候都具有对工作的热情、好奇、兴奋和暂时的满足，但过了三个月乃至半年以后，很多人就会产生一定程度的职业倦怠，唯有意志坚韧者才能够坚持不懈。

外国的文化和风情习俗与中国不同，要注意中外的相同点和不同点。其中，事要多知，话要少说，要注意说话的场合、对象、时间和情境，还要注意商业秘密的保守，要尽量做好调查研究工作。所谓知己知彼，百战不殆。

尽量到最好的大学读博士，如果无法实现，也可以先在实习的同时，看看是否能够在职读本校的博士。

往者不可谏，来者犹可追！

爸爸
2008 年 2 月 20 日

48. 尽量把问题想的周到一些

孩孩：

你这几天工作怎么样？还习惯吗？爸爸虽然很相信女儿的才能，但是还要叮嘱一些需要注意的问题。

第一，把问题想得周到复杂一些。参加工作，尽管说是实习，但也意味着踏入了社会，社会上什么人都有，什么事都可能遇到，一定要有充足的思想准备，尽量把问题想的周到一些，想的复杂一些，不要把问题简单化，辩证法还是非常管用的。

第二，安排工作一定要有余地，提前计划好，力求有条不紊，扎扎实实，步履稳健，既有千里马的开拓，但首先需要老黄牛的稳妥和扎实。

第三，再就是与异性同事一起工作，尤其需要注意保护好自己。按照一般人际交往的技巧，异性之间必须保持一定的距离，一般要相隔一米以外。在一起可以谈工作，但不要轻易谈生活和情感问题。遇到一些不拘小节的同事，可以把话题及时转移到工作上来，或者找个理由告辞，或者下"逐客令"。

积极进取与稳妥和谐统一起来，把理论与实践紧密联系起来，要时刻想着自己的理想。

爸爸祝福女儿！

爸爸
2008 年 2 月 28 日

49. 学会生存

乖乖：

　　看了你的来信，得知你要和老师同学们接受生存考验，在这里先给你加油了！学会野外生存，目的不在于在野外生存，关键的是要从中理解生活，理解人生面对生存困境的时候，要有坚韧的意志，敢于面对困境，克服困境，走出困境。为此，平时有必要适当的接受生存考验，如同日本经常演习防震一样。通过野外生存训练，一方面可以激发自己的生命潜能，可以锻炼自己的信心，可以磨练自己顽强的个性和坚韧的意志，可以促使自己学会和掌握在特殊情况下的生存本领，也会进一步体验人生，认识人生，丰富人生。

　　沧海横流，方显出英雄本色！爸爸妈妈期待着……

爸爸

2008 年 3 月 27 日

50. 老当益壮

燕子：

　　星期天下午，利用自学（我当时在中央党校参加中组部、中宣部、教育部、解放军总政治部和中央党校五部委联合举办的培训班）的时间，我们学员一行七人去了香山，走的羊肠小道，走到半山腰，就可以直接到植物园了。植物园里梅花盛开，游人如织，真是初春的生机勃勃！各种草儿树儿都在与时偕行，充满了生命的气息，欣欣然，山真的朗润起来了，大自然真的拥抱春天了！

　　赶上周末，各种车辆很多，好不容易回到党校，自助餐已经快结束了，我们匆忙之间简单地吃了一点，就各自回宿舍了。我回到宿舍又填完了一个非常复杂的表格。

哈哈，老爸老当益壮，还能够登山，感觉还不错。

注意休息，多睡点觉。

爸爸
2008 年 4 月 5 日

51. 专业选择

孩孩：

关于选择学校和专业的问题，要多向专家咨询，然后反复推敲、比较斟酌，再拿出自己的意见。斟酌好要选择的学校和专业，把一切工作做的都细致一些，寄出材料之后，估计在对方收到以后的几天内，可以打电话或者用电子信件询问一下，以便于及时落实。

祝乖乖心想事成，百尺竿头更进一步！

爸爸
2008 年 4 月 9 日

52. 泰然处之

乖乖：

看到了你的照片，很有意思。关于在机场发生的事情，机场工作人员随意扣留乘客携带的东西，这是很不应该的。对这件事，我后来我想了一下，其实当时你可以找机场的负责人，让负责人解释清楚。再说，他们检查包裹应该当面检查，你的包裹锁着，他们应该在你去了以后再检查；另外还有一个方法，就是可否让学校的负责人出面进行交涉。当然，现在都已经过去了，不必再计较。但有一条，就是在任何情况下，不能生气，不能拿别人的错误来惩罚自己，那是得不偿失。在这方面，一定要学会处事不惊，泰然处之，虚怀若谷。

· 248 ·

再就是一点，爸爸非常担心你对理论缺乏兴趣。一个具有远大理想的青年，必须具有较高的理论素养，才能够在大是大非面前学会冷静的分析和解决问题。回忆历史，事业成败得失，在很大程度上看是否具有科学和先进的理论作支撑。因此，爸爸希望你能够逐渐培养对理论的兴趣。实际上，你能够发展的比较顺利，说明你的理论素养已经在发挥作用了，但为了长远需要，还需要进一步加强理论素养，同时与你的工作实际和社会现实紧密结合起来。

祝福宝贝，劳逸结合。

爱你的爸爸

2008 年 5 月 13 日

53. 多进行调研

宝贝：

爸爸今天夜里休息很好，早晨 5 点半就起来学习了，你就放心吧！

你现在除了申请博士以外，还有大量的闲暇时间，你可以充分利用这些时间，进行调研，尽可能了解一些对未来也许能够有用的事情。许多调研和资料现在没有用，但将来都能够用得上。此外，还可以把你的书稿再整理一下，将来还是出版吧。退一步讲，你是学西语的，但是在翻译的时候，如果没有足够的知识和理论以及实践作铺垫，就很难翻译，特别是同声翻译。

在青岛的翻译公司，收费都非常高。

好了，先说到这里，我相信乖乖是个懂事的好孩子，你也会相信爸爸的人生经验和对问题的思考。

祝福乖乖！

爸爸

2008 年 5 月 24 日

54. 祝生日快乐

燕子：

亲爱的女儿，转眼间你的生日就要到了，我和你妈妈虽然不能亲自为你过生日，但是我们的心是连在一起的，我们在中国为你祝贺生日，祝宝贝女儿生日快乐！

生日不仅意味着是自己特殊的节日，更意味着一个人的成长和进步。我已经看到女儿一年来的进步和成长，感到很欣慰、很快乐！

伴随着22岁生日的到来，你也已经开始长大了，是个亭亭玉立的姑娘了，也已经进入寻觅爱情的美好时光，但是，爸爸希望你一定要认真对待这件事情。爱一个人，首先要明白爱对方的什么？是相貌？还是人品？还是家庭？在爸爸看来，正确的恋爱观应该是，首先要看对方的人品和事业心，包括干事创业的能力；其次，才是看其他因素。这里主要的一点就是在一些重大问题上一定要取得共识，比如在世界观、人生观、金钱观、幸福观和价值观等方面，应该在根本问题上求同存异。

亲爱的女儿，你不要以为这是老生常谈，是"大道理"。其实，这些大道理是非常实在的。你应该学会独立思考，尤其要学会总结经验，包括自己的和他人的经验。

爸爸相信女儿，祝福女儿！你一定能够找到理想的爱情。

生日是新的一天，宝贝好好庆祝庆祝！新的一天，新的快乐，新的成长！

爱你的爸爸
2008年6月8日

55. 一切都始于"现在时"

亲爱的女儿：

转眼间，明天就是你的22岁生日了，真是时光如梭、时不我待啊！爸爸和妈妈虽然不能与你一起庆贺，却依然可以在国内给你过生日，与你同乐，一起分享你的幸福。

回顾你在国外的求学生活，既为你在学业上的不断努力而感到欣慰，也深深理解你独闯世界的艰辛。你克服了那么多的困难，不但能够出国深造，而且通过自己的努力获得了全额奖学金，真是来之不易！一分耕耘一分收获，你的成长离不开老师们对你的教诲，也需要你为自己的成长付出辛勤的汗水，因为任何人都不能代替他人的成长，每个人只有为生涯进行科学的设计，并为之不懈的奋斗，才能够开创出自己美好的人生。

在你成长的道路上，爸爸和妈妈由于工作忙碌，对你的关心也许有不够的地方，所以，这更需要你主观的努力，需要你的智慧。任何人的智慧不是从天上掉下来的，而是从人类的智慧宝库中通过广采博取，一方面剔除其糟粕，一方面又要汲取其精华，才能够做到一个智慧的集大成者。你要时刻记住爸爸所说的大学习观，这样，你就可以获得更大的进步。

亲爱的女儿，在你生日的时刻，爸爸抚今追昔，感慨万千。你马上就要硕士毕业了，很快就要攻读博士，所以，爸爸为你感到高兴，为你感到自豪，为你感到骄傲！你还记得"小雄鹰"的故事吗？那是你童年的梦，放飞你的理想吧！未来在召唤，千里之行，始于足下。成才不是梦，未来不是梦，一切都始于"现在时"。

祝你生日快乐！爸爸本来想发在博客上，后来还是决定以信件的方式发给你吧！

爸爸
2008 年 6 月 9 日

56. 祝福孩孩

乖乖：

父亲节那天我已经得到了你的问候，谢谢女儿想着爸爸。

近日申报博士学校进展如何？既要积极，又要稳妥，循序渐进。

昨天我去崂山校区听了一场报告，报告人是美国的一位专家，他用英语讲授，海大派人现场翻译。报告结束前留了半个小时的时间讨论，结果有5位老师和学生提问，都是用英语提问的。我对此感触很深，深感学好外语对于学术交流的重要性。希望你在可能的情况下，注意英语的学习和交流。你是否可以在闲暇时间与那些说英语的人多对话，或者平时多注意或听听说英语的人讲话。孩子，记住：艺多不压身！

我这里一切都好，勿念。

爸爸
2008 年 6 月 18 日

57. 《四库全书》的启示

亲爱的女儿：

《四库全书》是在乾隆皇帝的主持下，由纪晓岚等360多位高官、学者编撰，3800多人抄写，费时十三年编成。丛书分经、史、子、集四部，故名四库。共有3500多种书，7.9万卷，3.6万册，约8亿字，基本上囊括了中国古代所有图书，故称"全书"。我把《四库全书》的相关词条发给你，你可以从中感悟到中国传统文化的丰富、博大精深和强大的生命力。

你看看下面这些词语，都来自《四库全书》：

修身、骄傲、谦虚、谨慎、人品、品德、品行、德行、以人为本、不拘一格、大丈夫、唯才是举、知人善任、各尽所能、当仁不让、人才难得、人才辈出、人才出众、人才济济、文武全才、凤毛麟角、巾帼英雄、英雄、风必摧之、为政以德、鞠躬尽瘁、死而后已、天下为公、中华、共和国、胜读十年书、天人感应、天人相交、天人交相胜、和合、和气、天人合一、天人、中和、中正、协同、平和、中庸、中介、适度、节制、和平、和谐、合和、刚健中正、生生不息、自强不息、自食其力、明哲保身、合作、厚德载物、美不胜收、荒诞、艺术、意境、情境、境界、风骨、风格、形神、典型、怪异、夸张、移情、净化、体验、感悟、阐发、阐释、解释、人文、文明、人道、法律、法制、民主、人民、无为而治、革命、造反、造福、天灾人祸、超越、自主、创新、创造、革新、新颖、改革、更新、模仿、仿造、仿制、联想、想象、幻想、梦想、遐想、神思、思想、精神、理想、激发、启发、开拓、拓展、战略、自信、生产力、价值、科学、文法、文科、理科、理性、智慧、哲学、文学、爱情、情感、感情、友谊。

以上这些词语都来自于《四库全书》，而这些词语直到现在还广泛地使用着，如果不是查阅《四库全书》，很多人会认为这些词语都是现代人使用的，而不是古代人说的。所以，亲爱的女儿，多读点古代经典著作，不仅是与古代贤人先哲对话，而且也是通过语言的方式，自觉不自觉地在与古人进行心的交流与碰撞，因为传统文化就活在当下。实际上，我们都承认社会的发展进步，也承认自己的发展进步，那么，很显然，我们不但要承认今天的进步，也应该承认昨天的进步。今天就是现在，昨天已经成为历史，而且已经成为客观的历史。所以，我们既要肯定今天，也要看到昨天的合理性和进步性。

尊重历史，就是尊重现在；尊重昨天，就是尊重今天。

亲爱的女儿，多从中国传统经典中汲取现代需要的智慧和营养吧！

祝福乖乖！

爸爸
2008 年 8 月 3 日

58. 要尽快适应新环境

乖乖：

得知你顺利到达巴塞罗那，我们都放心了。你一切都要谨慎细心，注意人身和财产安全。到学校报道时，见到领导和老师要大方，有礼貌，要尽快熟悉学校环境和学习注意事项，要尽快适应新环境。爸爸妈妈相信宝贝。

新起点，新飞跃。

开心快乐！

爸爸妈妈
2008 年 9 月 25 日

（备注：此前得知女儿已经被西班牙加泰罗尼亚理工大学录取为企业管理专业的博士，女儿顺利去巴塞罗那报道。）

59. 笨鸟先飞勤能补拙

宝贝：

　　关于住宿，要尽可能选择离学校比较近的地方，有利于学习和生活，房间要有正常的光线，即使价格贵一些也可以。我和你妈妈认为，你这学期的学习任务表面上看很轻松，其实不然，实际上是特别繁重。你也许知道，大学的学习是外松内紧，至于博士的学习更是如此，课程很少，主要是博士论文的写作和科学研究。在中国，有些博士生三年都完不成论文。所以，你要保持清醒的头脑，始终要把完成学业当作第一位，不能有丝毫的松懈和麻痹。你是跨专业攻读博士，许多管理和工商管理的本科知识和研究生的知识你都没有系统学习，因此，你学习博士课程的时候，就难免比较困难。因此，建议你学会笨鸟先飞，用勤能补拙的精神积极对待博士的学业。

　　至于打工，可以考虑在能够完成学业的前提下，至少是在不影响学业的前提下，或者能够促进学业学习的前提下，才考虑打工的问题，不要为打工而打工。打工只是为了增加一些社会历练，锻炼自己动手的能力和解决实际问题的能力，不单纯是为了赚钱而打工。

　　尽量了解导师的学术研究情况和学校的具体情况，以利于更好地与导师交流以及向导师学习，而尽量了解学校情况，也有助于你尽早适应环境。

　　祝福乖乖！

爸爸
2008 年 9 月 27 日

60. 为什么要怀疑选择

亲爱的女儿：

爸爸理解你在一座新的城市可能会遇到各种的困难，我虽然没有经历过，但是可以想象出来。

至于你怀疑自己的选择，其实只要你分析一下你为什么会产生这样的怀疑，就可以豁然开朗了。

第一，你来到巴塞罗那，总体而言还是人生地不熟。但只要你想一想，这都是再正常不过的了。因为人生地不熟，你可能会暂时产生对巴塞罗那的陌生感，由于产生陌生感，自然就缺失了对该大学的亲近感。

第二，外国大学与中国大学很大的不同是：外国大学日常管理较松，是宽进严出；而中国大学一般都有班主任或者政治辅导员。但也许你不了解，在中国很多高校，大学生要学会自我管理，而硕士生和博士生则更需要自我管理，根本不可能依靠老师天天跟着自己。所以，你要继续自立自强，自我管理，自我激励，用高情商去完成博士学业。

第三，至于该不该读博士，这是一个无需争论的问题。对于一些缺德少才的平庸者而言，如果能够暂时寻找到一个比较理想的工作，就是很大的满足了，他们唯恐失去这一次所谓很好的就业机会，因为他们深知自己未来就业的机会不会很好，因为他们缺乏自信，缺乏足够的知识储备和能力储备，也因此缺乏面对未来社会发展所需要的竞争力。我相信，你会正确对待社会上新的"读书无用论"的影响。

亲爱的乖乖，你不是一个平庸的女孩，爸爸相信你有远大的理想；爸爸相信你是优秀的，你是最具发展潜力的。你要时刻记住"取法乎上，仅得其中；取法乎中，仅得其下"的道理。

假如你现在读硕士或者就业，能够取得比较理想的成绩，那么，毫无疑问，你如果读了博士，就一定会如虎添翼，真正能够锦上添花！爸爸一再告诉你，只有极少数所谓学"傻"了的博士，他们虽然也许不谙人情世故，但他们搞业务仍然非常优秀。爸爸对你期望的是在全面发展的同时，学好专业，在融会贯通中寻找发展的各种创意。

第四，面对一座新的城市，正因为新，所以才能够更好地学习许多新的东西。按照大学习观的理论，不是可以更好地学习？当你了解这所学校的时候，当你耐心地坐在图书馆里学习和思考的时候，当你慢慢熟悉了这里的一切的时候，你就可以游刃有余了。当然，这需要时间，需要你慢慢培养自己适应环境的能力。

这是一个浮躁的时代，也是一个充满金钱诱惑的时代，爸爸真诚希望你能够坚信人生的信念，毫不动摇地追求高层次的学业！

先说到这里，希望能够共勉。

爱你的爸爸
2008 年 9 月 30 日

61. 万事开头难

燕子：

接到你的电话，得知你生活和学习的苦恼和烦躁，很为你担忧。但是，爸爸还是要把一些道理给你讲清楚，不管你是否愿意听。

第一，万事开头难。出国留学，对于任何一个留学生来说，都是新鲜而又陌生的，可能会遇到各种各样的困难，甚至有些可能是预料不到的。当你认识到所有的留学生都会遇到这样或那样的困难时，这有助于减轻你的压力和焦虑。曲阜师大傅永聚校长的女儿第一次去美国的时候，自己问路，然后坐车找到自己求学的学校。爸爸相信你也会克服求学过程中的各种困难。

第二，遇到困难怎么办？是望而却步，还是知难而上？如果是实在克服不了的困难，也可以考虑学会放弃，重新再来；但是如果通过努力想各种办法，能够克服困难的，就要想尽千方百计解决问题。对此，我依然记得一位大学校长在总结申报博士点工作会议上对各院系所做的工作进行的肯定："为了申报博士点，大家想尽了千方百计；跑遍了千山万水；说尽了千言万语；吃尽了千辛万苦。"这"四个千"我至今记忆犹新。这"四个千"也许对你今后面临各种困难的时候，能够有所启发。

第三，遇到困难时一定不要着急，要理清头绪，分清主次，找出问题的症结；即使处理一团乱麻的复杂事情，也要慢慢找出一些线索。

孩子，你应该相信自己的选择是正确的。爸爸在 1979 年春参加高考复习班的时候，因为干了四年农活，刚入学的时候，老师讲的许多问题听不明白。至于我在人大读博的时候，学了一年的日语，也是累得够呛，主要是听力不行，老师讲课时自己的听力反应不过来。你已经多次出国了，外语应该没有问题，心理素质也很不错。爸爸相信你一定能够克服学习中的困难，战胜自我。

记住：你目前最大的敌人是你自己，学会超越自我，战胜自我吧！在提高情商的同时，掌握光明思维吧！

爸爸祝福你！

爸爸
2008 年 9 月 30 日

62. 有光明思维必然有光明的前途

孩子：

爸爸和妈妈看到你的来信，得知你找到了房子，比你还高兴呢！通过找房子这件事，你可以总结人生的经验，许多问题通过努力，车到山前必有路。

关于租房的问题，你需要了解一下房子的具体情况：第一，房子和房东的关系，是房东租了一套房子，然后又向外出租呢，还是他们自己的房子向外出租？第二，了解房东一家人的具体情况，尤其在做人和性格方面，你是否能够与他们和谐相处？第三，你怎么做饭？房东的厨房是否可以做饭？第四，如果觉得房子合适，先签半年，然后，根据具体情况再决定是否续租。

如果住房离学校只有 2.3 公里，那就非常近了，在青岛相当于从咱家到麦岛路的北大荒饭店的距离，步行不超过半小时，骑自行车也就是十几分钟。

爱你的爸爸妈妈

2008 年 9 月 30 日

63. 态度决定一切

乖乖：

　　我从网上看到了一篇文章，很感动，认为有必要发给你看看，你抽出时间好好看看这篇励志的文章吧！

　　你也许认为爸爸正统，爸爸是书呆子，但是你可曾想到，如果没有爸爸当年的远大理想，能够立志考大学吗？能够克服那么多的困难吗？O（∩_∩）O 哈哈～我们爷俩共勉吧！

　　奥，对了，还忘记告诉你一件既高兴又有点遗憾的事：爸爸那篇《企业如何与员工构建和谐的劳动关系》一文，获得山东省第四届优秀人事科研成果二等奖，也是海大唯一的一项。

　　调整好自己的心态，因为态度决定一切！乐观向上是多么的快乐啊！

爸爸

2008 年 10 月 1 日

64. 宝贝有时间孤独吗

亲爱的乖乖：

　　你来到异国他乡一个崭新的城市，肯定会感到一切都是新鲜的，然而同时又会感到自己的孤独与寂寞。其实，这是一切留学生都要经历的心路历程，即使一个在国内出差的人也是如此。你也许不知道，爸爸在 90 年代中期出去辅导各种自学考试班的时候，到全省各地讲课，也是人生地不熟，几乎每三天就要换一个城市，那一年的暑假和寒假，我跑了山东省的十几个城市。

今天早晨我送你妈妈去火车站，司机的儿子在青岛大学师范学院上大三，他也是 86 年的，要到 2010 年才能本科毕业。他非常羡慕你，我最近给 MPA 上课的时候，一些学员从我的博客上得知你的情况，都纷纷表示祝贺！爸爸也为你感到高兴啊！

你应该很好地计划一下，用两个月的时间熟悉学校和周边的环境，包括了解导师的情况以及其他老师的相关情况。在了解的过程中，同时也是一个熟悉和适应环境的过程。

记住爸爸的话，你没有时间孤独，虽然爸爸理解你的孤独。把孤独扔到太平洋里去吧，让充实的收获和不断的进步来一次新的飞跃和突破！爸爸期待并且相信小雄鹰怎么会混同于小麻雀呢？一个没有理想而单纯为了就业的留学生，永远也不可能有大的出息！你一定要克服各种消极影响。人是要具有主体性的！

追求成功与卓越，亲爱的女儿！我计划把以你为案例写作的书名准备叫《追求成功与卓越》。我们父女俩比赛如何？

快乐着学习着！

爸爸
2008 年 10 月 6 日

（备注：为了鼓励女儿继续求学深造，克服学业中的困难，拙著《追求成功与卓越》的名字就是在这封邮件中初步确定的。）

65. 识别人是世界上最难最复杂的事情。

乖乖：

哈哈，我刚打开邮箱，就看到了你的来信，我下午上课去了，感冒都好了，你放心吧！我计划坚持每天下午出去活动半个小时。

善于学习一切人的长处，避免他人的弱点，可以促进自己每天都得到进步。

广结人缘，善交朋友。学会观察，对于刚认识的人一定不能深交，由认识——比较熟悉——熟悉——很熟悉——朋友——普通朋友——知己朋友……其中要经过若干阶段，且不可违背规律，一蹴而就。要听其言而观其行，注重多侧面、多角度地观察人，了解人。十年树木，百年树人，识别人也不容易，识别人是世界上最难最复杂的事情。

爸爸祝福你，相信你，希望你能够快乐进步！

爱你的爸爸
2008 年 10 月 7 日

66. 要善于积累和思考

乖乖：

昨天接到你的电话，很高兴。但是，不能因为打电话而影响了你平时的学习积累。我的意思是说，你可以根据平时的学习、思考和观察以及创新思维的火花等，随时记录下来，一方面有利于专业的学习，一方面也有利于积累各种相关的资料，这对于以后的长远发展是非常必要的。以前没有电脑的时代，主要靠笔记，现在可以用电脑写作，这多方便啊！你一定要善于积累和思考，并且把这些思考和积累可以发给我们，让我们也分享你的快乐，你的寂寞，你的收获，你的思考……

我把刚完成定稿的专著《人才开发学》书稿发给你，闲暇的时候看看，还是有好处的。我的另一本专著《人才与审美》一书由中国科学技术出版社出版，正在校对中。

祝你快乐！

爸爸
2008 年 10 月 19 日

67. 学业忙是好事

宝贝：

学业忙是好事，只有当一个人没有时间孤独和寂寞的时候，才能够真正进入创新思维的境界。

昨天上午青岛电视台的记者到家里采访了我，让我谈谈关于微软用黑屏的方式对付盗版软件的问题，昨晚青岛电视台的新闻进行了报道。

另外，见导师，要做好心理、思想和学业的准备，包括准备向老师请教的问题和研究方法等。

祝福宝贝！

爸爸
2008 年 10 月 21 日

68. 把握好学习和生活的节奏

乖乖：

得知你学习到深夜，爸爸很佩服女儿的拼搏精神，但学习是长期的艰苦劳动，需要持之以恒，因此，特别需要劳逸结合，有张有弛，张弛有度。希望你能够把握好学习和生活的节奏。

爸爸去济南开会很顺利，作为专家，我对其他专家的发言进行了点评。我在大会的自由发言也得到学者的普遍肯定。

有时间把你学习的收获和困惑告诉爸爸啊，我也好与你一起分享，我也可以向你学习国际人力资源的管理经验。

祝宝贝快乐！

爸爸
2008 年 11 月 4 日

69. 科学而又勤奋的耕耘必然会有收获

乖乖：

看到你的进步爸爸非常高兴，祝贺你，宝贝！

科学而又勤奋的耕耘，必然会有收获。这是颠扑不破的真理，你通过努力完全可以做得到。

平时学习的时候，阅读文章或著作，一定要注意多思考，包括文章写了什么，怎样写的，为什么要这样写，作者提出这一观点的理论依据和实践依据是什么，最后通过自己的分析，提出自己的观点。

加油，宝贝！

爸爸

2008 年 11 月 6 日

70. 学会独立

燕子：

你在电话中说要独立完成论文，我很欣赏这种自立自强的精神，加油！但一定要学会谦虚与认真，做学问来不得半点的马虎与骄傲，切记，切记！打好基础很重要。通过自己独立完成博士论文，对于自己将是一次非常重要的历练和科研创新能力的提升。

祝进步快乐！

爸爸

2008 年 11 月 22 日

71. 博士学习是外松内紧

乖乖：

看到你的来信很高兴，高兴的是你能够妥善照顾好自己。出门在外，一切都要依靠自己，靠智慧、信心和勇气。

滑雪前先做好准备运动，让身体活动开。再就是滑雪本身要注意安全，注意周围的环境等。

博士学习也是外松内紧，你要十分珍惜宝贵的时间，一方面可以休闲娱乐，一方面可以用大学习观的视野和态度学习社会的一切知识，掌握生存和发展的技能。

祝你快乐！

爸爸
2008 年 12 月 5 日

72. 未来的理想愿景就是人生追求的目标

宝贝：

转眼间你读博士已经快半年了，通过短短的半年，也许你已经初步体验到了人生的价值，在学习方法和科研思路上也已经具有了长足的进步，在08 年即将结束的时候，你可以尝试总结今年的收获，把过去的成长经验当作人生一笔宝贵的精神财富。展望未来，未来在召唤，未来的理想愿景就是人生追求的目标，会时刻激励着你奋力前行，激励着你去拼搏，去追求，去收获。爸爸和妈妈都祝福、希望和相信你能够有更大的进步。

元旦佳节即将到来，每逢佳节倍思亲，爸爸妈妈都非常想念你这个宝贝女儿，祝你新年快乐！

爸爸妈妈
2008 年 12 月 31 日

73. 大学习观对人生的启示

好孩子：

假期休闲愉快了以后，就该加油学习了。同时，可以把休闲的这段时间，按照大学习观的理论，多总结一下，也许能够对你以后的人生具有某些意想不到的启示。

从大学习观的角度来看，许多看似无所谓的事情客观上也许蕴含着深刻的道理，你要善于总结平时的点点滴滴，善于发现一叶知秋的韵味，善于挖掘平凡中蕴含的伟大。

最近是最冷的时间，你一定要注意预防感冒。

祝宝贝进步！亲亲乖乖。

爸爸妈妈
2009 年 1 月 14 日

74. 学会运用光明思维

亲爱的乖乖：

爸爸和妈妈都知道你在国外学习很不容易，希望你能够运用光明思维，学会调节自己的心情和意志，以快乐的心情去度过每个快乐的一天。

给你讲个真实的故事：我去年给学生讲美学课的时候，谈到审美想象的重要性时，建议他们能够坐一次飞机，从天空向下看，以激发自己的想象力。没有想到的是，当同学们听我建议他们坐飞机的时候，他们一个个都瞪大了眼睛，感到很惊奇，对于他们来说，坐飞机简直是天方夜谭。当学生听我说到特价飞机票比火车票还便宜的时候，才得以释怀。哈哈，学会快乐吧！当很多大学生为自己没有机会坐飞机的时候，你已经经常在天上飞来飞去了。你是否感受到你是一个幸福的小孩？

关于住宿，尽可能安排的好一些，要算大帐，不要算小账。最关键的是住宿安排好，能够有一个良好的学习环境，有利于身体健康，有利于心情愉快。

我把著名美学家叶朗教授在北大的一次报告发给你，你一定要看看，对人生非常有益！

爸爸想念和祝福乖乖！我们一起加油！

爸爸
2009 年 2 月 23 日

75. 谈爱情必须注意的问题

宝贝：

谈情说爱是人生的大事，一定要认真。所谓志同道合，确实是有道理的。谈论爱情，必须考虑双方在世界观、人生观、价值观、金钱观和爱情观的大致一致。当然，世界上既然不可能有完全相同的两片树叶，那么，也不可能有两个人完全相同的观点，但是在一些基本的价值观问题上，在一些重大问题的认识上，应该力求一致，否则，两个人相处不可能和谐。

爸爸希望女儿能够成熟起来，找到属于自己的爱情。

爸爸
2009 年 3 月 28 日

76. 每天都要学会体验生活的快乐

宝贝：

爸爸去美国考察的护照已经办好了，估计月底就可以寄来。周末学习累了，你可以放松一下，到商店或者书店看看，在放松的同时，也可以有所收获。

每天都在进步，每天都要学会体验生活的快乐。伟大的赫拉克利特说，太阳每天都是新的！

爸爸
2009 年 4 月 10 日

77. 具有一种永不服输的精神

亲爱的宝贝女儿：

历经一年的拼搏，你终于在迎来 23 岁生日的时候，完成了博士课程，爸爸和妈妈是多么感到高兴啊！

回眸往事，在是否读博的问题上，曾经困扰着你，但我深知，你是一个具有积极进取精神的阳光女孩，具有一种永不服输的精神。宝剑锋自磨砺出，梅花香从苦寒来。自古以来，欲干大事业者无不珍惜自己的青春，无不珍惜生命的价值。爸爸相信你能够在今后的学习道路上取得新的成就！

新的生日既是对过去的美好总结，又是新生命的开始。千里之行始于足下，新的生命始于新的生日。赫拉克利特说，太阳每天都是新的。爸爸相信和祝福宝贝的每一天都在进步，每天都要学会体验生活的快乐，都能够有新的收获。

祝福宝贝女儿生日快乐！

爸爸
2009 年 6 月 9 日

78. 抓住新的起点

宝贝：

得知你取得了好成绩，爸爸和妈妈分享了你的快乐和幸福，为你感到高兴！

　　爸爸妈妈在分享你的喜悦的同时，还要特别提醒女儿，既要为取得成就而感到高兴，又要时刻保持谦虚的心态，避免骄傲和自满。

　　千里之行始于足下，抓住新的起点，迎接未来的挑战！在生活上照顾好自己，学会保护好自己。

　　祝你快乐！

爸爸

2009 年 9 月 10 日

79. 关于论文写作

乖乖：

　　关于你的论文写作，爸爸还是再叮嘱你一下：

　　第一，注意尽量搜集材料，了解前人和时人都有哪些观点，他们是怎样提出观点和论证观点的？在此基础上，予以必要的学习和借鉴。

　　第二，尽量搞好调研，掌握现实的第一手资料，因为国外的学术研究特别重视第一手资料和调研的数据。

　　第三，然后提出你的观点，加以反复的论证。

　　博士论文写作是一项十分艰苦的脑力和体力劳动。你过去读书不是太多，又是跨专业学习，缺乏比较深厚的学术功底，一定要具有吃苦的思想准备，很不容易。对此，只有爸爸能够理解你。要特别注意养成良好的生活习惯，包括坐直腰板，抬起头看书写作，爱护眼睛等等。

　　祝周末快乐！

爸爸

2009 年 9 月 18 日

80. 创新可以独辟蹊径

宝贝:

　　关于论文的写作，正确的方法是在详尽占有资料的基础上，充分了解前人已经具有哪些观点，虽然也许见仁见智，但创新就是要在见仁见智的基础上提出自己的观点。错误的论证方法是先入为主地提出自己的观点，然后寻找有利于自己观点的材料，客观上自觉不自觉地疏漏了不利于自己观点的材料。

　　换一个角度来说，创新可以独辟蹊径，也可以沿着前人说的然而又是没有说透的问题继续说。

　　引用和借鉴他人材料和观点时应该尊重学术规范。

　　先说这些，祝宝宝周末快乐!

爸爸
2009 年 9 月 20 日

81. 人心高远才能够高瞻远瞩

宝贝:

　　在未来的生涯设计上，一方面要志向高远，只有具有远大的志向，才能够拓展心智，海纳百川，磨练意志，激发自己的斗志，克服懒散平庸的人生惰性;另一方面，又要根据国情与现实，综合考虑个人的主客观条件，因时制宜，因人制宜。记住老爸的话，人的心只有高远，人的发展才能够高瞻远瞩。因此，从这个意义来说，拿破仑的说法非常有道理:不想当将军的士兵不是好士兵。为什么呢? 因为这样的士兵缺乏全局的观点，具有做一天和尚撞一天钟的临时思想。当然，虽然士兵想当将军，最终未必能够当上将军，但不想当将军的士兵却永远当不了将军。

记住：小道理要服从大道理呢！

爸爸

2009 年 11 月 16 日

82. 增长智慧

宝贝：

我上大学的时候就大致读过了《吕氏春秋》，但过去没有时间深入研读。这次结合研究《乐记》的需要，比较系统地研读了这本书，并在书中作了要点注释，从中感到古人的大智慧。时至今日，这部书依然对现实的人生乃至治国都具有重要的参考价值。

乖乖，人生在年轻的时候尤其需要汲取前人的智慧，不能只听恭维话和顺耳话，要善于听取一切人的合理建议和忠告，才能够不断进步。你说是吗？

等你回家的时候，你可以抽出时间读读《吕氏春秋》。这部书系统地总结了中国古代自夏商至春秋战国以来的兴衰经验和教训，大可以用于治国，小可以用于修身养性以及个人的事业发展。

好了，先谈到这里，祝福宝贝能够天天进步！

爸爸

2009 年 11 月 21 日

83. 新年快乐

亲爱的乖乖：

新年快乐！伴随着虎年的到来，祝福宝贝学业精进，生活快乐！未来在召唤！

爸爸

2010 年 1 月 1 日

84. 博士论文

燕子:

我看了你的写作提纲，总的感觉是你下了很大的功夫，有显著的进步。根据我的看法，当然不一定符合你导师的想法，也不一定符合你的设想。我建议再调整一下大纲，建议加入"跨国企业员工管理"的内容，你看可否？仅供你参考。

至于研究方法，一般可以采取一种或几种研究方法，或者以某某方法为主，兼顾其他研究方法。

另外，附上我的博士论文开题报告，你大致看一下。

你再斟酌一下。

爸爸
2010 年 1 月 8 日

85. 幸福和美好的未来在向你召唤

亲爱的宝贝:

今天是 6 月 10 日，时光匆匆，转眼间到了你的 24 岁生日。24 年前的今天，在我们的家里，诞生了一个平凡而又伟大的生命，这就是你——亲爱的女儿！时光如梭，人生转瞬间就进入了美好的青春时期，回忆你过去走过的学习和生活历程，可以自豪地说，你已经长了很多的本事，在各个方面都取得了显著的进步，许多方面比爸爸妈妈还要懂得多，爸爸为你的进步感到由衷地高兴。

展望未来，幸福和美好的未来在向你召唤，激励着你克服学习和生活上的各种困难，毅然前行！记住：在任何时候，爸爸和妈妈都是你坚强的后盾。

祝福乖乖虎年大吉，生日快乐！

爱你的爸爸
2010 年 6 月 10 日

86. 我们共同加油

宝贝：

通过最近几次电话，我发现你的学习动力似乎有些不足，似乎在学业上有些畏难情绪，不知是否如此？希望和相信宝贝一定能够体验到学习的快乐，学习并且忙碌着、快乐着、进步着！面对学习上的困难，只有树立自信心，注意掌握正确的方法，一定能够取得事半功倍的效果。我以前曾经在梦中构思论文，最近也在梦中构思诗歌，已经登在了我的博客上。

记住：古往今来，没有任何事情是可以轻而易举的，所谓不费吹灰之力，前提是已经羽毛丰满，满腹诗书，有一身的本事，才能够举重若轻，信手拈来。

祝福乖乖！让我们共同加油！注意保护好自己的眼睛和颈椎腰椎。

青岛一连下了五天的雨。

爸爸
2010 年 8 月 28 日

87. 蔡伟考取博士的启示

宝贝：

我非常理解你学业上的短板，但一定要树立自信心，坚信一分耕耘一分收获的道理。你还记得今年春天复旦大学破格录取 38 岁的三轮车夫蔡伟为博士生的事件吗？教育部已经特批允许录取。蔡伟只是一个高中生，然而通过艰苦的自学，隔着大学和硕士两个阶段，直接读博士，其信心和勇气非常值得我们学习。为此，我专门写了一篇短文登在我的博客上。复旦大学准备先给他补一下大学课程和硕士课程，然后再让他进入博士课程学习。所以，你通过树立自信心，可以极大地激活自己内在的生命能量，也就是说，一个人的理想和信念可以开发自己的生命潜能和极大的创造力，这也是追求成功和卓越必然的要求。宝贝，加油吧！

注意劳逸结合，不断调整写作和阅读的时间和方法。当没有灵感写不下去的时候，暂时可以放松一下，或者再增加阅读，或向其他老师请教，也许就会豁然开朗。

青岛终于艳阳高照了。你那里下大雨，你不妨可以欣赏下雨的美，雨景会给人一种特殊的审美体验。

爸爸
2010 年 8 月 29 日

88. 耐心和恒心

宝贝：

爸爸知道你为了撰写博士论文，要到企业实习和调研，这确实比较辛苦，特别是刚开始的一个星期，尤其是前三天。可能会有一个适应过程。要忙里偷闲，好好休息，特别要安排好自己的饮食，保持充足的睡眠，对于养精蓄锐非常重要。

爸爸相信乖乖！

爸爸
2010 年 11 月 16 日

89. 小雄鹰变成大雄鹰

亲爱的宝贝：

爸爸得知你自己转好几次车才到达住所，非常心疼乖乖，这几天好好休息休息吧。在外求学确实不易，可能会遇到这样或那样甚至意想不到的困难和压力，相信乖乖能够战胜这些困难，小雄鹰变成大雄鹰了嘛！把这些经历可以转化为一种精神财富，人生的一种历练，视为一次新的成长。所谓"宝剑锋自磨砺出，梅花香自苦寒来"大概就是如此吧！

我周末这两天参加自主招生，虽然比较辛苦一点，但对于了解人才培养情况还是非常有益的。

爸爸妈妈都非常爱你！

爸爸
2011 年 2 月 21 日

90. 大衣哥朱之文

亲爱的宝贝：

从去年的 2010 年星光大道年度总冠军刘大成到今年的大衣哥朱之文，他们都是极为普通的农民，能够取得现在的成绩，需要平时付出多少努力啊！人生在世，不但要为他人的成就而鼓掌，还应该为自己的成就而鼓掌，这是著名人才学家王通讯先生 1995 年为我的著作《新世纪人才学》写的序言中的一句话。加油吧！宝贝，我们爷俩共勉。

我多次欣赏大衣哥朱之文演唱《滚滚长江东逝水》的那首成名作。而每次看到主持人举起朱之文那双长满老茧的手时，我就情不自禁地流下感动的泪水，因为爸爸当农民的时候，也曾经有朱之文那么一双长满老茧的双手。

任何人的成功都需要勤奋和正确的方法，你说是吗？

周末快乐！

爸爸
2011 年 3 月 20 日

作者按：以上给女儿的信件，断断续续，零零散散，但集中的主题是作为父母对孩子的爱，是无私的爱，真挚的爱。我们通过邮件或电话的方式，及时了解孩子的学习、生活和其他一些需要了解的情况，帮助孩子化解学习和生活中的苦恼与压力，激发孩子的学习积极性，不断为孩子鼓劲加油，引导孩子学会自立自强，培养孩子积极的人生态度和社会责任感。我相信，我们这些具体的做法，客观上一定能够给许多父母提供一些有益的借鉴。

后　记

　　我们不能让孩子输在人生的起跑线上，但怎样理解人生的起跑线？怎样才能避免让孩子不输在人生的起跑线上？即使由于某种特殊的原因，你的孩子已经输在了人生的起跑线上，你怎样让孩子奋起直追，做到后来居上？为了更好地培养孩子成才，你怎样提高孩子"百米冲刺"的速度？你怎样锻炼孩子的"马拉松"精神？人生不是百米冲刺，而是一场漫长的马拉松，你将怎样让孩子笑到最后？

　　所谓"起跑线"，并非让孩子参加各种各样的培训班，单纯学习某种技能，而是让孩子更多地学会自由、自信、自立、自励和自强，让孩子在自由快乐中成长，培养孩子健全的人格，培养孩子的综合素质，开发孩子的潜能。

　　这本书的写作在时间跨度上可以追溯到1984年。我们1984年结婚，在计划要孩子以前，我和妻子就有了好好培养孩子的打算，从来就没有重男轻女的思想，而且准备从孩子出生后就开始给孩子写成长日记，以便于将来能够为孩子写一本书，作为孩子结婚时的特殊礼物赠给孩子。1986年6月女儿出生后，我们就开始了对女儿成长的记录。

　　我们试图通过对孩子的成长过程进行人才学的解读，一方面总结女儿的成长经验，总结人生的智慧和人才开发的规律，一方面希望通过这本书的写作，能够为许多家长培养孩子提供一些借鉴和思考。如果站在人才战略的高度来看，真正的人才战略必须是可持续发展的，而培养合格优秀的下一代早日成为国家的栋梁之才，我们所有的父母和教师，都具有责无旁贷的责任和义务。

孩子的成长，离不开优良的学校环境和社会环境。对于女儿的成长，我们要诚挚感谢关怀她的所有老师。没有老师的关怀，就没有学生的健康成长；我们还要感谢一直关心女儿成长的所有亲友们。

在所附的家书中，除了对个别文字进行了修改以外，基本上保持了家书的原貌。因为孩子在国外深造期间，我们与女儿经常用电话或者QQ等方式进行沟通，或者女儿有事回国查阅资料或调研，就住在家里，所以在家书的时间上有些间隔比较长，看起来不够连贯。

这本书的写作，实际上是我们全家的集体创作。妻子和女儿都对书稿提出了一些中肯的意见和建议。

拙著的出版，客观上也是基于许多亲朋好友的催促。许多亲朋好友为了培养孩子，除了平时主动与我进行交流以外，还特别希望我能够早日完成书稿的出版。

拙著能够付梓出版，需要特别感谢范继义先生对拙著出版的关心以及提出的合理建议；感谢中国言实出版社的领导和所有关心拙著出版的朋友们。

是为记。

薛永武
2014 年 10 月 22 日于青岛观海轩